아파트 공화국

아파트 공화국 프랑스 지리학자가 본 한국의 아파트

1판 1쇄 | 2007년 2월 1일
1판 12쇄 | 2020년 8월 9일

지은이 | 발레리 줄레조
옮긴이 | 길혜연

펴낸이 | 정민용
편집장 | 안중철
편집 | 강소영, 윤상훈, 이진실, 최미정

펴낸 곳 | 후마니타스(주)
등록 | 2002년 2월 19일 제2002-000481호
주소 | 서울 마포구 신촌로14안길 17 (2층)
전화 | 편집_02.739.9929/9930 영업_02.722.9960 팩스_0505.333.9960

SNS | humanitasbook
블로그 | humabook.blog.me
이메일 | humanitasbooks@gmail.com

인쇄·제본 | 한영문화사_031.903.1101

값 15,000원
ⓒ 발레리 줄레조, 2007

ISBN 978-89-90106-32-2 03300

이 도서의 국립중앙도서관 출판시도서목록(CIP)은 e-CIP 홈페이지(http://www.nl.go.kr/ecip)에서
이용하실 수 있습니다.(CIP제어번호: CIP2007000196)

아파트 공화국

프랑스 지리학자가 본 한국의 아파트

발레리 줄레조 지음
길혜연 옮김

차례

서문 _7

1장
왜 한국의 아파트인가?
1. '아파트 문제'에 대한 도전 _15
2. 제기되어야 할 질문들 _17
3. 어떻게 조사하고 분석했는가? _19

2장
서울의 도시 정책과 아파트단지 개발의 역사(1960~95)
1. 1950년대 서울의 도시경관과 초창기 아파트의 출현 _25
2. 1960년대의 도시 정책과 마포아파트의 등장 _29
3. 1970년대, 대규모 아파트단지의 등장 _35
4. 1980년대의 아파트 열풍 _42
5. 1990년대, 새로운 도시 개발의 양상들 _48

3장
아파트의 유형학
1. 아파트단지, 분류 기준과 그 다양성 _63
2. 아파트단지의 건설 시기별 분류 _69
3. 한국의 아파트단지와 프랑스의 아파트단지 _75
4. 획일적일 수 없는 장소의 의미 _82

4장
아파트단지는 어떻게 양산될 수 있었는가?
1. 도시의 성장과 주택문제 _87
2. 한국 주택정책의 몇 가지 특징 _94
3. 대규모 건설 분야에서의 국가 관리 _103
4. 국가의 목표에 종속된 도시 정책 _107

5장
한국의 아파트와 도시 중산층
1. 서울의 중간계급, 그들의 주택 _115
2. 부의 외형적 표시인 아파트, 가치 있는 이미지 _126
3. "아파트가 돈이다" _134
4. 중간계급이 아파트에 몰리게 된 메커니즘 _145

6장
현대건축운동과 한국의 아파트단지
1. 아파트단지와 현대성 _153
2. 한국의 아파트단지와 현대건축운동 _156
3. 서구의 영향: 도시 모델과 건축 모델의 다양성과 노마디즘 _159
4. 대단지 아파트의 한국적 특성 _166
5. 서울의 도시 형태에 있어서 한국적인 것과 서구적인 것 _172

7장
아파트는 정말 '현대적'이고 '서구적'인가?
1. 아파트가 갖는 현대성의 이미지 _177
2. 서구성과 현대성: 장르의 혼합 _185
3. 현대식 아파트에서의 전통 공간의 재구성 _192
4. 아파트, '관습 변환의 실험실' _198
5. 독특하게 한국적인 아파트의 생활양식 _205

8장
단지 안에서의 사회적 관계
1. 아파트, 노인과 젊은이들 _211
2. 아파트단지, 여성의 영역 _217
3. 아파트단지 혹은 감시 받는 주택의 안락함 _223

결론 대단지 아파트와 하루살이 도시 _235

참고문헌 _252
찾아보기 _265

이 책에 사용된 도판의 일부는 저자가 2003년 프랑스에서 출간한 책(*Séoul, ville géante, cités radieuses*)에 그 출처를 두고 있으며, 이 책을 출판한 CNRS Edition의 양해 아래 사용한 것입니다. 또한 이 책의 2장에 사용된 사진 자료는 국가기록원과 국가기록사진집의 자료임을 밝혀 둡니다.

서문

1

 필자가 처음 한국의 아파트단지에 관한 연구에 착수한 것은 지금으로부터 10여 년 전인 1996년이었다. 연구결과는 2003년 프랑스어로 출간되었고 프랑스 지리학회가 수여하는 가르니에 상(Francis Garnier Prize)을 수상했다. 그리고 이 책의 주요 내용을 추려 2004년 고려대 아세아문제연구소에서 『한국의 아파트 연구』라는 제목으로 번역해 출간한 바 있다. 이 책의 출간은 고려대 아세아문제연구소 소장으로 있던 최장집 교수의 관심과 재정 지원에 따른 것이었다.
 책이 출간된 이후 도서출판 후마니타스의 박상훈 박사는, 애초 이 책의 연구 시점인 1990년대 중반 이후부터 그 이후 현재에 이르기까지의 변화를 계속 추적하면 좋겠다는 희망을 이야기했다. 나아가 새로운 조사 결과를 기존 책에 반영하고, 처음 책의 내용이 프랑스 독자에게 맞춰 서술된 점을 개선해 한국 독자의 눈높이에 맞춰 다시 서술하자는 제안도 했다. 필자로서는 당연히 끌릴 뿐 아니라 기분 좋은 제안이 아닐 수 없었다. 이 제안을 출발점으로 하여 새로운 조사에서 얻은 내용이 추가되었고, 책의 내용과 문체는 한국 독자들에 맞게 개선되었다.
 1990년대 중반 조사 대상이었던 아파트단지에 대한 재조사는 2004년과 2005년에 걸쳐 이루어졌다. 이때의 재조사는 한국 아파트단지가 1997년에서 98년으로 넘어가는 겨울의 외환위기를 기점으로 어떤 변화를 겪었는지를 좀 더 명확히 밝혀 볼 수 있는 기회가 되었다. 한국 경제가 외환위기와 신자유주의의 충격을 본격적으로 흡수하게 되면서 그에 따른 정치·사회적 변화는 아파트단지 내 시민의 주거 환경에 어떤 영향을 미쳤는가? 프랑스에서는, 복잡한 도시 문제 내지 '도시 폭력'의 상징이 되고 있는 대단지 아파트가, 한국에서는 경제위기의 부정적인 결과에도 불구하고 별다른 영향을 받지 않은 것처럼 보이는데 그것은 왜일까? 대단지 아파트는 도시의 분열을 조장하고 사회적 관계를 단절시키는 주거 형태인가? 프랑스와는 달리 한국의 대단지 아파트는 미래에도 여전히 성공의 모델로 남을 것인가? 이제야 말로 한국과 프랑스의 대단지 아파트에 대한 비교분석을 바탕으로 도시 유형과 사회적 견고성의 상관관계를 좀 더 본격적으로 살펴볼 수 있는 기회가 된 것이다. 이에 대해서는 이 책의 결론에서 자세히 언급하고 있다.

본문을 시작하기에 앞서 한국 독자들에게 그들의 도시를 이해하고 해석하려 했던 필자의 시도에 대해 관용을 청하고자 한다. 연구를 진행하면서, 기어츠가 인류학자를 빗대어 표현한 "우문을 던짐으로 사람들의 섬세한 감정과 충돌하는 사람"(Geertz 1973, 29)이라는 말이 마치 필자를 염두에 둔 말처럼 느껴졌다. 면접 조사를 진행하면서 솔직히 내심으로는 아파트단지 주민들과 "끈끈한 정을 나누는 일"이 전혀 편치 않았다. 물론 프랑스 지리학자 본느메종이 말했듯이 그것만이 지리적 경관을 이해하는 유일한 방법이라는 사실을 안다. 필자는 모호해 보이는 한 세계와 부딪히는 일을 난처해하며 의미도 알 수 없는 말의 내용을 이해하려 노력했다.

논의를 시작하면서, 프랑스에서 인정받은 나의 노력이 한국에서도 평가받을 수 있지 않을까 하는 기대를 가져 본다. 필자의 해석이 설득력이 없다 해도 아파트단지에 대한 한 외국인의 시선을 흥미롭게 생각할 수는 있을 것이다.

2

한 권의 책을 저술하는 일은 고독한 작업이지만, 이 책은 그 잉태 과정에서 중요한 역할을 맡아 준 분들이 없었다면 탄생하지 못했을 것이다. 우선 이 분들께 감사를 드리고 싶다. 필자의 박사 논문 지도 교수였던 장-로베르 피트(Jean-Robert Pitte) 교수는 한국의 도시에 관한 필자의 관심에 처음으로 용기를 북돋아 주었다. 최장집 교수는 아파트단지와 경관에 대한 필자의 연구에 흥미를 가지고 신뢰를 아끼지 않았으며 이 책이 한국에서 출판될 수 있도록 도와주었다. 또한 필자의 생각과 문체에 충실한, 창조적인 작업을 성실하게 마쳐 준 번역자 길혜연 선생과 한글 원고의 완성본을 감수한 성균관대 임창복 교수에게 진심으로 감사의 말을 전하고 싶다.

본 연구를 위해 본인은 파리4대학 공간문화연구소(Laboratoire Espace et Cuture de Paris IV-Sorbonne)와 국립학술연구소(CNRS: Centre National de la Recherche Scientifique), 사회과학대학원(EHESS: Ecole des Hautes Etudes en Sciences Sociales), 파리7대학, 프랑스극동연구소(EFEO: Ecole Française d'Extreme Orient) 등의 한국학연구소로부터 원거리 답사에 꼭 필요한 물질적 도움 이외에도, 인간적 애정이 깃든 연구 환경을 제공받을 수 있었다. 특히 처음부터 이 작업을 지켜보며 늘 귀담아 들어야 할 의견을 제시해 준 한국학연구소의 알렉상드르 기유모즈(Alexandre Guillemoz) 교수의 도움이 컸다. 연구소 멤버 중 특히 프랑스어 원고를 교정해 준 알랭 델리상(Alain

Delissen) 박사에게도 감사의 뜻을 전한다.

　김순영 박사와 고려대 아세아문제연구소 연구원 여러분, 이화여대 최운식 교수, 서울대 유우익 교수께도 감사드린다. 서울시정개발연구원의 장영희 박사, 대한주택공사의 박신영 박사, 국토연구원의 윤주현 박사, 김정호 박사 등 이 모든 분들은 필자에게 필요한 충고와 정보를 제공하는 데 시간을 아끼지 않았다. 또한 여러 차례 필자를 만나 기꺼이 질문에 답해 준 김진애 박사와 강홍빈 교수에게도 감사드린다.

　이 책은 한국에서의 수많은 만남 없이는 존재하지 않았을 것이다. 그런 이유로 필자의 현장 답사에 익명과 실명으로 참여한 모든 분들께 감사한다. 더불어 필자의 인류학적인 이상한 질문을 받아주었으며, 피해를 입기 쉬운 개인적인 정보를 얻게 해 준 채 여사, 전 여사, 이 여사께도 고마움을 전한다. 또한 한국에 대한 식견을 넓히는 데 신세를 진 몇 사람이 있다. 본서의 내용으로는 유감스럽게도 이를 다 표현할 길이 없었다. 그들 중에서도 절친한 친구 구양자, 오금주, 박인애와 특히 한글본 초고를 감수해 준 나의 벗 이현주 박사에게 깊은 감사를 표한다.

　프랑스와 한국에서 이 책을 쓰는 동안 시시때때로 필자를 도와 준 모든 분들께도 감사드린다. 행여 한 사람이라도 빼놓을까 봐 아예 언급하지 않는 것이 나을지도 모르지만, 나디아 압델바에드(Nadia Abdelwahed), 도미니크 바이예(Dominique Baillet), 르네 바레(René Barré), 프레데릭 불레스텍스(Frédéric Boulesteix), 니콜라 쇼드롱(Nicolas Chaudron), 최영선, 정진국, 엘렌 줄레조(Héléne Gelézeau), 클레르 한콕(Claire Hancock)과 카티 레미(Cathy Rémy)를 떠올리며 고마움을 전한다.

　마지막으로 필자의 원고를 한국어의 의미맥락에 맞게 재창조하기 위해 멋진 편집 실력을 발휘한 도서출판 후마니타스의 여러 분들에게 감사한다. 그중에서도 특별히 박상훈 박사에게 감사한다. 내 친구이자 연구자의 길을 함께 가는 동료로서 그는 매우 유익한 논평과 제안을 통해 책의 내용을 개선할 수 있게 해 주었을 뿐 아니라 가장 정확한 한국어 표현과 개념, 용어를 골라 줌으로써 문장의 질을 좋게 해 주었다. 덕분에 프랑스판 원본보다도 훨씬 좋은 책이 된 것을 매우 기쁘게 생각한다.

발레리 줄레조

1장

왜 한국의 아파트인가?

한국에서는 왜 대단지 아파트 건설이 그토록 급격하게 이루어질 수 있었을까? 아파트를 향한 한국인들의 열광은 어떻게 해석될 수 있을까? 빠른 경제성장과 도시화 때문이었다 해도, 어떻게 시민의 주거구조와 생활양식을 아파트단지 안으로 몰아넣을 수 있었을까? 요컨대 50년이 채 못 되는 기간 동안 엄청난 물리적 환경의 변화를 겪은 대도시 서울에 대체 무슨 일이 있었는가?

'땅은 좁고 사람은 많기 때문'이라는 논리가 한국의 아파트단지 현상을 모두 설명해 주지는 못한다. 이 물음에 대한 답을 찾기 위해 우선 심층 조사 대상이 됐던 지역을 중심으로 역사와 공간의 틀에서 서울의 아파트를 재조명할 것이다. 이어서 아파트단지 양산의 메커니즘을 개인의 주거사와 결합해 분석한다. 마지막으로 도시 개발과 주택 이론, 주민 자신들의 발언과 표상 체계들, 나아가 단지 내 사회적 집단 간의 관계 분석을 통해 도시 주택의 급격한 변화를 상징하는 아파트단지와 도시적 현대성의 상관관계를 분석한다.

1. '아파트 문제'에 대한 도전

1990년 처음 서울을 방문해 아파트단지의 거대함에 충격을 받은 이후, 나는 어떻게 이런 대단지 아파트가 양산될 수 있었을까 하는 의문을 박사 논문의 주제로 삼기로 마음먹었다. 물론 친지와 가족들의 이해할 수 없다는 시선을 예상치 못한 건 아니었다. 그들은 한국에 새롭고 흥미진진한 연구 소재들이 많을 텐데 프랑스에서는 이미 진부해져 버린 아파트단지와 도시문제를 왜 연구하려 할까 의아해 했다. 비교연구라는 관점을 흥미롭게 생각했던 동료들조차 왜 아파트인지를 궁금해 했다.

프랑스인들은 1950~60년대에 건설된 도시 주변 지역의 대단지 아파트에 대해 부정적인 시각을 갖고 있기 때문에 이런 반응은 당연했다. 그들에게 이 아파트단지들은 '씨테'(cité),[1] 관리 부실, 볼품없는 건축미, 저급한 생활환경을 연상케 한다. '대단지 아파트=도시문제 발생 지역'이라는 단순 도식은, 체계적으로 실증된 바는 없지만 서구 도시의 상징 체계 안에서 당연하게 받아들여지고 있다. 따라서 서울의 아파트단지를 연구하는 기간 내내 내가 다루고자 하는 주제가 사회 하층의 주택문제도 아니고, '도시근린지역'(banlieues)[2] 문제나 도시폭력 문제도 아니라는 사실을 설명하기 위해 꽤 많은 노력을 소모해야 했다.

---

[1] 프랑스의 도시문제를 응축하고 있는 도시 외곽의 아파트단지를 일컫는 프랑스어. 원래는 '도시'를 의미하며 시민의 회합을 뜻하는 라틴어 'civitas'에서 유래한다.
[2] 프랑스 대도시의 주변 외곽 지대를 가리키는 말인 '방리유'는 도시 소외계층의 밀집 주거지역을 상징한다. 2005년 가을, 차량 5천여 대가 불타고 천 명 이상이 체포되는 등 프랑스 전역을 휩쓸었던 소요 사태의 진원지로 잘 알려져 있다.

1990년대 중반 현장 답사를 위해 프랑스에서 다시 서울로 향할 때 품었던 희망과는 달리, 내 연구는 한국에서도 제대로 이해되지 못했다. 아파트단지는 대다수 사람들에게 오히려 긍정적인 이미지로 받아들여졌고 도시문제는 주택 용지의 부족 혹은 인구 과밀로 인한 것이며 그로부터 교통, 환경, 특히 주택문제가 야기되므로 아파트단지 건설이 불가피하다는 식이었다. 이렇듯 모든 이들이 그 답을 이미 알고 있기에 필자의 연구 주제는 일반인뿐 아니라 인터뷰 대상이 됐던 아파트 경비원들의 비아냥거림을 면할 수 없었다. 이구동성으로 들려오는 첫 번째 근거는, 사람은 많고 공간은 부족하니 고층으로 올릴 수밖에 없다는 이해방식이었다. 한옥은 고리타분하고 불편한데 비해, 아파트는 현대성과 편리성이라는 미덕으로 미화되는 것이 그 두 번째 근거였다.

　　반박의 여지가 없어 보이는 이런 사실들을 비판적으로 대면하면서 나는 대단지 아파트에 대한 설문조사를 도시 정책 관계자와 아파트단지 내 주민을 대상으로 계속했다. 그 많은 아파트를 왜 지어야 하는가 하는 의문을 제기했던 나는, 설명할 필요 없는 당연한 것을 이해 못 하는 순진한 외국인으로 취급되어 자주 마음을 상하기도 했다. 하지만 인간과 공간은 복잡한 인과관계를 이루고 있기에 한국인들이 갖고 있는 결정론적인 해석[3]은 필자로 하여금 새로운 도전 의식을 갖게 했다.

---

3 ǀ 사회현상에 대한 결정론적 해석의 경우 요소들 간의 불확실한 상관관계를 고려함이 없이 가장 명확한 요소만을 강조하여 이를 필연적 원인으로 간주하는 문제가 있다.

2. 제기되어야 할 질문들

한국의 수도이자, 인구 면에서 세계 15위 안에 드는(2000년 현재 약 1,000만 명) 서울이 국제적 도시로 알려진 것은 그리 오래된 일이 아니다. 서울을 유명하게 만든 것은 다른 무엇보다도 빠른 경제성장 때문이었다. 1960년에서 1995년까지 1인당 국민총생산을 80달러에서 1만 달러로 끌어올릴 수 있었던 한국 경제성장의 원동력은 서울이었다. 그러나 서울은 압축적 성장을 이룬 만큼 짧은 시간에 큰 변화를 겪었다. 현재의 서울이 한양으로부터 이어받은 것이라고는 역사의 중심이었던 옛 궁궐과 그 주변의 옛 동네밖에 없다. 1960년 이후 도시화가 이루어지면서 서울은 옛 도읍지를 에워싸던 한강과 산등성이를 넘어 더 멀리까지 폭발적인 팽창을 이루었다. 당연히 도시의 주택은 크게 변모하고 다양해졌다.

2000년 현재 1960년 이전에 지어진 도시 주택은 5퍼센트 이하에 불과하다. 한국전쟁 이전에 지어진 가옥은 극히 드물어, 간신히 3퍼센트 정도 된다. 이토록 빈약한 수치는 도시의 급격한 확장 때문이라고 설명되어 왔다. 어쨌든 그 확장은 현재도 진행 중이다. 1960년에 존재하던 서울의 문화재 중 2/3 이상이 1990년 현재 자취를 감추고 그 자리에 새로운 주택들이 들어섰다(인구주택총조사 1960; 1990; 2002).

도시의 경관은 완전히 탈바꿈했으며 아파트단지는 변화의 상징이 됐다. 1970년, 정부 주도로 건설된 몇몇 소형 아파트단지는 20여 군데였고 모두 강북에 위치했다. 당시 서울시에서 아파트는 전체 세대의 4퍼센트에 불과했다. 그러나 지금 서울에는 아파트가 없는 지역이 없고 주택 수에서 아파트가 차지하는 비중은 2005년 현재 52.7퍼센트로 상승했다(인구주택총조사 2005). 급격한 도시화와 함께 진행된 아파트단지의 개발은,

1970년대 말까지도 나지막한 스카이라인이 특징이던 서울의 도시경관을 충격적으로 변모시켰다.

21세기 초반인 오늘날, 서울에 보편적으로 존재하는 아파트단지는 일상적 환경에 심각한 변화를 가져오고 있다. 각각의 아파트단지마다 하나의 소우주가 존재하는데, 주민을 중심으로 관리소 직원, 경비원, 청소부, 상인, 행상인, 배달원 등이 궤도를 따라 선회하고 있다. 따라서 이 새로운 생활공간에 관련된 인구는 주민들의 숫자만으로 따질 수가 없다. 누구라도 주요 일간지를 들춰 보기만 하면 아파트 분양 광고를 쉽사리 접할 수 있는 곳이 한국이다.

앞서도 지적했듯이 대단지 아파트 현상에 대한 한국인들의 대답은 '땅은 좁고 사람은 많기 때문'이라는 것이다. 그러나 좁은 땅에 과도한 인구라는 논리가 한국의 아파트단지 현상을 모두 설명해 주지는 못한다. 1970년까지만 해도 한국인들에게 아파트는 그다지 각광받지 못했다. 사람들은 이 사실을 자주 망각한다.[4] 땅이 좁고 사람이 많다고 해서 고층의 대규모 아파트단지가 반드시 불가피한 것도 아니다. 예를 들어, 협소한 영토에 인구밀도가 높은 네덜란드나 벨기에에서는 도시로의 집중화가 대규모 주택단지 건설을 가져오지 않았다. 이들 나라에서 건설된 대규모 주택의 수는 영토가 훨씬 넓은 프랑스보다도 적다.

1970년대 말부터 대대적으로 건설된 한국의 아파트단지는 그 규모 면에서 유사 사례를 찾을 수 없다. 프랑스의 신도시 사르셀(Sarcelles)[5]은 인구가 6만 명을 밑도는 반면, 오늘날 한국 대도시의 대단지 아파트는 흔

---

[4] 1971년, 일군의 한국 사회학자들은 서울의 아파트단지에 대한 조사에서 2퍼센트 미만의 주민만이 아파트 거주에 만족하고 있음을 밝힌 바 있다(Lee Hyo-jae 1971).

히 10만 명에서 20만 명에 이르는 대규모 집단 주거지이다. 잠실과 상계 지역 인구가 10만 명 이상, 지산(대구)이 약 30만 명, 해운대(부산)의 경우 10만 명 이상이다.

한국에서는 왜 대단지 아파트 건설이 그토록 급격하게 이루어질 수 있었을까? 아파트를 향한 한국인들의 열광은 어떻게 해석될 수 있을까? 빠른 경제성장과 도시화 때문이었다 해도, 어떻게 시민의 주거 구조와 생활양식을 아파트단지 안으로 몰아넣을 수 있었을까? 50년이 채 못 되는 기간 동안 엄청난 물리적 환경의 변화를 겪은 대도시 서울에 대체 무슨 일이 있었는가?

3. 어떻게 조사하고 분석했는가?

다소 이론적인 차원에서 말하자면, 이 책은 '지리적 실체의 가시적 반영체'(Pitte 1983, 23)로 정의되는 '경관'(paysage)의 분석에 초점을 두고 있다. 경관은 관찰자의 시야에 들어오는 지리적 환경을 말한다. 관찰자가 누구냐에 따라 경관의 사용 방법은 달라진다. 시인과 화가는 경관을 창작의 소재로 삼는다. 지리학자는 경관을 만들어 내고, 그 공간을 활용하는 주민들이 그 환경 속에서 일구어 낸 모습들을 분석하는 데 이 개념을 사용

---

5 | 파리에서 북쪽으로 15km 떨어져 있으며, 1954년 국가 주도로 개발된 2만 세대 규모의 첫 번째 도시. 1960~70년대 프랑스의 구 식민지 북·서아프리카의 이민자들이 이주하여 다양한 문화가 공존하는 도시였으나, 1980년대 이후 종교·사회적 갈등이 심화되어, 위기에 처한 근린 집단 주거 단지의 대명사로 인용되고 있다.

한다. 나아가 경관에 관계된 사회의 기능과 여러 요소 간의 상호작용에 대한 분석으로 관심을 확대한다. 이러한 인식의 지평을 전제하게 되면, 경관은 '물질세계나 인간 삶의 공간에 위치한 지리적 단위를 특징짓는 해석 가능한 기호들의 집합체'[6]가 된다. 최근 유럽이나 미국의 문화지리학적 작업[7]은 경관이 단순한 경험적 탐구의 대상에 그치지 않고 '사회, 문화, 정치체계를 구성하는 한 요소'임을 보여 주고 있다(Duncan 1974). 이런 관점에서 접근할 때 서울이라는 도시경관의 해석은 한국의 경제 발전과 이를 가능케 한 요소, 그 발현, 공간과 문화의 상관관계 등을 독창적으로 조명할 수 있는 바탕이 된다.

한국의 아파트단지를 대상으로 도시화가 만들어 내는 메커니즘과 '그곳에 거주하는 문제' 사이의 상관관계에 대한 의문을 헤쳐 나가기 위해서는 두 방향의 분석을 조합하는 것이 필요하다.

첫 번째 방향은, 물질적 측면의 도시와 그 관계자들(예컨대 도시계획가와 건축가, 도시 개발 업무를 담당하는 행정 관계자들, 부동산 개발 업자와 건설 회사 등)을 이어 주는 요소를 고찰하는 것이다(Lefebvre 1968, 106). 한국의 아파트단지들은 이러한 관계 구조에서 어떤 위치를 차지하는가? 이 물음에 답하기 위해, 시 관계자와 관계 부처, 즉 건설부, 서울시, 대한주택공사, 토지개발공사, 서울시정개발연구원, 국토연구원, 주요 건설 회사, 건축가, 도시계획가 등이 보관하고 있는 기초 자료를 바탕으로 서울시 전체 차원의 조사를

---

[6] 피에르 조르주의 『지리학사전』 중 '경관'(paysage) 항목 첫 행(Georges 1990[1970], 346).

[7] 이는 미국의 신문화지리학파가 발전시킨 접근 방식으로, 코스그로브, 던컨, 잭슨이 주도했다. Cosgrove (1984), Cosgrove et Jackson(1989), Duncan(1990, 1992), Jackson(1989)의 연구 와 Meining(1979)의 경관 해석 부분 참조. 베르크는 경관의 개념 자체가 상대적인 것이며 어떤 사회에서는 존재하지만 다른 어떤 사회에서는 존재하지 않는다고도 주장한다(Berque 1995).

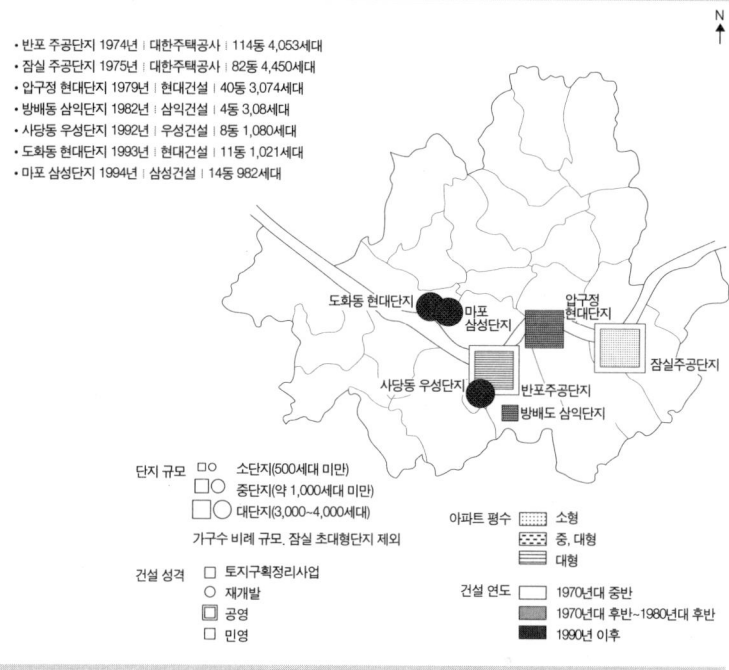

그림 1_연구대상 단지

- 반포 주공단지 1974년 | 대한주택공사 | 114동 4,053세대
- 잠실 주공단지 1975년 | 대한주택공사 | 82동 4,450세대
- 압구정 현대단지 1979년 | 현대건설 | 40동 3,074세대
- 방배동 삼익단지 1982년 | 삼익건설 | 4동 3,08세대
- 사당동 우성단지 1992년 | 우성건설 | 8동 1,080세대
- 도화동 현대단지 1993년 | 현대건설 | 11동 1,021세대
- 마포 삼성단지 1994년 | 삼성건설 | 14동 982세대

실시했으며, 대표적 특성을 기준으로 일곱 개의 아파트단지를 선정하여 심층 연구에 착수했다(〈그림 1〉). 일곱 개의 조사 대상 아파트단지 중 잠실과 반포는 1970년대 중반 정부 주도로 건설된 대규모단지들이다(4,000세대 이상). 민영 회사가 건설한 압구정동과 방배동의 두 개 아파트단지는 1970년대 후반에서 1980년대 초반에 건설됐는데, 압구정 현대 단지는 3,000세대가 넘지만 방배동의 삼익 단지는 308세대로 규모에서 현저한 차이가 있다. 나머지 세 개 아파트단지는 도시 재개발단지로 모두 1990년 이

후 건설됐는데, 각각 약 1,000세대 정도로 비슷한 규모이다.

　두 번째는, 도시의 형태란 인간이 그 주거지에 일구어 놓은 모습이나 관습과 분리될 수 없다는 관점의 연구 방향이다. 도시는 결국 주민 없이는 존재하지 않는다. 주민은 자신이 원하는 주택을 꿈꾸고 이를 이루기 위해 필요한 재산을 모으려 노력하고, 거주하기 적당한 장소를 골라 살기 좋은 집을 짓겠다는 구상을 한다(Rimbert 1973, 10; Sansot 1973, 9). 실제 도시를 만들어 내는 것은 이들이다. 따라서 실제 도시 속에 거주하는 주민들의 삶의 양식에 대한 조사 없이 도시 형태를 이해하는 것은 불가능하다. 이를 위해 주민들의 일상생활에 밀착하여, 인류학이 특징으로 하는 해석학적 방법으로 조사와 연구를 진행하였다. 주요 자료들은 참여 관찰 방법과 비유도적 자유 인터뷰를 통해 수집되었으며, 설문지 형태로 이루어진 선행 조사의 결과를 토대로 인터뷰 과정에서 재확인하는 절차를 거쳤다.[8]

　논의는 크게 세 단계로 이루어진다. 우선 심층 조사 대상이 됐던 지역을 중심으로 역사와 공간의 틀에서 서울의 아파트를 재조명한다. 이어서 아파트단지 양산의 메커니즘을 개인의 주거사와 결합해 분석한다. 마지막으로 도시 개발과 주택 이론, 주민 자신들의 발언과 표상 체계들, 나아가 단지 내 사회적 집단 간의 관계 분석을 통해 도시 주택의 급격한 변화를 상징하는 아파트단지와 도시적 현대성의 상관관계를 분석한다. 자, 이제 결코 당연하게 이해될 수 없는 서울의 아파트 문제를 이해하기 위해 긴 여정을 시작할 차례이다. 독자들이 지루해하지 않기를 바라며.

---

[8] 210개의 설문지를 검토하여, 특히 연구 대상 아파트단지 내 가구 구조에 관련된 몇 개의 결론을 도출했다. 가장 흥미로운 자료를 제공한 것은 장시간의 심층 면접 조사였다.

2장

서울의 도시 정책과
아파트단지 개발의 역사(1960~95)

1970년대 강남에는 독창적인 도시 형태와 도시경관이 등장한다. 빽빽한 건물과 타워가 만들어 낸 스카이라인은 나지막한 집들이 대부분인 도심 주택가보다 훨씬 높아졌다. 주거 공간은 이제 폭이 500~800미터에 이르는 거대 블록이 되었다. 어떤 이들은 이를 두고 '병영'이나 '군대 막사'로 빗대어 말하기도 했다. 한번은 동료 도시계획가에게 서울의 5천분의 1 축적 지번약도를 보여 주었더니 "한강변의 군사기지 규모는 정말 대단하군"이라 했다. 바로 반포의 아파트단지였다.

서울의 전례 없는 성장과 더불어, 1970년대 초 공동주택의 개발은 도시 경관에 큰 변화를 가져왔다. 기능주의적이고 국제적인 도시계획 원리를 동반하며 나타난 아파트단지는 이제까지의 도시 형태를 새롭게 변모시켰다. 개인주택이 아파트로 바뀌면서 한옥 마당과 고불고불한 골목길은 콘크리트로 포장된 주차장, 도로나 놀이터, 테니스장 같은 공동 시설로 변모했다.

아파트단지의 개발은 1970년대 초반부터 서울에서 시행된 도시 정책과 따로 떼어 생각할 수 없다. 이 정책은 급격한 도시화와 인구증가에 따른 필요에서 만들어졌다. 본 장에서는 도시 정책과 아파트단지 개발을 연대기적으로 살펴볼 것이다. 무엇보다도 1970년대 초반부터 진행된 도시경관과 도시 형태의 변모 과정이 그 초점이다. 이를 바탕으로 아파트단지가 어떻게 도시 공간 관리의 가장 효율적인 수단으로 선택됐으며, 서울시 소유의 토지에 아파트단지가 확대될 수 있었던 기본 원리는 무엇이었는지 밝히고자 한다.

1. 1950년대 서울의 도시경관과 초창기 아파트의 출현

한양의 미로

1950년대의 서울은 ①나지막한 스카이라인, ②상가와 주거지역의 구분, ③대로와 그 뒤편의 보행자 골목으로 대별되는 도로 형태 등 세 가지 특징을 간직하고 있었다. 이러한 도시 형태는 기본적으로 조선시대로부터 계승된 것이다. 도시 구조는 19세기 말[1]과 일제강점기를 거치면서도 큰 변화를 겪지 않은 채 전통적 도시 구조를 그대로 유지하고 있었다.

막다른 길 투성이의 빽빽한 골목도 변하지 않았다. 20세기 초반 일제에 의해 건설된 곧게 뻗은 대로[2]가 늘어났지만, 여전히 이런 골목길은 유지되었고 한 필자는 이를 '한양의 미로'라 일컬었다(이건영 1987, 139-162). 몇 가지 드문 경우를 제외하고, 주민들의 통행로이자 준 사유지의 성격을 띠는 골목과 도시의 대로 사이에 서열화도 나타나지 않았다. 역사학자 이은은 이러한 특징이 바로 서울의 '도시 원형'이라 말한다. 주택이 뒷길로 물러나 있는 반면, 대로 주변에는 상점과 같은 3차 산업 활동이 이루어지고 있는 형태가 그것이다.[3] 도시 구조상 한옥이 주류를 이루고 있는데, 단층에 ㄷ자나 ㄴ자형이 대부분이었다. 이것은 농촌 가옥의 모델을 본뜬 것이다. 경복궁과 창경궁 사이에 위치하며 서울 역사의 중심지였던 가회동은, 검은 기와를 얹은 한옥들 사이사이 촘촘한 골목길로 대표되는 전통적 형태를 지금도 간직하고 있다.

이러한 서울의 원형적 형태는 모든 점에서 서구의 전통적 도시 형태와 대립된다. 서구의 도시 주택은 보편적으로 복층 구조를 이루며, 층이 높을수록 사회 공간의 수직적 차별화가 이루어진다. 오스만[4]계획 이전의 파리에서는 부르주아가 2층에 거주했으며, 3·4층과 그 이상에는 하

---

1 | 1896년에서 1898년까지 한성판윤(지금의 서울시장) 이채연이 주도한 도시 현대화 과정에서 이전의 초가나 흙집 대신 석조와 기와집의 숫자가 증가했다(이태진 1995).

2 | 1915년에서 1935년 사이 일본은 대규모 도로 확장 공사를 했다(Kim Won 1981, 7-10). 이 시기는 '일본식 오스만 도시계획'으로 일컬어진다.

3 | "주택은 일제히 뒤로 물러나 앉는 경향을 보이며 여기서 주택의 규모와 차원을 알 수 있다. 서울 역사 속에 항구적으로 나타나는 이러한 토지 활용 원리는 일종의 도시 원형을 이룬다"(Lee Eun 1997, 38).

인, 노동자, 수공업자 등 서민이 거주했다. 상업 지구에서 1층에는 도시 기능과 혼재된 상점들이 위치했다. 이러한 건축구조는 19세기 후반에 오스만이 추진한 파리의 도시현대화가 사회공간의 수직적인 차별을 지역적 차별로 전환시키고 나서야 변했다. 대로의 건설을 통해 파리 도심 구역 재개발과 오스만식 건물이 들어서고 새로운 주거지역 구분이 확립되면서 도시 외곽의 노동자 주거지역이 형성되었던 것이다.

초창기 아파트의 출현

한국전쟁 이후 마당이 딸린 한옥이 점차 사라지면서 주거지역의 형태가 상당히 달라졌다. 대한주택영단[5]이 건설한 개인주택 지구들이 대표적인 예이다. 외곽 개발 지구에 위치한 강북의 미아동, 수유동, 강남의 상도동 같은 경우, 한옥 혹은 일제강점기의 개량 한옥과도 구별되는 표준화 주택이 건설됐다(Pitte 1983, 23). 서민층을 위한 이 소형 주택(15평)은 한옥의 익면(翼面)을 제거한 장방형(ㄱ자형에서 ㅁ형으로)의 단순한 형태를 그 특징으로 하는데 이 과정에서 새로운 건설기술이 등장했다. 시멘트의 사용이

---

4 | 오스만 Georges Eugene Haussmann (1809~1891). 파리의 현대 도시화 프로젝트를 상징하는 인물로 흔히 오스만 남작이라 불린다. 나폴레옹 3세에 의해 1853년부터 1870년까지 오늘날의 파리에 해당하는 세느 지역 담당 최고 행정관(Prefet)으로 임명되었다. 이 기간 동안 그는 대대적인 도시 재정비 사업을 벌여 파리를 완전히 탈바꿈시켰다. 노동자 거주 지역은 외곽으로 옮겨졌다. 좁은 길과 불결한 시설물을 철거해 시내를 관통하는 대로 체계를 도입했다. 도시계획 관련 법규를 정비해 전체 건축물의 60퍼센트에 해당하는 건물의 외관과 구조를 변화시켰다. 오물 처리 체계를 만들었고 녹지와 공공 기념물 및 광장을 구축했다. 당시에는 매우 격렬한 비판에 직면하기도 했지만, 2차 대전 이후에는 중세의 파리와 현대의 파리를 결합해냄으로써 오늘날과 같은 파리의 도시경관과 일상생활의 구조를 창출한 인물로 평가받고 있다.

5 | 1941년 총독부가 설립한 조선주택영단을 그 전신으로 하며 1948년 정부 수립과 함께 대한주택영단으로 명칭이 바뀌었다. 1962년 대한주택공사로 다시 개명되었다.

일반화되어 외벽을 회반죽과 실리콘으로 방수 처리한 시멘트 블록으로 쌓아 올리고, 이전의 석판 대신 시멘트 판으로 온돌을 덮었다(Kim Hyung-woo 1994, 134-138). 이 시기 주택의 대부분은 단독주택이었다. 2층이 넘는 연립주택은 도시의 스카이라인에 변화를 주지 않는 소규모 건설 계획에 국한됐다.

1958년 서울에 건설된 종암아파트[6]는 얼마 후 서울지역에 일반화될 새로운 주택 형태, 즉 '아파트'의 선구적 사례로 꼽힌다. 이는 1956년부터 국제개발협력처 산하 기술연구소가 노력을 기울인 연구의 소산이다. 이 연구는 고층 콘크리트 공동주택 건설기술에 관한 것이었다. 주택영단은 국제개발협력처를 통한 미국 자본의 재정 지원과 상업은행의 융자로 1957년 11월 시공해서 성북구 종암동의 서울시 소유지에 5층짜리 3개 동을 건설했다. 독일 회사가 설계를 맡았고 외국 기술자들이 건설 계획에 참여했으며 시공은 중앙산업이 맡았다. 완공 이후 보건사회부가 마련한 부흥주택관리요령에 따라 주택영단이 인수해 일반에 불하하고 관리했다(대한주택공사 1979, 220). 당시에는 생소하기 짝이 없던 '아파트먼트 하우스'라는 용어가 도입되었고 '아파트'라는 말은 여기서 생겨났다(임창복 1996, 204).

이 건설 계획의 중요성은 그 규모(152세대)보다는 모델로서의 성격에 있었다. 이승만 대통령은 아파트 낙성식에서 아파트의 현대성과 특히 수세식 화장실의 편리함을 역설했다. 분명 종암아파트는 서구식 공동주택

---

[6] 종암아파트에 앞서 1956년 건설된 중앙아파트를 아파트의 효시로 보는 경우도 있지만, 이를 최초의 아파트 내지 한국 아파트의 기원으로 보는 것은 무리다. 사원주택 용도로 3층짜리 한 개동에 12가구인 중앙아파트와는 달리, 종암아파트는 5층 높이의 세 개동 152가구의 규모이다. 규모보다 중요한 점은 종암아파트의 경우 정부의 주택정책의 결과로 만들어진 아파트단지라는 사실이다. 이 사업은 정부기구인 주택영단이 주관하였고 시공 당시 이승만 대통령도 참석했다.

의 첫 번째 모델이었다(임창복 1996, 204). 그러나 이 아파트는 설계도면이 같은 시기에 건설된 대한주택영단의 개인주택(국민주택)과 크게 다르지 않았고, 난방 방식도 연탄 난방이라는 점에서 한계를 갖는다. 이 선구적 건설 계획에 뒤이어 또 하나의 건물이 세워졌는데, 서대문구에 주택영단이 지은 개명아파트(75세대)가 그것이다. 그러나 서울 시민에게 이 서구식 주택이 받아들여지기까지는 아직 10여 년의 시간이 더 필요했다.

2. 1960년대의 도시 정책과 마포아파트의 등장

도시관리체계의 확립

좀 더 효율적인 도시 개발을 위하여 1960년대 초, 도시계획에 관한 몇 가지 법안이 수립됐다. 그중 1962년과 1963년에 제정된 세 가지 법률이 중요하다. 전 국토에 적용되는 〈국토건설종합계획법〉(1963), 시에 적용되는 〈도시계획법〉(1962), 토지 구획이나 건축용지에 적용되는 〈건축법〉(1962)이 그것이다. 이에 근거하여 1966년에 10년을 사업 단위로 하는 도시기본계획이 수립되었다. 그러나 1966년의 이 계획은 잘못된 인구 예측과 재정난으로 인해 사실상 실행되지 못했다. 국가의 경제성장 목표에 맞추고자 했던 도시계획의 강요는 건설 담당 공무원들을 단기적인 필요에 따라 맹목적으로 행동하게 만들었을 뿐이다.

도시의 성장을 이루기 위해서는 교통망이 중요했는데, 1966년의 계획안 중 유일하게 실행된 것은 이 부분이다. 지속적인 도로망의 개선, 1960

년대 후반 시작된 지하철 건설, 1966년과 1970년에 시행된 한강의 2개 교량 건설 등이 대표적이다. 그 나머지는 '마구잡이식' 도시계획으로, 1966년 서울시장에 임명됐던 김현옥의 도시재개발이 대표적인 예이다. 군 출신으로 박정희 대통령의 측근이었던 그는 취임 직후 사업 지구를 조성하기 위해 도심 빈민가를 재개발했다. 보상금 없이 토지를 수용했을 뿐 아니라 불도저를 동원해 철거를 강행함으로써 그는 '불도저 김'이라는 별명을 얻었다. 그는 대규모 도시 개발 계획 추진의 가장 큰 장애물이었던 재정 부족 문제는 대대적인 토지구획정리사업을 벌이면 손쉽게 해결된다고 보았다. 1966년 〈토지구획정리사업법〉은 1930년대 일제가 도입했던 토지구획정리사업과 1962년 〈도시계획법〉의 기본 원칙에 근간을 둔 것이었다. 1970년대 서울의 주거 공간 변경 계획은 대부분 이에 근거한 것이다. 이 방식의 택지 개발은 토지구획대장의 개편을 통해 해당 토지의 취득 절차 없이 새로운 인프라의 양산을 가능케 하는 동시에 토지 소유주들에게 득이 되는 토지 재평가 방식을 적용했다.[7]

1964년 마포아파트와 1970년의 와우아파트

1970년대 초까지 주택 건설은 대부분 중소기업이나 수공업자들의 손으로 이루어졌으며(장성수 1994, 58-59), 서울의 주거 형태는 여전히 개인주택

---

[7] 소유주들은 재산을 그대로 간직하지만 토지의 일부(전체 토지의 1/3에서 40퍼센트까지)를 포기하는 형식으로 개발에 참여한다. 이 가운데 일부(약 25퍼센트)는 택지 조성과 제반 부대시설에 쓰이고, 나머지(15퍼센트)는 매도 시 개발비용의 상당 부분을 환불해야 하는 체비지(替費地)가 된다. 개발 후 토지 가격이 상승(초기 지가의 4배 이상까지)하면 소유주는 배상금을 지불받게 되는 것이다(Doebele 1989; Park Heon-joo 1991). 이는 1923년 대지진 이후 일본에서 보편적으로 적용되었던 토지구획정리사업 절차를 도입한 것이다.

표 1_1958년과 1969년 사이 서울에 건설된 아파트

연도	지역 수	건설사(공영/민영)*	특기 사항
1958	1	공영	종암아파트 152세대
1959	1	공영	개명아파트 75세대
1960	0		
1961	0		
1962	1	공영	마포아파트 642세대
1963	1	공영	
1964	2	공영 1 / 민영 1	
1965	3	공영	
1966	5	공영 3 / 민영 2	
1967	7	공영 2 / 민영 5	현대건설 시공 2개 지역
1968	18	공영 12 / 민영 6	
1969	30	공영 13 / 민영 16	1,000세대 이상 아파트단지 출현**
총 합계	69	공영 36*** / 민영 33	

*공영 건설사란, 서울시 지자체, 대한주택영단(1961년까지), 대한주택공사(1962년부터) 등이다.
**종로구 소재 낙산 시민아파트(1,096세대), 동숭 시범아파트(1,409세대).
*** 이 중 27개는 시영.

이 주를 이루고 있었다. 1950년대 중반 이후 마당 딸린 한옥이 사라져 가면서, 기와를 얹은 정방형의 소형 시멘트 집이 인기를 끌었다. 김현옥 시장의 도시재개발 계획 이후, 철근 콘크리트의 사용과 적층(한 층씩 쌓아 올려가는 건축공법) 기술의 발전으로 몇 개의 아파트가 생겨났고 옛 도심에 근접한 빈민촌(정릉동, 홍제동, 한남동)이 사라졌다. 종로와 을지로에는 주상 복합형의 4층 건물이 들어섰는데 이것이 세운상가이다(Kim et Choe 1997, 134-135). 〈표 1〉에서 보듯이 이들 대부분은 서울시의 출자와 공공기금이나 국제개발법(AID) 차관, 국제개발협력처(AIC) 차관 같은 해외 원조 재정 지원으로 건설됐다. '서민주택' 혹은 '시민주택', '국민주택' 등으로 불린 이 아파트들은 10평 내지 15평형의 소형에 연탄 난방체계를 갖추었다. 이는 전체

현대식 '아파트단지'를 선보인 마포아파트 전경.
(1965.3).

주택 건설 중 극소수에 지나지 않았고 서울 주민들에게 별 호응을 얻지 못했으며 중·상류층은 여전히 개인주택을 선호했다.

대한주택 영단을 개편해 1962년 설립된 국영기업인 대한주택공사[8]는 설립 초기부터 1958년의 종암아파트 같은 모범적인 공동주택단지 건설이라는 과제를 부여 받았다. 마포아파트단지는 이렇게 해서 계획되었다. 이 아파트단지는 옛 교도소를 철거하여 마련된 4헥타르의 대지에 건설될 예정이었다. 원래는 기름보일러식 중앙난방에 승강기를 갖춘 10층 건물을 짓는 원대한 계획이었다. 그러나 이를 어렵게 하는 여러 가지 문제가 있었다. 미국의 기술 고문들은 국가의 발전 수준에 걸맞지 않은 계획과 과도한 비용을 지적했다. 그 결과, 박정희 대통령과 건설부의 지원에도 불구하고 외국의 반대와 기초 자재, 기술력 부족으로 대한주택공사는 계획을 재검토할 수밖에 없었다. 결국 연탄 난방에 승강기가 없는 6층 소형 아파트(9, 12, 15, 16평)가 건설된다.

---

8 | 대한주택공사는 국가가 지원하는 주택의 건설과 재건축뿐 아니라 건축 자재의 생산과 공급, 택지의 개발과 공급 권한을 부여받았는데 이로써 도시계획 분야에서 실질적 실행 능력을 발휘하게 된다.

그림 2_마포아파트 배치도(1962~64)

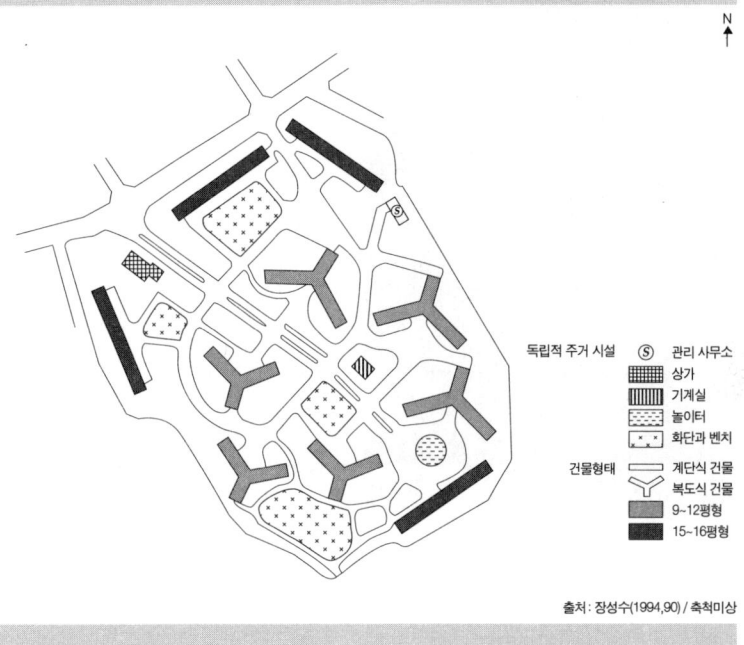

출처: 장성수(1994,90) / 축척미상

종암아파트와 마찬가지로 마포아파트의 중요성은 그 건설 규모(642세대)보다 아파트단지의 특징적 요소를 발전시킨 그 선구적 양상에 있다. 마포아파트는 '아파트단지' 개념을 확립한 초기 현대식 아파트로 평가된다(한국정신문화연구원 1988, 374). 사진에서 보듯 이 아파트단지는 주변 지역으로부터 독립적이며 자치적인 주택 지구로 고안됐다. 인근 시설인 상가와 놀이터, 유치원 등의 공동 시설이 모여 있고, 관리 사무소 건물이 들어서 있다. 주변에 배치된 장방형의 4개 동은 중심에 모여 있는 Y자 6개 동을 감싸고 있다. 경관과 형태면에서 마포단지는 주로 좁은 골목길로

와우아파트 붕괴현장(1970.4.8)

이어진 주변의 빽빽한 개인주택지구와 완전히 단절되어 있는 셈이다.

그럼에도 마포아파트단지 역시 서울 시민의 주목을 거의 받지 못했다. 서울 시민은 공동주택의 구조에 연탄을 사용하는 것을 꺼려했다(장성수 1994, 93). 게다가 소형아파트는 주택으로서 자부심을 갖게 하지 못했다. 적어도 이때까지 정부가 지은 아파트는 서민을 대상으로 한 작은 평수의 주택이라는 인식이 지배적이었다.

엎친 데 덮친 격으로 1970년 4월에 일어난 와우아파트 사태는 한국인들에게 높은 건물에 대한 경계심을 불러일으켰다. 와우아파트 건설은 1968년에 시작된 시민주택(지자체가 지원하는 주택 형태)에 대한 장려와, 김현옥 시장이 주도한 도심 빈민가 재개발이라는 두 가지 맥락에서 이루어졌다. 한국전쟁 이후 도시의 불법 거주자들이 살았던 마포구의 한 야산에 6층 건물 16개 동으로 이루어진 아파트단지가 들어선 것이다. 준공된 지 석 달여 만인 1970년 4월 8일, 15동이 무너져 아래쪽의 개인주택을 덮쳤다. 새벽 6시경에 일어난 사고의 결과는 참혹했다. 입주자 중 사망자 33명, 부상자 38명에 아파트에 깔린 개인주택에서도 사망 1명, 부상 2명의 희생자가 발생했다. 조사 결과 사고의 원인은 부정부패가 개입된 부실

공사로 추정됐고, 스캔들이 전국을 강타했다. 구청장, 건축 설계자, 현장 감독, 건설 회사 사장 등이 좌천 또는 구속됐다. 그러나 당시 한국인에게 이 사고는 부실 공사 탓이라기보다는 아파트라는 건물 자체의 결함이 빚어낸 결과로 여겨졌다.

3. 1970년대, 대규모 아파트단지의 등장

원대한 도시 정책

인구증가를 과소 예측한 이유로 부분적으로만 시행되었던 1960년대의 도시기본계획과는 달리 1972년에 수립된 새로운 도시기본계획(1972~82년도 시행)은 도심 업무 지구 개발, 교통 정체 해소를 위한 도로망의 개선 등 굵직한 정책 내용을 담고 있었다. 이 계획은 특히 도시 기능의 분산과 한강 남동 지역의 미개발 공간을 염두에 두었고, 강북의 성장을 억제하기 위해 강남구의 아파트단지 건설 계획도 포함하고 있었다. 동쪽에는 주택지구를, 서쪽에는 행정 및 사업지역을 위치시키는 여의도 개발 계획도 있었다. 강북과 강남을 잇는 지하철 순환선의 건설 계획도 있었으며 순환선의 내부에는 개발 지역을 위치시켰다. 이 도시 정책은 또한 대도시 주택난 해소를 위해 1972년 정부가 수립한 대규모 주택 건설 정책과도 밀접한 관계를 갖는다. 이러한 방향 설정으로 1972년 〈주택건설촉진법〉이 공표되면서 주거단지 개발 절차가 유연해졌고 용적률 300퍼센트와 5층 이상의 주택 건설을 허용하는 도시 내 아파트 지구에 대한 개념이 정립된다.

대규모 단지의 출현

1971년 완공된 강북의 동부이촌동단지는 10여 년 후 강남에 대량으로 건설될 아파트단지의 선구적 역할을 했다. 30헥타르의 대지에 총 3,260세대에 이르는 건설 규모와 주민의 계층구성이라는 측면에서 이 아파트단지는 이전의 아파트단지와 큰 차별성을 갖는다. 우선 대한수자원공사가 택지를 조성했고 공공기금과 AID차관으로 대한주택공사가 건설을 맡았다(강수림 1991, 13). 전체 세대 중 서민용 소형 주택(12~13평형)은 784세대에 그쳤고 그 나머지는 공무원아파트 1,312세대, 서울 거주 외국인을 위한 외인아파트 500세대, 중대형 아파트인 한강맨션 700세대 등으로 채워졌다. 이 세 종류의 고객층을 성공적으로 만족시킬 수 있었던 데는 두 가지 요소가 있었다. 먼저, 평수의 차이가 20평에서 80평까지로 선택의 폭이 넓어졌고, 가장 큰 평수는 부유층이 사는 저택이라는 의미로 '맨션'이라는 이름이 붙여졌다. 게다가 아파트 전 세대가 기름보일러식 중앙난방이었다. 개인주택에서 연탄을 사용했던 대다수의 입주자들에게 이 변화는 일상생활에서 엄청난 혁신이었다. 700세대의 한강맨션의 경우, 대대적인 광고와 모델하우스를 통한 판매 촉진 등 마케팅 전략이 동원됐다(Lee Eun, 74). 동부이촌동단지의 성공으로 와우아파트 사태의 기억은 희미해지고 그때까지 서울 시민이 가지고 있었던 아파트에 대한 부정적인 이미지도 조금씩 바뀌어 가기 시작했다.

    1974년, 역시 대한주택공사가 완공한 반포단지는 강남 개발의 신호탄이었다. 앞서 동부이촌동단지의 경우처럼 반포단지 역시 AID차관을 받았고, 부유층을 겨냥했다(대한주택공사 1992, 127-130). 가장 작은 평수가 22평이었고 가장 넓은 평수는 복층 64평이었다. 물론 전 세대가 중앙난방이었다. 아파트 분양이 시작되자 엄청난 인파가 장사진을 이루었고 분양 아파트의 수는 수요에 비해 턱없이 모자랐다. 이 때문에 3년 후 정부는 아파트 분양 추첨제를 도입했다.

반포단지의 대성공으로 드디어 대단지 아파트 시대의 막이 올랐다. 1970년대 강남에 건설된 아파트단지의 대다수는 1,000에서 1,500세대 규모였다. 4,000세대 주민 15,000명 규모의 반포는, 향후 10년간 동작대교에서부터 동쪽으로 번져나가게 될 '아파트 개발 전선'의 선봉장이 되었다.

잠실 초대형 아파트단지

잠실단지 역시 정부가 주도한 대규모 개발 계획의 대표적인 사례이다(〈그림 3〉). 강북 분산정책에 따라 1971년 정부는 성동구의 동쪽, 논과 과수원 사이에 군데군데 작은 숲이 들어서 있던 1,000헥타르가 넘는 광활한 지역에 택지를 조성하기 시작했다. 정부가 소유주로부터 토지를 매입, 택지로 개발한 후 대한주택공사에게 5개 아파트단지 건설 책임을 부여했다. 약 2만 세대 주민 10만 명 이상 수용을 목표로 계획된 이 도시 속의 '신도시'는 '잠실 뉴타운'으로 불렸고 1975년에 시공되어 2년 만인 1977년 완공된다(대한주택공사 1992, 130). 1차 공정에서 이미 60헥타르의 대지에 11,821세대를 건설, 1년이 채 안 되어 전체 공정의 반을 완성했다. 이는 '주택 건설 180일 작전'이라는 기치 아래 노동자 28만 명이 동원된 결과였다(대한주택공사 1992, 131).

반포단지보다 다섯 배 이상의 세대가 들어선 잠실단지는 1975년에서 1985년 사이 서울에 건설된 '초대형 단지'의 효시이며 아파트단지 표

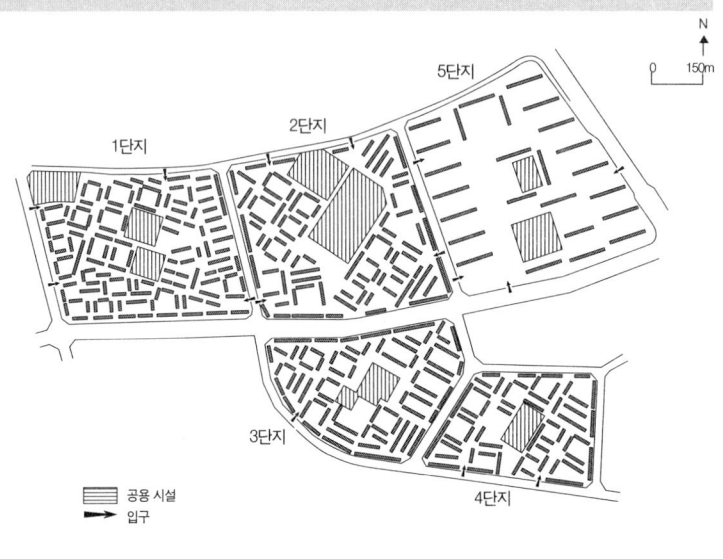

그림 3_잠실의 주공아파트단지

준화 시대로 접어드는 결정적인 계기가 된다. 기술적인 측면에서는 기성품 콘크리트 자재가 최초로 사용됐다. 설계에서는 대한주택공사가 서울과 기타 지방에 건설한 다른 아파트단지에도 같은 설계도면을 사용할 만큼 하나의 모델이 되었다(Fabre 1993, 52). 이는 또한 주택 형태에서도 새로운 변화를 가져왔다. 고층 아파트의 등장이 그것이다. 1단지에서 4단지는 5층짜리 저층 아파트로 층계와 연탄 난방인 데 비해, 그보다 1년 후에 완공된 5단지는 두 가지 변화, 즉 중앙난방 시설과 승강기가 설치된 15층 건물이었다. 이 중요한 차이는 한국인들의 눈에 높은 건물이 더 편하다는 인상을 오랫동안 심어 주었다. 잠실단지는 반포단지에 비해 사회 계층의 측면에서도 구별되었다. 상류층을 겨냥했던 반포단지와는 달리, 12평에서 16평에 이르는 아파트의 평수는 애초부터 가계 수준이 중간 정도인 젊은 세대를 겨냥한 것이었다.

압구정동에 현대가 건설한 아파트단지는 1970년대 대규모 아파트 건설에 민영 회사가 참여하도록 장려한 대표적인 예이다 (Kim et Choe 1997, 23). 이 기간에는 서울시나 대한주택공사가 택지를 조성한 강남 땅의 대부분을

초대형 단지의 효시인 잠실주공1단지 전경.

민영 회사가 사들였다. 10년 전, 제1차 경제개발 5개년계획 아래 대규모 사회인프라 건설로 이윤을 남긴 대기업 건설 회사(현대, 삼익, 한신, 라이프 등)가 아파트단지 건설에 뛰어든 것이다. 현대는 1976년 6월부터 1979년 5월에 걸쳐 반포와 잠실 사이, 서울시가 조성한 택지 위에 첫 번째 대단지를 건설한다. 규모 면에서 잠실의 '신도시'보다는 작았지만 40동 3,000세대 이상을 수용할 수 있는 아파트단지였다. 잠실5단지와 마찬가지로 가장 높은 건물이 15층으로 중앙난방에 욕실을 갖추었고, 평수는 최소형이 32평, 최대가 약 80평이었으니 주 고객층이 어떤 사람들이었는지를 명확히 알 수 있다. 그들은 다름 아닌 도시 중산층 즉 중간계급의 상층을 차지하는 사람들이었다. 1972년에서 1980년, 한강을 따라 건설된 아파트군의 주 거점 가운데 하나인 이 아파트단지는, 반포단지에서 잠실대단지에

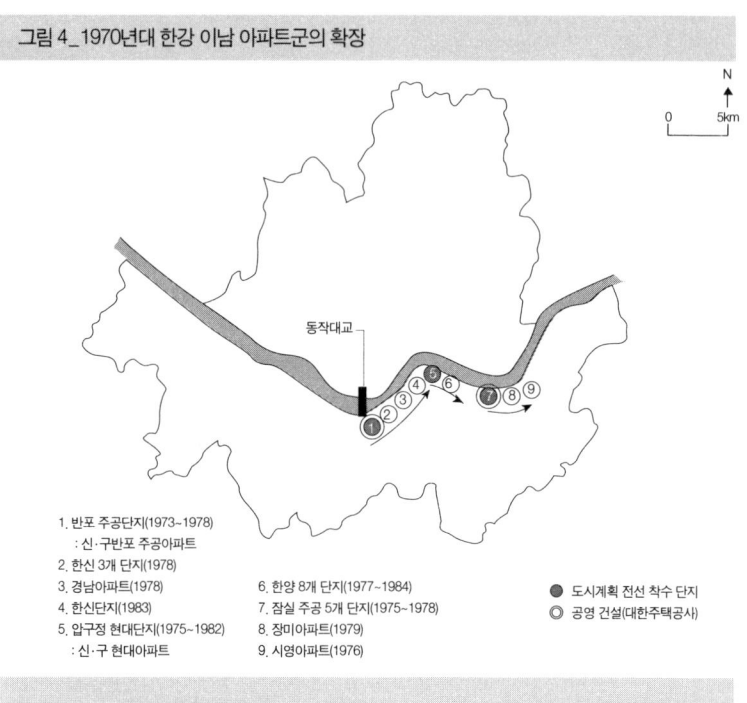

이르는 개발 전선을 잇는 연결고리인 동시에 공·민영 합작 건설의 연결고리이기도 했다(〈그림 4〉).

새로운 도시 형태, 한강변의 아파트군

1970년대 강남에는 독창적인 도시 형태와 도시경관이 등장한다. 빽빽한 건물과 타워가 만들어 낸 스카이라인은 나지막한 집들이 대부분인 도심 주택가보다 훨씬 높아졌다. 주거 공간은 이제 폭이 500~800미터에 이르

군사기지를 연상케하는 반포의 아파트단지.

는 거대 블록이 되었다. 기하학적인 세포 모양으로 나란히 늘어서 있는 단지와 단지 사이를 지나는 것은 흡사 대동맥과 같은 광폭의 자동차 도로였다. 보행자는 이곳을 건널 때마다 힘든 장애물 경주를 하듯 육교와 지하도를 오르내려야 했다. 완전히 새롭게 창조된 도시 공간 구조가 생긴 것이다.

각 아파트단지의 내부에는 콘크리트로 뒤덮인 넓은 주차장, 잔디밭, 작은 광장, 어린이 놀이터 등이 있고 그 위로 건물과 타워들이 성냥갑처럼 줄지어 들어서 있다. 건물의 배치는 크게 두 가지 원칙을 따른다. 반포단지처럼 나란히 줄지어 있거나, 잠실단지처럼 몇 동씩 모여 있는 형태가 그것이다. 압구정동처럼 두 가지 형태가 혼합되어 있는 경우도 있지만 전체적으로는, 나란히 줄지어 있는 건물의 모양이 군대 막사를 연상시키는 듯하다. 김주철과 최상철은 1970년대에 건설된 아파트단지를 가리켜 '병영'이라 했고(Kim et Choe 1997, 198), 강홍빈은 "군대 막사와도 같은 아파트를 건설하는 도시재개발은 계속될 수 없다"(강홍빈 1985, 205)고 주장하기에 이른다. 한번은 동료 도시계획가에게 서울의 5천분의 1 축척 지번약도를 보여 주었더니 "한강변의 군사기지 규모는 정말 대단하군"이라 했다. 바로 반포의 아파트단지였다.

4. 1980년대의 아파트 열풍

규제 완화와 부동산 투기

1986년 아시안게임과 1988년 올림픽이 열렸던 흥분의 1980년대에는 대형화되고 고층화된 건물 건설에 대한 규제가 전반적으로 더욱 완화되었다. 아파트 지구 이외의 주거지역에서 건물의 높이와 용적률[9]을 제한했던 종래 〈도시계획법〉의 핵심 내용이 달라진 것이다. 이로써 또 한 번의 도시 밀집화가 가능해졌다. 주거전용지역의 용적률이 150퍼센트에서

---

9 | 대지 면적에 대한 건물 연면적의 비율로 건축물에 의한 토지이용도를 보여 주는 기준이다.

200퍼센트로 올라 연립주택의 건설이 허용됐다(Lee Eun 1997, 129-130). 결국 주요 대도시 특히 서울의 주택난이 심각하다는 이유로 이미 10년 전 시작된 대규모 주택 건설 정책은 더욱 확대되었고, 건설부는 1981년부터 1995년까지 15년간 주택 5백만 세대 건설 계획을 공포하기에 이르렀다.

전반적으로 이 기간은 건설 시장과 부동산 시장의 활황기였다. 국제 규모의 스포츠 제전을 앞두고 도시 미화를 위해 대형 건물과 대규모 주택의 건설이 장려되었다. 그리고 이는 중동지역 전쟁으로 사업 침체를 겪고 있던 재벌기업 계열의 건설 회사들에게 절호의 기회를 제공했다. 부동산 부문에서는 시기적으로 조금 앞선 일본의 경우처럼 시세가 폭등했다(Aveline 1995, 90-91). 서울에서는 올림픽 시설물 건설 바람을 타고 강남구와 송파구를 중심으로 부동산 투기가 활기를 띠었다. 더욱이 강남의 교통망을 확대시키는 지하철 순환선이 테헤란로를 따라 지나면서 잠실과 반포 사이에 제3의 업무 지구가 형성됐다. 코엑스빌딩 같이 화려한 마천루 건설에 연이은 사무용 건물의 건설은 이 지역의 지가와 부동산 가격을 급상승시키는 요인이 됐다.

신시가지와 대규모 단지

목동(1983년 착공)과 상계동(1986년)의 신시가지 건설은 1978년 대한주택공사와 유사한 기능을 갖추며 창립된 토지개발공사의 역할에 힘입은 바 컸다.[10] 이 두 기관의 활동은 〈택지개발촉진법〉(1980)에 따른 것이었는데,

---

10 | 토지개발공사는 1980년대 말까지 10헥타르 이상의 토지 개발을 관리하는 유일한 기관이었다.

이 법은 국영기업과 공공단체가 이익을 추구할 수 있도록 선매권을 인정했다(서울시청 1991, 21). 나아가 토지 개발 관리자가 택지 조성용 토지를 매입할 수 있게 함으로써 기존의 토지 구획 정리 방법을 점진적으로 대체해 갔다. 이러한 절차에는 더욱 적극적인 재정적 노력이 요구되었는데, 정부가 건설 계획을 주도하면서 그 이전까지 개인과 법인에게 돌아갔던 건축용지의 매각 이윤을 확보할 수 있게 됐다(Kim et Choe 1997, 124-130; Lee Tae-il 1993, 215-233).

수십 개의 아파트단지 내에 각각 10만 명 이상의 인구를 수용하는 양천구와 노원구의 신시가지는 수직적이며 기능적인 도시계획 원칙을 수용했다. 이 둘 다 도시 기능의 엄격한 구별, 상업 지구와 주거지역의 분리, 각 아파트단지의 독립적 성격 등을 특징으로 했다. 아파트단지 사이에 연립주택을 배치하는 등 다양한 주택 형태가 도입된 것 역시 또 다른 특징이라 할 수 있다.

같은 시기, 서초, 강남, 송파, 강동구에 정부 주도의 대규모 주택단지가 건설됐다. 물론 그중 가장 유명한 아파트단지로는 1,108세대 규모의 아시아선수촌과 5,540세대의 올림픽선수촌을 꼽을 수 있다. 외국 선수들의 숙소용으로 설계된 이 두 아파트단지는 '현대적이며 국제적인 서울'이라는 쇼윈도 안의 진열품이었던 셈이다. 건축학적인 디자인을 고려한 두 사례는 인근에 이미 들어서 있던 건물이나 타워와는 차별적인 성격을 띤다. 아시아선수촌의 경우, 8, 12, 14, 18층 등 서로 다른 높이의 계단식 건물 배치가 특징적이고 외벽 디자인도 독특했다. 올림픽선수촌은 배치와 건물의 건축미가 모두 돋보인 경우였다. 올림픽공원으로 이어지는 대형 광장과 쇼핑센터 주변으로 건물들이 원형의 아치 모양으로 배치됐는데, 이는 동양의 부채를 연상케 했다(Kim et Choe 1997, 197-198). 어느 때보다도 건물의 디자인에 노력을 기울였고 건축 자재도 다양하게 사용했다. 24층 높이의 건물 승강기 외벽을 색유리로 장식하여 획일적인 외벽에 포인트를 주었으며 계단식 건물 배치 원칙은 6, 8, 10층 건물에도 적용됐다. 현대적 한국을 상징적으로 표현한 우규승의 설계는 올림픽선수촌의 과시적 기능과 실용적 주거 기능이 조화를 이룬 것으로 평가 받았다.

초소형 단지의 개발

1980년대에는 지금까지 정부 주도의 건설 계획에서 제외되어 있던 지역에 1,000세대 이하의 소규모 단지 건설이 시작됐다. 방배동의 삼익단지(308세대)는 이 소규모단지들이 어떤 방식으로 이제까지와는 다른 도시 형태의 생성 과정에 참여하게 됐는가를 보여 주었다. 무엇보다도 이는 한강변에서 시작됐던 대규모 개발 전선의 경계선을 희석시키는 효과를 가졌다(〈그림 5〉).

현 서초구 방배동 남단에 위치한 이들 지역은 지하철 순환선이 지나는 북서쪽 효령로와 동쪽의 서초로, 남쪽의 남부순환로로 둘러싸여 있다. 효령로와 남부순환로 사이를 두고 볼 때, 고도는 북서쪽에서 남동쪽을 향해 점차 높아져, 해발 100미터 아래쪽에서 끝나는 완만한 경사를 이루고 있으며, 그 위쪽으로 해발 약 300미터의 우면산이 우뚝 솟아 있다. 채소밭과 관목 숲으로 덮여 있는 이 지역은, 서울 사람들에게 도시 한가운데 아직 남아 있는 '산'들 중 하나이다. 방배동의 '산림지역'에는 원효사, 보덕사, 대성사 세 개의 사찰이 있어 인근 주민들의 나들이 장소가 되기도 했다. 아쉽게도 이 지역 역시 조금씩 도시 확장의 위세에 밀려 방배로 서쪽에는 무지개아파트가 들어섰고, 동덕중학교 근처 매봉산 기슭

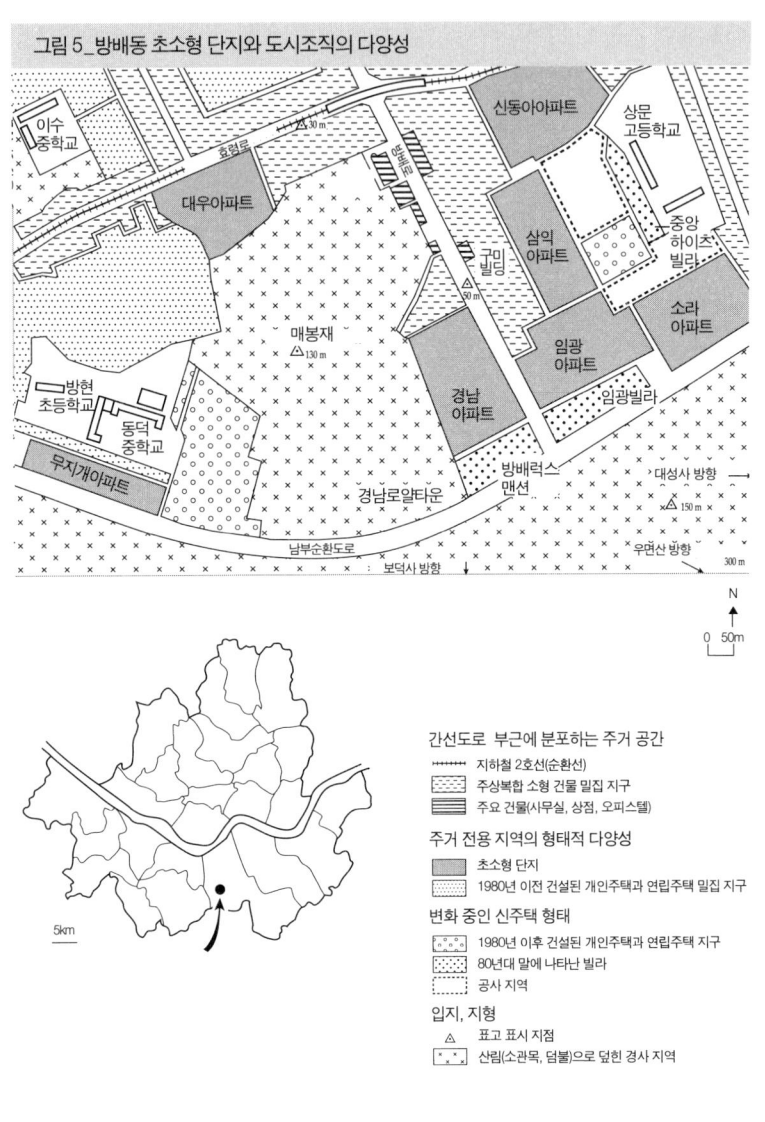

그림 5_방배동 초소형 단지와 도시조직의 다양성

간선도로 부근에 분포하는 주거 공간
- 지하철 2호선(순환선)
- 주상복합 소형 건물 밀집 지구
- 주요 건물(사무실, 상점, 오피스텔)

주거 전용 지역의 형태적 다양성
- 초소형 단지
- 1980년 이전 건설된 개인주택과 연립주택 밀집 지구

변화 중인 신주택 형태
- 1980년 이후 건설된 개인주택과 연립주택 지구
- 80년대 말에 나타난 빌라
- 공사 지역

입지, 지형
- 표고 표시 지점
- 산림(소관목, 덤불)으로 덮힌 경사 지역

출처: Bonnaud(1998)

에는 1980년대 말경 다세대주택들이 생겨났다.

지도상의 동쪽과 북쪽은 다양한 형태의 주거 공간이 돋보였다. 우선, 효령로에서 신동아, 삼익, 임광아파트 사이의 주거지역에는 3~4층 규모의 소건물들이 조밀하게 들어섰다. 1층에는 주로 상점, 세탁소, 비디오 대여점, 식당 등 3차 산업 직종이 들어서고 그 위층으로도 역시 카페, 당구장, 노래방, 학원 등의 서비스 업종이 주를 이루고 있으나 부분적으로는 주거용으로 쓰이기도 했다. 오피스텔이 들어 있는 사무실 건물들이 방배로를 따라 들어서 있는 모습도 보인다. 낮에 활기를 띠는 복합지구는 서울의 지하철역 부근에 발달된 주거 공간의 전형을 보여 준다. 이 밖에도 세 종류의 주거지역이 각각 개성을 드러냈다.

첫째, 1980년대에 민영 회사 주도로 건설된 '초소형 단지' 지역이다. 대우, 신동아, 경남, 임광, 삼익아파트들은 10동 이하 1,000세대, 500세대 정도 규모로, 정부가 조성한 2~3헥타르 이하의 택지에 재벌 기업들이 건설한 것이었다. 건설 연도는 각각 1983년(삼익, 신동아)부터 1989년(소라)에 걸쳐 있다. 둘째, 이 초소형 단지와는 대조적으로 대우아파트 옆에는 3~4층 높이 연립주택이 즐비한 좁은 골목길이 이어진다. 이곳의 도시 중산층 주거지역에는 1990년대 초반에 '빌라'나 '맨션'이라는 이름으로 일종의 호화 연립주택들이 생겨나는데 방배동이 대표적이다. 셋째, 개발 이전 단계 혹은 개발 중인 구역들로 앞으로도 이 지역에 변화의 소지가 많이 남아 있음을 나타낸다.

5. 1990년대, 새로운 도시 개발의 양상들

신도시 개발

1995년 시작된 지방자치제의 시행은 중앙정부로부터 도시의 독자성을 확보하는 전기가 되었다. 여기서 1989년 서울시도시개발공사의 설립은 중요한 의미를 갖는다. 이 기관은 건설부 산하의 대한주택공사나 토지개발공사와 같은 원칙에서 창립되었는데, 그 기능은 서울시 토지 내의 주거지 개발과 소형주택 건설을 주도함과 동시에 1980년대 중반 도입된 임대주택단지를 관리하는 것이었다. 대규모 건설 사업이 대한주택공사나 토지개발공사의 몫이라면[11] 서울시도시개발공사는 중소 규모의 건설 계획을 주로 다루었다.

'2000년대를 향한 서울 도시기본계획'을 확립한 서울시도시개발공사는 새로운 유형을 만들었다. 1988년 고안되어 1990년 승인된 이 계획은 2000년 현재 서울 인구 1,200만 명을 예상하여 위성도시와 다섯 개 신도시를 건설하려는 것이었다. 평촌, 산본, 중동을 중심으로 한 이들 신도시는 수도권지역의 인구증가를 상당 부분 흡수하여 각각 17만 명에서 39만 명 사이의 인구를 수용할 수 있도록 계획됐다(서울시청 1991, 64).

이처럼 분산화를 지향하면서 서울지역의 부동산 건설 분야는 상대적으로 소강상태를 맞이하게 된다. 건설 자재비가 상승하고, 미개발 공

---

[11] 1995년 지방자치제 이후 대한주택공사는 서울시 소유 토지관리권을 서울시도시개발공사로 넘겨 주면서 신도시 개발에 집중했다.

간이 줄어듦에 따라 10년 전에 비해 도시 내 개발은 어려워졌으며 1980년대 말 절정을 이뤘던 부동산 투기 붐도 진정되었다.

사실 아파트단지 개발의 전선은 1980년대 초반부터 수도권 위성도시나 신도시 같은 도시의 외곽으로 이동하기 시작했다. 일산이나 분당 모두 다른 신도시들처럼 택지가 농지를 밀어냈다. 미국식 대로가 바둑판 모양으로 들어서고 그 안에 주거단지가 건설된 이 신도시들은 대도시에 의존하지 않는 독립된 도시 기능을 갖추고자 했다. 공간 구조에서는 '빌라'나 '맨션' 형태의 고급

거대한 아파트 군락, 농지를 밀어낸 '신도시' 분당의 위황한 야경.

주택가 등 어느 정도 혼합 형태를 띠는 경우도 있지만, 16~20층 높이의 초고층 건물들이 주를 이루는 수직적 도시계획이 그 특징이다. 서울과 부산을 잇는 경부고속도로에서 바라본 분당의 야경은, 농촌의 벌판 위에 창마다 불을 밝힌 건물들이 줄지어 우뚝 솟아 있는 모습으로, 논 한가운데서 빛나는 숲처럼 장관을 이룬다.

신도시를 조성해 대규모단지를 이식하는 방법은 현재도 수도권에서 진행 중인 도시 개발의 주 형태로 이루어졌다. 1990년대 들어와 서울에서 도시 내 대규모 개발은 중단됐으나, 목동이나 상계동의 신시가지 개

발과 같이, 상업이나 기초 서비스업 등 3차 산업의 수요가 예측되는 지역에서는 계속됐다. 정부는 대한주택공사, 토지개발공사와 함께 강동구와 강서구에 주요 대규모단지 건설을 주도했는데(1996년까지), 이 두 지역은 아직까지 개발이 가능한 토지를 보유하고 있었기 때문에 가능했다. 강동구 고덕동과 암사동의 대규모단지는 1992년과 1994년 김포공항 근처 강서구의 경우와 마찬가지로 대규모 개발 전선이 도시 외곽으로 이동한 본보기이다.

새로운 도시 개발 양상, 합동 재개발사업

한국에는 두 가지의 도시재개발 형태가 존재한다. 첫째가 '도심 재개발사업'으로, 1970년대 업무 지구 현대화를 위한 주상 복합 지역의 개발이 그 예다. 둘째는 '달동네'라는 문학적인 이름의, 무허가 주택과 저소득층 주거 지역에 대한 '주택 재개발사업'이다. 그러므로 이 두 가지 형태는 1990년대의 산물이 아니라 '불도저 김'식의 대대적인 재개발사업이 있었던 1960년대에 그 기원을 두고 있다. 1980년대 중반까지 정부는 강력한 재개발의 주역이었다. 철거민들의 이야기가 나오는 조세희의 소설 『난장이가 쏘아 올린 작은 공』은 당시 상황을 생생하게 보여 준다.

1983년 '합동 재개발사업'이라는 도시재개발의 새로운 형태가 도입되는데, 이는 재개발구역 주민들의 참여와 민영 회사의 개입을 부추겼다. 이 절차는 주도자가, 정부가 아닌 해당 지역의 주택 소유주로 구성된 '재개발조합'이라는 점을 제외하면 1970년대의 토지구획정리사업과 크게 다르지 않다. 어쨌든 재개발구역의 무허가 주택 거주민들은 그들이 불법 점거한 토지에 대하여 선매권을 갖게 되어 시세보다 낮은 공시지가로 다시 사들일 수 있게 됐다. 이러한 권한을 획득한 지역주민들은 주택 재개발 권고를 받고 민영 회사와 협의하여 필요한 자본의 일부와 자재, 기술력을 충당한다. 주민들은 이렇게 건설 예정 아파트단지의 새 아파트에 대한 소유권을 누리게 되는데 건축 기간이 끝나면 원래 소유 주택보다 가격이 대폭 상승한 아파트를 소유하며 그 가격은 토지 재매입, 건축비 등 재개발에 투자한 비용을 웃돌게 된다. 민영 건설 회사의 경우, 가능한 많은 아파트를 분양하기 위해 고층·초고층 건물[12]의 건축으로 이익을 극대화한다. 그러므로 모두에게 이윤을 남기는 이 사업은, 재개발조합 창립에 대한 찬성이 거의 자동적으로 80퍼센트를 넘게 된 이유를 설명해 준다. 물론 옛 달동네의 주민들이 아파트에 입주하는 경우는 드물다. 지역의 물질적 변모는 중산층의 유입과 함께 하층이 밀려나는 사회 계층적 변화를 수반하고, 애초의 주민들이 그 희생자가 되는 것이다 (Gelézeau 1997).

새로운 제도는 1980년대 말까지 어느 정도 성공을 거두었다. 그러나 올림픽이 끝나자 강남지역의 아파트단지 개발이 수그러들었고 아파트단지 건설이 가능한 택지가 줄어들었으며 아파트단지는 점점 도시 외곽으로 자리를 이동하게 되었다. 이에 반해 기존의 도시 개발 지역 가운데, 평균 3~5헥타르에 이르는 재개발지구는 상대적으로 이점을 누리게 되었다. 1983년에 시행된 합동 재개발사업이 민간 자본의 참여를 독려하는 조세경감이나 공공지원 등 다양한 조건들을 내세웠기 때문에 대기업들의 부담 역시 크게 줄어들었다. 이렇게 해서 1980년대 후반부터 아파트

---

12 | 아파트 지구에서처럼 용적률 300퍼센트와 고층 건물의 건축이 허용된다.

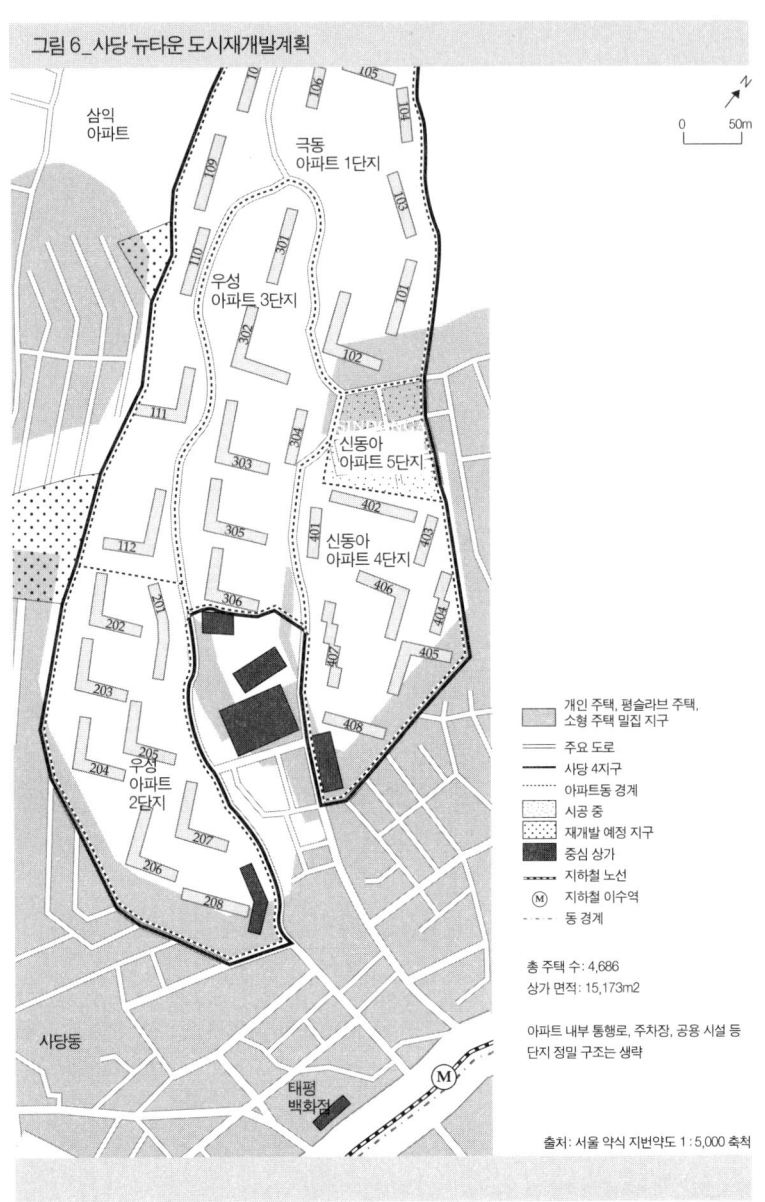

그림 6_사당 뉴타운 도시재개발계획

52

단지의 건설은 옛 도심재개발지구의 틈새로 흩어졌다.

한강의 남쪽 동작구 사당동에 대한 대규모 재개발사업이 대표적인 예이다(〈그림 6〉). 이 건설 계획은 다섯 개 재개발조합이 모여 성사됐으며 여기에 우성, 신동아, 극동 등 3개 민영 건설 회사가 참여했다. 10헥타르가 넘는 대지 위에 약 5,000세대 규모의 도시 속의 신도시 '사당 뉴타운'이 탄생한 것이다. 이 가운데 우성아파트(1,080세대)는 1986년 재개발조합 창립 후 6년 만인 1992년 완공됐다. 1993년 완공된 마포의 현대단지(1,021세대)는 1950년대 말에 형성된 달동네 주민들이 모여 1985년 창립한 재개발조합의 작품이다.

도시 구조의 거대한 외과 시술, 재건축과 재개발

도시재개발이 쇠퇴함에 따라 민영 건설 회사들은 아파트 재건축 시장을 향해 방향을 전환했다(유재득 1995). 장차 엄청난 붐을 몰고 올 소지가 있었던 재건축 사업은 토지의 불법점유 문제를 제외하고는 재개발사업과 동일했다. 재건축은 1970년대 이전에 지어진 소형아파트단지에만 적용되어 왔다. 물론 표준 사례는 서울의 초기 아파트인 종암아파트로, 철거 후 1996년 선경아파트가 들어섰다.

또 다른 표준적 사례는 마포의 삼성아파트(982세대)이다. 1964년에 지어진 마포아파트는 1988년 최초로 재건축조합 사업인가를 받은 후 1991년에 단지를 철거하고 시공에 착수하여 1994년 완공, 현재와 같은 고층 아파트가 되었다. 위치는 마포구 동쪽 도화동과 신공덕동에 이르는 지역이다(〈그림 7〉, 〈그림 8〉). 이 지역의 지형은 서울의 다른 곳에 비해 특징적이지는 않다. 전체적인 고도는 낮은 편이며(도화동 현대아파트의 가장 높은 부분

그림 7 _ 1996년 마포의 도시 조직

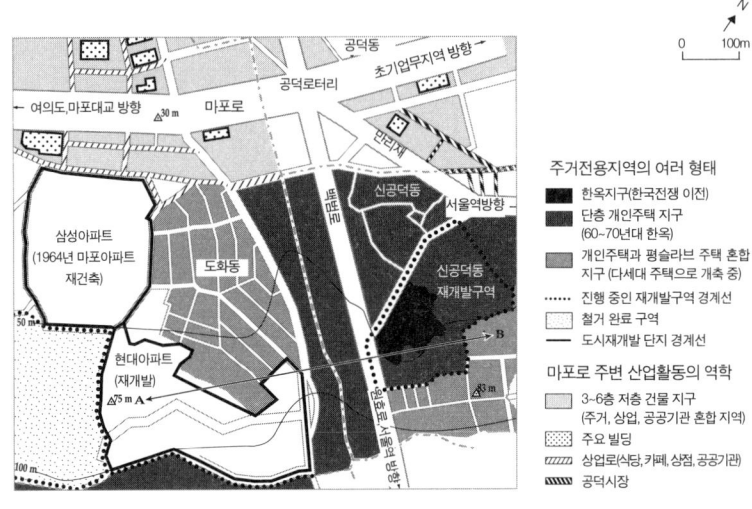

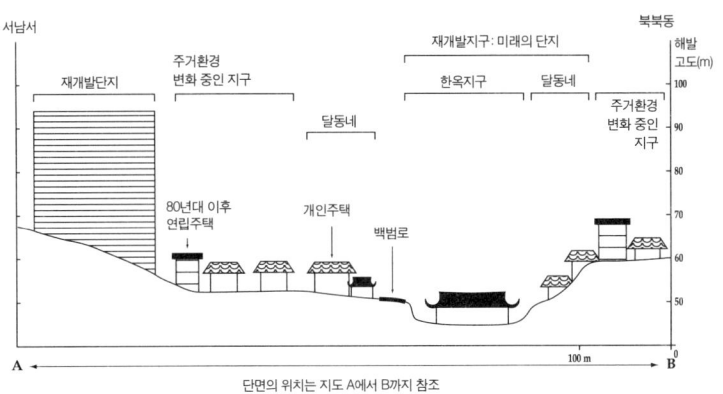

마포구 주거지역의 급격한 변화, 다양한 도시경관과 입체감(1996년 6월)

단면의 위치는 지도 A에서 B까지 참조

그림 8_2001년 마포의 도시 조직

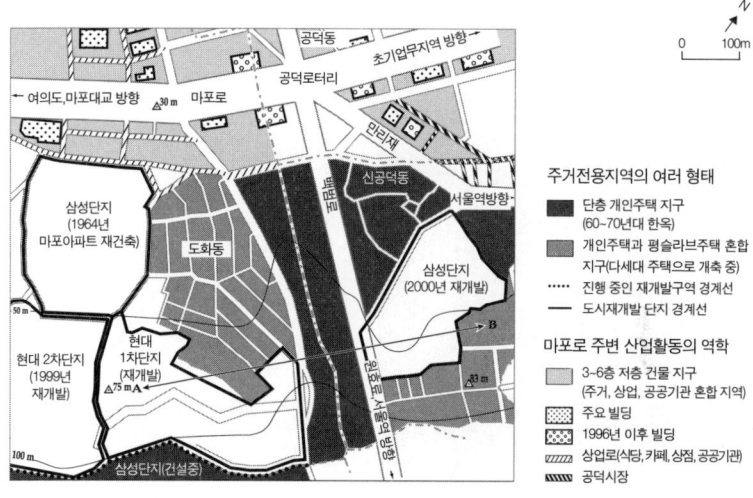

마포구 주거지역의 급격한 변화, 다양한 도시경관과 입체감(2001년 11월)

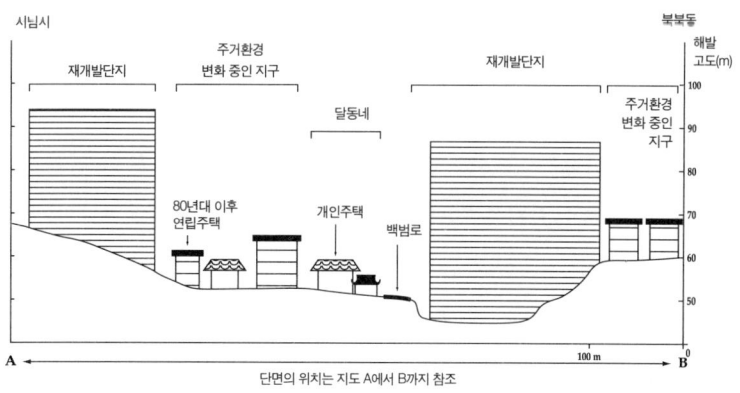

재개발 이전의 신공덕동 옛날 주택가 골목(1996년).

이 약 80m 정도) 전체적으로 동쪽에서 서쪽으로 높아진다. 동쪽이 평지이고 서쪽이 경사면으로, 남쪽 사면에는 현대아파트가 들어섰고, 북쪽은 1997년 철거된 달동네 자리이다.

조선 말기의 번화가였던 이 지역은 마포로와 마포대교를 통해 여의도의 행정·증권가로 이어지는 지리적인 이점을 안고 있다. 버스 노선도 많은 데다, 1996년 지하철 5호선 개통에 뒤이어 2000년 6호선의 개통으로 환승역이 된 공덕역이 위치하고 있다. 이러한 환경은 마포로를 따라 3차 산업의 중요한 상권이 형성되기에 충분히 좋은 조건이었다. 골목길 안에는 다양한 상점, 편의시설과 공덕시장 등이 위치했다. 1980년대에 지어졌거나 현재도 신축 중인 대로변의 수많은 사무용 건물들 역시 그러한 기대를 가능케 했다. 이처럼 마포로 주변이 서비스 업종으로 특화되면서 부동산가를 상승시켰고 또 다른 재개발 열기로 이어졌다. 이는 한창 변화 중인 도시 형태에 재개발단지가 출현하고 확대되는 전형을 보여 준다.

재개발은 기존 주택을 불도저로 밀어낸 후 소단지를 차례로 이식하는, 흡사 외과적 수술 방법처럼 진행되었다. 가장 진척이 늦어진 곳이 약 3헥타르에 이르는 신공덕동 재개발구역이다. 이 구역이 위치한 지역에는 산기슭의 한 구석에 15채 정도의 한옥이 들어서 있었다. 검은 기와에 구부러진 처마, 양철 빗물받이 홈통에 붉은 벽돌담의 한옥들은 두꺼운 목조 대문 사이로 안마당이 보이는 20세기 초반의 건축물이었다. 도로는 고불고불한 골목길에 막다른 길 투성이의 '전통적인 미로' 그대로였다. 전반적으로 이 지역은 서울의 '전통적인 도시 원형'인 셈이다. 이 너머 산중턱에 순수한 의미의 달동네가 자리했고, 이곳은 한국전쟁 이후 도심을 에워싸며 산 위에 발달했던 고전적인 달동네의 진화과정을 그대로 간직하고 있었다. 1992년 결성된 재개발조합은 삼성과 손잡고 1,210세대를 위한 21~23층 건물 11개 동의 아파트 건설을 계획했다. 1995년 철거 허가 후, 1996년 6월에는 이사 비용을 지원받은 주민들의 이주가 시작됐다. 1997년 가을 삼성의 로고가 새겨진 바리케이드가 둘러쳐진 가운데 건설이 시작됐다. 그리고 1999년 말, 5년에 걸친 대장정의 결말이 드디어 모습을 드러냈다. 공사장의 바리케이드 위로 아파트단지의 잿빛 윤곽이 솟아올랐다. 백범로와 만리재 사이에 기념비적으로 남아 있던 옛 동네가 사라지고 거대한 콘크리트 건물 지대가 나타난 것이다.

 백범로 건너편 몇 개 지구에 같은 방식의 대규모 외과 시술이 이루어져 미로같이 복잡하고 촘촘한 골목길이 기능적 도시계획에 따른 건물군과 주차장으로 탈바꿈했다. 이 거대한 외과 시술은 이미 한 차례 변화를 겪은 지역에도 적용되었는데 마포아파트 같은 낡은 아파트단지 위에 삼성아파트 같은 새 피부가 이식된 것이 그 대표적인 예이다.

 마포구의 도시 이식 시술은, 전 세계 모든 대도시를 휩쓴 시장 자유화의 물결에 편승하여, 민영 건설사가 이루어 낸 도시 혁신의 대표적인 사례가 됐다(Guglielmo 1996). 도시 재개발과 재건축이 빚어낸 도시경관의 변화는 중요한 사회 공간적 결과를 초래하였다. 재건축이나 재개발단지의 출현은 사회구조에도 큰 영향을 미쳤다. 한편으로 해당 지역에 인구 조밀화와 도심 재활성화를 부추겼다. 다른 한편 하층계급을 도심에서 밀어내게 되었고 이들이 정착하게 될 도시 주변 주거 공간의 확장으로 이어졌다.

아파트의 변천사에 대한 논의를 마치며

아파트단지 개발의 역사는 끊임없이 건축되고 재건축된 한 도시의 역사이다. 지리학자, 도시계획가, 건축가, 주민 등 모두가 입을 모아 말했던 것처럼 '맨주먹으로 일으켜야 했던' 대도시 서울의 끊임없는 변화는 이를 잘 보여 주고 남는다. 한국 도시경관의 불안정성은, 서울뿐만 아니라 다른 도시에서도 찾아볼 수 있다. 이 불안정성은 우선 도시의 변화 속도에 있어서 과격함을 의미한다(Lee Eun 1997, 124-125). 국토의 빠른 개발과 변모를 경험한 사회가 갖고 있는 공통적 특징은 '새 것에 대한 맹목적 숭배'로 나타난다. 최신형 아파트단지와 최신형 건물들의 경합은 일상화되다시피 했다. 1970년대 이후 '새로운 도시'의 창궐은 '신'이나 '뉴'라는 접두사를 무한대로 사용케 했다. 이 책에서 쪽마다 쏟아 낼 수밖에 없는 '신도시', '뉴타운'의 홍수는 필자로서도 적잖이 당황스러운 것이었다. 오늘의 서울은 이렇듯 도시 유행의 첨단을 보여 준다.

　서울의 가옥 갱신 주기는 서구 도시보다 훨씬 짧다. 델리상은 도시 가옥을 소모품으로 취급하는 한국인 대다수의 '무심함'을 지적한다(Delissen 1993). 베르크는 일본에서 도시의 의미 내지 일본의 도시성에 대한 조사에서 유사한 해석을 내놓은 바 있다. 그는 일본에서 도시의 의미는 일본 사회 내 시·공간 조직의 핵심이라 할, '유동의 문화'(culture de flux)에 기초한다고 보았다. 서울 주거 공간의 계속적인 변모 역시 '유동의 문화'로 해석될 수 있을지 모른다. '유동의 문화'에는 시간의 순환적 개념이 배어 있으며 서구인들이 발전시킨 '축적의 문화'(culture de stock)와는 그 의미가 매우 다르다. '축적의 문화'는 직선적인 시간성에 뿌리를 두면서도 이미 지어진 가옥의 영속성에 더 집착한다.

여기서 필자는 문화냐 발전이냐 하는 논쟁에 대해 섣부른 결론을 내리지는 않으려 한다. 분명 서울은 20세기 유럽 사회에서 발전된 가옥의 이데올로기와는 상충되는 관점을 갖는다(Choay 1992). 한국에서 주택의 끊임없는 변모는 서구가 보여 주고 있는 도심의 박물관화와는 근본적으로 대립된다. 서울은 미래를 향해 끊임없이 달려 나가고 변화하고 있으며 현재에 멈춰 설 수 없다는 강한 의지를 보여 주는 듯하다. 확실히 서울은 지리학에 저항하는 도시이다.

3장

아파트의 유형학

그렁떵성블이나 씨테는 한국어의 '단지'를 표현할 때 쓰는 프랑스 말이지만, 그 의미는 한국의 아파트단지와 매우 다르다. 프랑스의 아파트단지는 도시의 소외를 상징하며, 서울의 아파트단지는 이와는 전혀 다른 양상을 보여 준다. 재개발과 재건축을 통해 새롭게 등장하는 한국의 아파트는 한결같이 고층화와 고급화, 그리고 첨단 감시장치의 발전으로 이어지고 있기 때문이다. 한국의 아파트단지는 브레이크가 고장 난 자동차처럼 끊임없이 질주하고 있다.

프랑스의 관찰자에게 오늘날 한국 도시의 일상적 현실로 자리 잡은 아파트단지가 완전히 낯선 것만은 아니다. 프랑스의 도시에도 비교할 만한 아파트단지가 존재한다. 외국인 관찰자에게 아파트단지는 한국 도시의 여러 요소 중 가장 '이국적이지 않은' 장소라고도 할 수 있다. 그러나 서구에서 아파트단지가 인간적인 측면이 배제된 건설 정책의 실패를 보여주는 상징적 장소로 인식되고 있는 데 반해 한국에서 아파트단지는 매우 다른 의미를 갖는다. 이 문제를 좀 더 자세히 설명하기 위해, 이 장에서는 프랑스와의 비교적 관점에서 한국의 아파트단지가 갖는 유형학적 특징을 살펴보려 한다.

1. 아파트단지, 분류 기준과 그 다양성

아파드단지란 무엇인가?

'단지'라는 용어는 두 글자의 한자로 구성되어 있다. '단'(團)은 '둥글다, 모이다, 덩어리'를, '지'(地)는 '땅, 흙'을 의미한다. 그러므로 그 어원은, 프랑스어에서 '단지'를 의미하는 'grand ensemble'이 갖는 대규모 주거 공간이라는 의미보다는 일정한 '구역'이나 '일정 용도를 위해 조성한 토지의 구획'이라는 개념에 더 가깝다. 이 용어는 일본인들이 1920~30년대 공업단지를 조성하면서 한국에 도입한 것으로 추정된다(Lee Eun 1997, 73). 1960~70년대 박정희 정부가 건설한 산업단지도 같은 개념을 가진다. 산업단지의 대표적인 사례는 광양만의 포항제철 단지로, 쇼핑센터에서 공원, 학교, 병원 심지어 공과대학에 이르기까지 완전한 독립적 기능을 갖춘 한 도시를 이루고 있다(주택핸드북 1994, 440).

아파트단지 역시 공통적으로 독립적인 기능을 갖춘 공용 시설물들을 갖추고 있다. 여가 시설인 어린이 놀이터와 앉아서 쉴 수 있는 공간, 그밖에 건물 주변의 화단, 테니스장이 대표적이다. 어떤 아파트단지에는 추가적인 공용 시설이 있기도 한다. 우성단지의 농구장, 압구정단지의 수영장, 반포단지의 배드민턴 연습장 등이 그것이다. 미취학 아동이나 노인 인구를 수용하는 유치원과 노인정도 빠지지 않는다. 또한 모든 아파트단지에는 상점이나 기타 편의시설을 갖춘 상가가 있다.

독립적 기능을 갖춘 단지라는 개념은 공용시설을 관할하는 역할을 하는 아파트 관리 사무소의 존재로 대표된다. 관리 사무소는 공동주택의 규모가 300세대를 넘는 경우 국가로부터 인가받은 자격증을 갖춘 주택관리사에 의해 운영되어야 한다. 프랑스의 경우도 양적 기준에서만 차이가 있을 뿐 아파트단지를 정의하는 기준은 유사하다. ① 공동주택이라는 형태적 기준, ② 대략 500~1,000세대라는 양적 기준, ③ 관리 사무소로 대표되는 공용시설의 독립적 관리 기준이 그것이다. 그러나 이 기준에 들어오는 주택단지 모두가 아파트단지인 것은 아니다. 아파트단지는 '5층 이상의 건물'로 이루어진 단지들에 국한해서 사용한다.

이상에서 우리는 한국의 아파트단지를 정의하는 세 가지 기준을 추출할 수 있는데 그것은 ① 최저 5층 이상의 공동 건물, ② 최소 300세대, ③ 단지 내 관리 사무소 설비이다. 이 세 기준은 한국의 아파트단지를 다른 주거 형태와 뚜렷이 구분되게 한다.

아파트단지의 하위 유형들

아파트단지 범주 안에서도 여러 하위 유형이 가능한데, 대표적인 기준에는, ① 규모, ② 시공사의 성격, ③ 사회계층 구성 등이 있다.

세대수에 따른 아파트단지의 규모는 가장 일반적인 기준이다. 서울의 아파트단지들은 삼익단지 같이 300세대 규모에서 5,000~10,000세대에 이르는 극히 다양한 규모를 보여 주는데, 그중 3/4이 소형·초소형 단지이다. 서울에서 조사된 823단지 중 651단지가 1,000세대 이하였고, 그중 400단지 이상이 500세대 이하였다.

동수 또한 아파트단지를 구분하는 기준이 됐다. 10동, 50동, 100동(올림픽선수촌, 잠실 주공단지 경우)의 단지 건설이 도시경관과 도시 형태에서 각각 다른 결과를 가져오기 때문이다. 서울의 823개 단지 중 70퍼센트 이상이 10여 동 규모의 단지로 대다수를 차지한다. 100동 이상 단지는 드문 경우로, 서울 전역에서 12개 단지가 이에 해당된다〈〈그림 9〉〉.

규모에 따른 아파트단지의 구분은 시공사의 성격에 따른 분류와도 중첩된다. 일반적으로 대형·초대형 단지들은 정부 주도의 건설이고, 도시 개발을 위한 시범 단지 구실을 했었다. 4,000세대 규모의 반포와 잠실 단지가 대표적이다. 1970년 이후 정부는 2,000세대 이하 아파트단지 건설에 손을 대지 않았다. 이때 건설된 대규모 공영 단지는 도심 주변의 강서구, 양천구, 노원구, 도봉구, 특히 목동과 상계동의 신시가지 등이다.

민영 단지는 그 규모 면에서 훨씬 다양한 양상을 띤다. ① 방배동 삼익아파트 등 초소형 단지, ② 마포 삼성아파트와 같이 약 1,000세대 규모의 소단지, ③ 3,074세대인 압구정동 현대단지 규모의 중·대형 단지, ④ 잠원동 9,020세대 규모의 한신아파트 같은 초대형 단지에 이르기까지 다

그림 9_서울의 초대형 단지

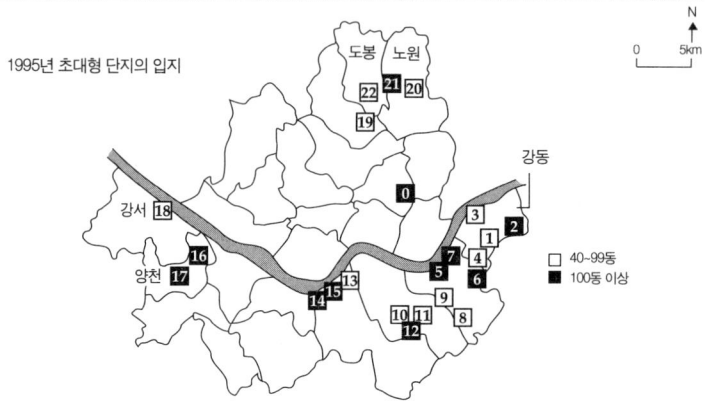

1995년 초대형 단지의 입지

0. 장안 단지(장안동), 1997, 107동 4,594세대
1. 주공 단지(둔촌동), 1991, 62동 4,180세대
2. 주공 7단지(고덕동), 1983, 145동 6,370세대
3. 시영 단지(암사동), 1977~1980, 82동 4,400세대
4. 주공 단지(둔촌동), 1980, 82동 2,270세대
5. 주공 5 단지(잠실동), 1975~1978, 364동 19,180세대
6. 올림픽선수촌(오륜동), 1988, 122동 5,540세대
7. 시영 단지(신천동), 1976, 163동 6 000세대
8. 올림픽 훼밀리 타운(문정동), 1988, 56동 4,518세대
9. 시영 단지(가락동), 1982, 74동 5,800세대
10. 주공 단지(역삼동), 1975, 57동 3,040세대
11. 주공 단지(도곡동), 1977, 64동 3,060세대
12. 주공 6단지(개포동), 1982~1984, 271동 14,364세대
13. 한신 단지(잠원동), 1979~1984, 71동 9,020세대
14. 주공 단지(반포동), 1973, 114동 4,053세대
15. 주공 2단지(반포동), 1978, 108동 6,390세대
16, 17. 목동 신시가지, 1986~1988, 369동 25,670세대
18. 도개공 9단지(가양동), 1992~1993, 92동 14,092세대
19. 주공 5단지(본동), 1990~1991, 66동 6,571세대
20. 주공 5단지(중계동), 1991~1992, 41동 7,055세대
21. 주공 16단지(상계동), 1987~1989, 319동 32,941세대
22. 주공 4단지(창동), 1990~1991, 53동 4,836세대

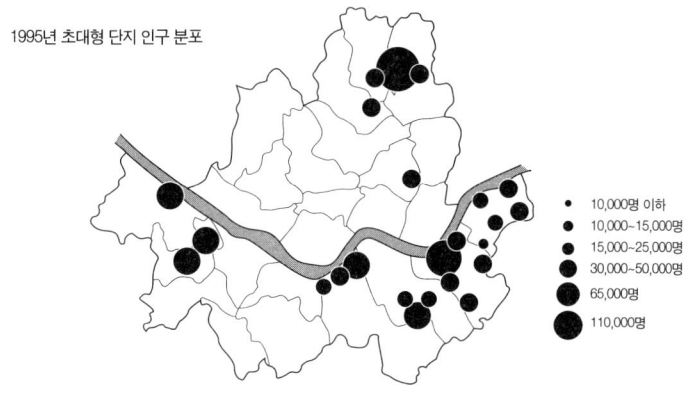

1995년 초대형 단지 인구 분포

양하다. 이 모든 민영 단지들은 정부가 주도했던 '개척 전선' 초기보다 뒤늦은 1975년 이후에 나타났다.

1970년대와 1980년대 건설된 성격이 다른 여러 아파트단지를 대상으로 한 조사는 아파트단지를 사회계층 구성에 따라 구분하고 있다(홍두승·이동원 1993). 이미 언급한 대로 반포주공단지나 압구정동 현대단지 등은 부유층과 최상류계층을 겨냥한 반면, 잠실 등은 그보다 낮은 소득 계층을 위한 것이었다. 이러한 맥락에서 아파트 면적과 사회계층 구성 간의 밀접한 연관성을 강조하는 것은 타당하다. 1977년 완공된 잠실단지는 평수가 19평을 넘지 않는데, 일반적으로 이 면적은 최소형 평수에 해당된다. 1980년대 이후 건설된 대다수의 아파트는 주로 30평에서 40평대이다.

1990년대 중반 필자가 수행한 설문 조사에 따르면, 잠실의 월평균 가계소득은 150만 원에서 200만 원[1]으로 다른 여섯 개 아파트단지의 300만 원보다 낮은 수준이었다. 64평 복층이 있는 반포단지나, 압구정 현대의 80평형 이상 아파트단지는 소득 수준이 더 높았고, 삼익단지 또한 그러했다. 이 세 개 단지 주거 세대 중 35퍼센트 이상이 월수입 300만 원을 넘어섰다. 잠실의 경우, 서비스산업에 종사하는 봉급생활자인 경우가 35퍼센트로 가장 많았고, 회사 사장은 없었으며 자유업에 종사하는 비율이 6퍼센트로, 압구정의 13퍼센트, 삼익의 12퍼센트보다 낮았다. 또한 잠실단지는 가장 젊은 세대로 구성되어 있어 대다수 가장의 연령이 40세 이하인 반면, 다른 아파트단지는 그 이상이었다.

---

[1] 이 책에서 사용하는 모든 통화가치는 1997년에서 1998년에 걸친 경제위기 이전 원화 시세에 따른다.

이러한 사회계층 구성의 차이로부터 아파트단지 내 생활양식의 차이가 나타나게 된다. 조사 기간 동안 이를 구체적으로 체험할 수 있었다. 압구정과 삼익 단지에서는 가정방문 설문조사 자체가 어려웠다. 압구정 단지에서는 며칠 동안 층계를 오르내리며 벨을 눌러 보았지만 아무런 성과도 없었다. 아파트 내부에서 들려오는 여자의 목소리는 '지금 바빠요' 라든가 '청소 중이라 시간이 없어요' 혹은 '주인 아줌마는 없는데 난 그런 거 몰라요'라고 답하기 일쑤였다. 단지 내 주민들과 몇 차례 긴 인터뷰 끝에서야 대다수 세대가 '아줌마'라고 부르는 가정부나 청소부를 고용한다는 사실을 알게 되었다. 어떤 의미에서는, 압구정과 삼익단지의 방문조사가 실패함으로써 아파트단지 내 사회계층의 문제를 더 절실하게 알게 된 셈이었다.

이와는 반대로, 잠실의 방문 조사는 수월하게 이루어졌다. 우선 낮에도 집에 있는 사람들이 압구정과 삼익단지보다 상대적으로 많았다. 게다가 잠실의 주부들은 이웃과의 관계가 더 개방적인 것으로 보였다. 보통 한 가정을 방문하면 그 주인은 바로 이웃의 친구들을 불러 모아 다과를 대접하곤 했는데, 그러다 보니 방문조사는 종종 큰 모임이 되곤 했다.

잠실은 또한 비정형적인 상업 활동이 강세를 보인다는 점에서 다른 아파트단지와 구별되었다. 야채나 과일을 싣고 다니며 파는 트럭들과 여러 형태의 행상, 노점상 등 주택가의 전형적인 상업 활동 방식이 재현되고 있었기 때문이다. 젊은 세대나 서민이 거주하는 소형 평수(최대 19평)의 아파트단지들은 서울의 다른 곳, 즉 둔촌동 등지에도 존재하며 이는 언제나 '주공'(대한주택공사)이 시공했다. 여기서 '서민가구'가 의미하는 바가 무엇인가를 알아 둘 필요가 있다. 잠실 주민이 압구정 주민보다 낮은 사회계층으로 구성되어 있다고 하나, 이들은 전반적으로 하층 계층이 아닌 중간계급을 이루고 있기 때문이다.

반면 압구정단지의 경우는 한국의 부르주아 즉 도시에 거주하는 상층 중간계급의 주거지역이라 할 수 있다. 결국 압구정단지와 잠실단지의 계층적 특성의 차이는 중산층 거주지와 하층 계층 거주지로 구분되는 것이 아니다. 잠실처럼 평수가 작은 서민 아파트라 할지라도 대부분 한국의 아파트는 중간계급 이상의 주거지라는 특성을 갖는다.

2. 아파트단지의 건설 시기별 분류

철각 보루 형태의 낮은 건물들

아파트단지의 건설 시기는 분명 유형 분류에 있어 가장 영향력 있는 기준이다. 그것은 건물의 형태나 높이 등에 영향을 주는 기술 진보의 수준을 보여 주며, 당시의 도시 정책에 따라 규정되는 제도적 변화를 반영하기 때문이다. 반포와 잠실단지는 거주민의 계층은 서로 다르지만 해외 원조에 힘입어 정부의 토지 구획 사업이 이루어졌다는 유사성을 갖는다. 두 단지 모두 규모는 4,000세대 정도이며, 특히 초창기 아파트라는 공통점을 갖는다. 이미 지적한 대로 반포는 병렬식, 잠실은 집결식으로 건물 배치방식에 차이를 보이는데, 다른 면에서 보면 저층아파트[2]라는 공통

---

2 | 저층아파트는 8층 이하를 말한다.

점이 있다. 편복도형 계단식의 중간층 건물들은 때로 그 길이가 매우 긴데, 잠실의 몇 개 동은 그 길이가 300미터 이상인 경우도 있다. 대개의 경우 옥상에는 콘크리트로 만든 물탱크가 설치되어 있는데 근래에는 화재 등 긴급 상황에 대비한 저장탱크로만 쓰이고 있다. 1970년대에는 도시 내 수도관의 수압이 3층 이상 건물에 수돗물을 공급하기 어려워 물탱크가 필요했으나, 지금은 서울시 상수도사업본부가 수도망을 개선하여 저장탱크나 펌프 등 별도의 장치가 없이도 5, 6층 건물까지는 수도 공급이 가능해졌기 때문이다(Gelézeau 1997).

관리 사무소의 공지사항을 주민들에게 전달하는 스피커 등 주민관리를 위한 장치들은 1970년대의 특징으로 꼽을 수 있다. 두 아파트단지 모두 초기에는 주차장이 설계되지 않았는데, 이 시기에는 자동차 보유 가구 수가 많지 않았기 때문이다. 주차장은 점차 공터나 광장, 잔디밭 등을 잠식하며 확장되었다. 반포단지의 경우, 단지 내에 수용 가능한 자동차 수가 4,000대 이상인데도 심각한 주차난 때문에 어려움을 겪고 있다. 잠실의 경우는 더욱 심해 이중, 삼중으로 주차시켜 놓은 자동차들을 심심찮게 볼 수 있다. 가장 바깥쪽에 주차한 차는 핸드 브레이크를 풀어놓아 안쪽에 주차된 차들이 다음 날 아침 출근 시간에 나올 수 있도록 배려해 주어야 한다.

반포와 잠실단지는 가장 낡은 아파트단지에 속하며, 그 세월만큼 외관이 가장 많이 달라졌다. 반포의 경우 건물의 지붕은 파라볼라 안테나로 덮이고 대부분의 세대에 에어컨 실외기가 설치되어 있다. 집집마다 거실 확장 공사로 발코니가 사라졌다. 잠실은 주민들이 시설의 상당 부분을 개수했다. 건물 뒤쪽으로 보이는 가스통과 벽을 타고 설치된 가스관은 난방 형태의 변화를 잘 보여 주고 있으며 작은 베란다의 바깥쪽 창가에는 장독 등을 올려놓는 저장 공간이 생겨났다. 잠실의 경우 비가 많은 여름에 생겨난 외벽의 검은 자국들, 계단의 벗겨진 도장 등으로 건물이 매우 낡은 상태였다.

이 두 단지와는 반대로, 1970년대 말과 1980년대 초에 완공된 압구정과 삼익단지는 고급 아파트의 전형을 보여 준다. 대단지인 압구정, 초소형 단지인 삼익아파트는 규모에서 차이가 크지만, 토지구획정리사업을 통해 정부가 조성한 택지를 민영 건설 회사가 매입하여 아무런 재정지원 없이 시공했다는 점에서 공통적인 특징을 갖는다.

압구정단지의 5층 건물 여섯 개 동을 제외하면 이 아파트단지들은 삼익의 13, 15층, 압구정의 12, 14, 15층 등 고층건물 세대에 속한다. 층수가 15층까지인 것은, 16층 이상의 건물에서는 화재 시 특별 대피 시설 의무화 규정으로 인해 대폭적인 건축비 상승이 요구되기 때문이었다. 건물 높이가 배로 높아짐에 따라 아파트 건설의 새 장이 열렸고, 기존 경관을 구성했던 중요 요소들은 변했다. 송수관의 압력이 6층 이상 건물을 감당할 수 없기 때문에 옥상의 물탱크는 그대로 유지됐다. 건물의 옥상에 일정한 간격을 두고 설치된 이 콘크리트 구조물은 흉물스럽게 솟아 있으며 당시 건설된 고층 아파트의 특징적인 요소 중 하나다.

압구정과 삼익단지가 새로운 시설을 도입한 것은 사실이나 그 설계는 과도기적 성격을 띠고 있다. 압구정단지 주차장은 2,000대를 수용할 수 있는 규모로 이는 가구당 한 대에도 미치지 못하는 것이었다. 설문조사 대상 가구들은 모두 차 한 대 이상을 보유하고 있었으며, 두 대를 보유한 가구가 약 10퍼센트였다. 설문조사 중 관리 소장은 압구정단지에도 잠실과 같은 주차 문제가 있으며 최대로 주차하기 위해 잠실과 같은 주차 방법을 사용할 수밖에 없음을 강조했다. 안쪽에 있는 차를 꺼내려면 맨 바깥쪽에 핸드 브레이크가 풀려 있는 채로 주차된 차를 손으로 밀어내는 것이다. 관리소의 옥외 안내방송 장치는 압구정단지에서만 아파트 옥내 방송용으로 바뀌었다. 삼익단지는 3년 후 완공됐음에도 옥외 방송 시스템이 갖추어져 있었다.

이들 아파트단지 내 건물과 외부 공간에도 반포와 잠실의 경우보다는 덜하지만 주변 지역의 현대화에 따라 몇 가지 변화가 있었다. 1996년 압구정동 일대에 도시가스가 설치되어 기름 난방 시스템이 중단되고 굴뚝이 철거됐다. 그 밖의 변화는 주민들에 의해 이루어졌는데, 건축 당시에는 개방되어 있던 발코니에 섀시문을 달아 실내 공간으로 끌어들였으며, 삼익단지에서는 세 동의 복도 전체에 유리창을 설치하기도 했다.

분홍빛 초고층 건물

사당동의 우성, 도화동의 현대와 삼성 등 세 곳의 재개발단지는 1990년대의 산물이다. 이 아파트단지들은 같은 시기 신도시에 건설된 여타의 단지들과 전혀 다른 개발 과정을 거치기는 했지만, 상당 부분 유사점도 공유하고 있다. 초소형 재개발단지와 신도시의 초대형 단지는 형태나 공간을 조직하는 원리, 아파트단지의 기능적 측면에서는 큰 차이가 없었다.

세 아파트단지가 모두 고층형으로 가장 나중에 건설된 삼성이 16층과 17층을 올리면서 1990년대 말 등장한 초고층 건물의 출현을 예고했다. 신공덕동 재개발지구 건설 계획에는 21층에서 23층 건물 11개 동이 설계되었다. 이후 30층에 달하는 건물들도 설계되었다. 고층·초고층 건물은 모두 한결같이 외벽 정면에 튀어나온 승강기 통로, 옥상의 콘크리트 물탱크의 기하학적 돌출 형태를 띠고 있었다. 그러나 역시, 도시 조직

망에 접속하는 발전의 표시는 굴뚝의 철거였다. 모든 아파트단지들이 도시가스 난방을 사용하기 시작한 것이다. 이 단지들에는 옥외뿐만 아니라 지하에 주차장을 조성하여 세대수와 엇비슷한 주차 공간이 갖추어졌다. 우성단지는 차량 800대를 주차할 수 있었으며 앞으로 확장을 계획하고 있었다. 현대단지는 700대 주차공간을 확장할 여유 공간이 없어 고심 중이다. 이와는 반대로 삼성단지가 주차장을 여유 있게 확장한 것은(982세대에 차량 1,000대 규모 주차장) 이전 시기의 문제점을 깨닫고 자동차 보유수의 대폭적인 증가를 예상한 결과였다.

한편 이 세 단지들의 외벽은 화려한 외장을 특징으로 했다. 우중충한 백색이나 베이지색, 밤색으로 칠해진 1970년대 초반 반포나 잠실의 단지와는 확실히 달랐고, 1970년대 말 벽돌문양을 가미한 압구정단지나 1980년대 초 분홍색과 하늘색 테두리를 친 삼익단지와도 세대를 달리하는 외장이었다. 우성의 건물은 크림색 바탕에 승강기 통로를 연하늘색이나 연분홍색으로 입혔다. 사당동 신동아단지는 파격적인 추상적 문양과 다양한 색조를 과시하여 붉은 색, 노란색, 파란색의 물방울, 눈송이 문양을 측벽에 그려 넣었다. 삼성단지 역시 연분홍과 연하늘색을 사용했다. 이렇게 황토색, 살색, 초록색, 하늘색, 분홍색 등 파스텔 톤의 색조는 1990년대식 경향을 나타내 주고 있는 것 같다. 탁한 백색 바탕에 검은색 현대 로고를 그려 넣은 현대단지가 이러한 경향을 따르지 않았던 유일한 예외였다.

단지 주변 장식도 화려했다. 우성단지의 경우는 새가 지저귀는 소리가 나는 초인종을 달았다. 삼성단지에는 돌을 붙인 영주의 저택 같은 유치원 건물에서 키치풍의 야자수를 찾아볼 수 있는데, 건물의 사방에는 바람개비를 단 뾰족지붕에 네 개의 둥근 탑이 세워져 있고 적나라한 대형 꽃무늬의 전원풍 벽화가 정문 앞 낮은 담장을 장식한다. 시소와 미끄럼틀 옆에 대형 미키마우스가 빈둥거리는 유치원 안마당은 디즈니랜드를 옮겨놓은 듯하다. 놀이터에서 좀 떨어진 곳에는 노란 닭과 분홍색 토끼들이 용수철 끝에 매달려 유치원이 끝나고 몰려드는 아이들을 맞이한다. 이렇듯 화려한 외장과 장식 속에서 아파트단지 내 규격화된 생활양식은 은폐되고 있었다.

    모든 아파트단지 내 건물에 시공 회사의 로고를 새겨 넣은 점 또한 특징적이다. 로고의 옆에는 멀리서도 보일만큼 엄청난 크기로 건물의 동수를 표시해 놓았다. 단지 내 건물 입구에는 아파트 호수의 배열 순서가 쓰여 있고, 단지 입구에는 방향 표시 지도나 작은 표지판이 있어 방문자의 편의를 돕는다. 한편 세 아파트단지의 공간조직에서 또 다른 분류 요소가 발견되는데, 그것은 아파트 평수에 따라 계단식과 복도식이 나눠진다는 것이다. 다만 삼성단지의 경우는 모두 계단식으로 이루어져 예외에 속한다.

    아파트 평수에 따른 단지 구성에도 중요한 변화가 만들어졌다. 세 아파트단지 모두 20평에서 50평대 사이였고 평수의 구성은 각 단지마다 유사한 비율로 분포되어 있다. 아파트의 80퍼센트 이상이 25~30평형 이상이고 그 나머지 중 대다수가 35~45평이며 20~25평형은 세 단지에서 모두 가장 작은 비율을 차지하고 있다. 이 소형 평수는 도시재개발에 의한 공동주택 건설시 의무화된 최소 할당분에 불과하다.

    단지 관리의 방법과 기능에서도 변화는 계속되었다. 각 건물의 입구마다 양복과 작업복 중간 스타일의 유니폼과 관리소의 로고가 찍힌 모자를 착용한 관리인이 근무하는 사무실이 있고, 건물 내의 공용 공간인 복도, 통로, 지하주차장 등을 감시하는 CCTV가 설치되었다. 이러한 비디오 감시 장치는 새롭게 등장한 관리 사무실과 주민들 사이의 커뮤니케이션 도구였다. 물론 단지 내의 안내 방송은 그대로 남아 있었다. 단지 입구의 자동 개폐식 차단기와 감시체제는 아파트단지 기능의 기본적인 원칙이 됐다.

　1990년대 후반 이후의 변화에 대해서는 이 책의 마지막 장과 결론에서 좀 더 자세히 살펴볼 것이다. 그러나 자세한 설명 없이도 변화의 특징을 요약할 수 있다. 재개발과 재건축을 통해 새롭게 등장하는 한국의 아파트는 한결같이 고층화와 고급화, 그리고 첨단 감시 장치의 발전으로 이어지고 있다는 것이다. 한국의 아파트단지는 브레이크가 고장 난 자동차처럼 끊임없이 질주하고 있다.

3. 한국의 아파트단지와 프랑스의 아파트단지

프랑스의 아파트단지, 소외된 도시

한국의 아파트가 갖는 유형적 특징은 프랑스와의 비교를 통해 보다 잘 드러난다. 그렁떵성블(grand ensemble)이나 씨테(cité)라는 프랑스어 용어는 한국어의 '단지'를 표현할 때 쓰이는 프랑스 말이지만, 그 의미는 한국의 아파트단지와 매우 다르다. 프랑스의 아파트단지는 1950년에서 1980년까지의 기간에 걸쳐 만들어졌는데, 오늘날에는 매우 부정적인 이미지로 받아들여진다. 다음과 같은 용어 설명의 예가 이를 잘 보여 준다.

그렁떵성블: 1960~70년대 프랑스 대도시의 근린지역에 건설된 대규모 건물군을 지칭하며 종종 '씨테'라고도 불린다. 제2차 세계대전 이후 심각한 주택난을 해소하기 위해 ZUP(우선시가화지구)[3]의 절차에 따라 지정된 토지 위에 급조됐다. 대개 이 건물들은 지방자치단체 소유의 주변 지역, 즉 도심이나 대로에서 멀리 떨어진 교외 지역에 위치한다. 그러나 이들 지역의 빠른 쇠락으로 점차 무기력하게 고립된 빈민층의 피난처가 되었다. 오늘날에는 높은 실업률을 보이는 청년들과 이민자들의 거주지가 된 것이 특징이다. 그 일부는 '문제 지역' 혹은 '민감한 지역'으로 불리며 청년들의 폭동이 점점 빈번해지고 있다. 수년 전부터 도시 정책의 특별 대상으로 취급되고 있으나 큰 효과가 없는 것으로 보인다(Guglielmo 1996, 265).

'문제 지역'이니 '민감한 지역'이니 하는 용어들은 폭력과 도시문제로 얼룩진 프랑스 아파트단지의 어두운 현황을 보여 주고 있다. 물론 이들 중 일부는 1990년대 초반 이후 발생한 폭동사건[4]의 오명을 쓰지 않은 곳도 있다. 사르셀(Sarcelles)이나 라 쿠르뇌브(La Courneuve)처럼 프랑스 근린지역 문제의 상징적인 아파트단지와는 달리 이블린(Yvelines) 지역의 파를리2(Parly II)와 벨리지2(Vélizy II)단지는 대규모 건설의 표본적 사례이다. 전형적인 도시 중산층의 거주 지역인 지프-쉬르-이베트(Gif-sur-Yvette)도

---

[3] 1958년 12월 31일 법령으로 규정된 우선시가화지구(ZUP: Zone a Urbaniser par Priorite)는 10여 년간 아파트단지 건설에 적용됐다. 일정 지구 내에 공용시설과 토지를 통제하고, 이 지구 내 아파트단지의 '베드타운'적 성격을 약화시키기 위해 주택, 직업활동, 공용시설을 통합하려는 노력이 집중됐다. 그러나 실제로는 주민들의 일상생활에 필요한 공용시설이 부족했다. 마지막 ZUP은 1969년에 건설됐고, 이후 좀 더 제도적 유연성을 갖춘 협의정비구역(ZAC: Zone d'Amenagement Concerte)으로 계승됐다(Merlin et Choay 1988, 715-716).

[4] 1990년 이전에 8건, 1990년 10월에서 1995년 12월까지 100건의 소요 사건이 있었다(Guglielmo 1996, 144).

있다. 분명 프랑스 아파트단지의 이미지를 과도하게 단순화시키면 프랑스 아파트단지의 광범위한 다양성을 놓치게 될 것이다. 그러나 프랑스 아파트단지에 대한 전반적인 관찰에 충실하다면, 어떤 의미에서건 프랑스의 아파트단지는 도시의 소외를 상징하며, 서울의 아파트단지는 이와는 전혀 다른 양상을 보여 준다는 것은 명백한 사실이다.

한국의 아파트단지: 도시로의 동화

서울의 아파트단지가 도시로부터의 소외가 아니라 도시로의 동화를 상징하게 된 것은, 우선 수도라고 하는 그 위치에서 비롯된다. 게다가 서울이라고 하는 지역의 방대한 규모(600㎢ 이상, 파리 시내의 여섯 배)에도 불구하고 도심 지역의 주요 통신망과 도시 역동성으로부터 떨어진 아파트단지들은 극히 드물다(〈그림 10〉).

1975년 행정 구분으로 생겨난 잠실동(蠶室洞)은 그 이름에서, 조선시대에 한강 남부에서 발달한 양잠 문화를 느끼게 하며, 송파구의 북쪽 하강변에 위치한다. 서울의 발전과 더불어 도심 확장의 선봉 역할을 한 잠실은 오늘날 완전히 도시에 동화되어 송파구의 3/4을 차지하는 조밀한 도시 조직을 보여 준다. 우선 지하철 2호선을 시작으로 일찍부터 편리한 교통 여건을 갖추었다. 도시역학적 관점에서 볼 때 테헤란로 업무 지구로 통하는 위치에 있었다는 점도 중요하다. 특히 1986년 아시안게임과 1988년 올림픽을 유치하면서 잠실은 올림픽공원과 아시아공원 등 이 시기에 건설된 인근 시설물들을 통해 이득을 보았다. 멋진 스포츠 시설을 갖춘 이 두 녹지대 사이에 1980년대 말 재벌기업 롯데가 건설한 롯데월드 놀이 공원과 대형 쇼핑몰은 잠실에 쾌적한 생활권의 이미지를 부여했

그림 10_20세기 서울의 확장과 도시 역동성

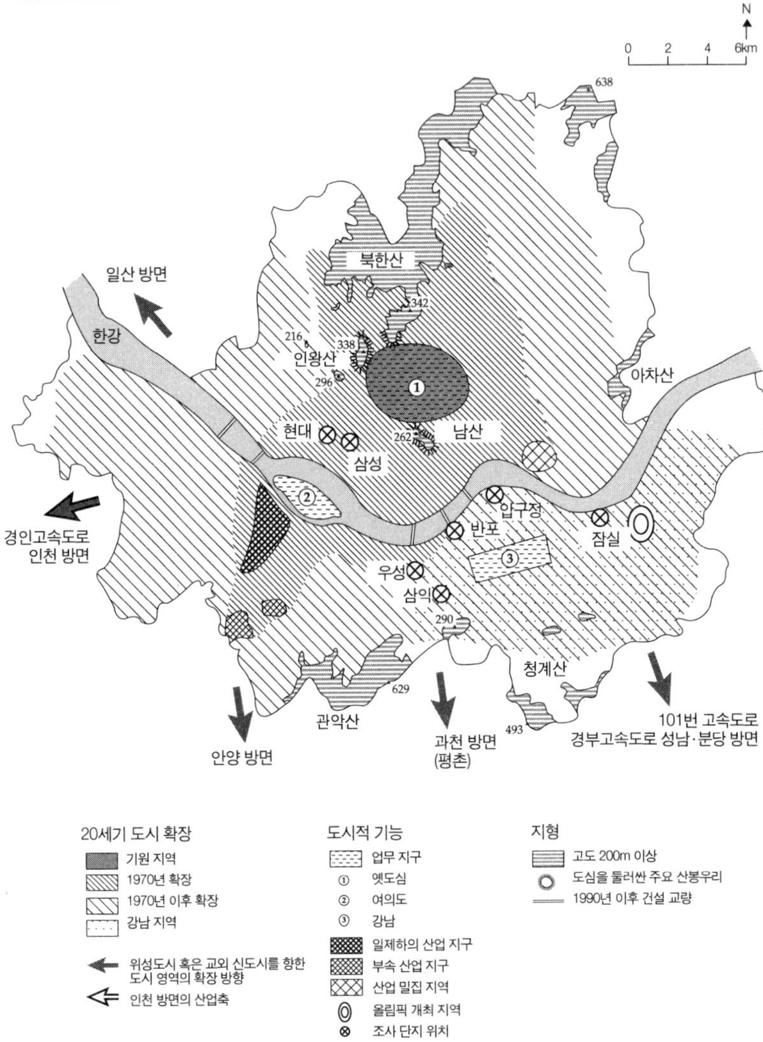

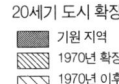

N
0 2 4 6km
638
북한산
342
일산 방면
한강
216
338
인왕산
296
①
아차산
현대
삼성
262
남산
②
압구정
반포
잠실
경인고속도로
인천 방면
③
우성
삼익
290
청계산
629
관악산
493
안양 방면
과천 방면
(평촌)
101번 고속도로
경부고속도로 성남·분당 방면
20세기 도시 확장
기원 지역
1970년 확장
1970년 이후 확장
강남 지역
위성도시 혹은 교외 신도시를 향한 도시 영역의 확장 방향
인천 방면의 산업축
도시적 기능
업무 지구
① 옛도심
② 여의도
③ 강남
일제하의 산업 지구
부속 산업 지구
산업 밀집 지역
올림픽 개최 지역
조사 단지 위치
지형
고도 200m 이상
도심을 둘러싼 주요 산봉우리
1990년 이후 건설 교량

다. 이렇게 해서 잠실은 서울의 중심부 중 하나가 되었다.

　　단지의 기능적 독립성이 도시 내 타 지역과 고립을 초래하지 않을까 생각해 볼 수도 있다. 실제로 조사 대상이 됐던 주민들은 직장에 출근을 하거나 특별한 쇼핑이나 외출을 할 경우가 아니면 아파트단지 밖으로 나오지 않는다고 말했다. 그러나 다른 관점에서 보자면 아파트단지 내 상가에는 시내의 어떤 지역에서나 찾아볼 수 있는 상점들이 있고 서울의 주상 복합 지역과 같은 활기찬 다양성도 존재한다. 사당동 우성단지와 도화동 현대단지의 상가를 비교 분석해 보면 이 점에 관한 재미있는 소재를 얻을 수 있다〈그림 11〉,〈그림 12〉). 아파트단지 상가에는 주로 식품을 판매하는 슈퍼마켓, 의류 잡화 상점과 함께 인테리어용품·가구·가전제품 등을 취급하는 주거생활용품점 등이 분포하며, 약국·은행·세탁소와 여가를 위한 비디오 대여점 등도 찾아볼 수 있다. 그러므로 아파트단지의 상가에는 모든 상점과 편의시설이 들어서 있는 셈이다. 뿐만 아니라 서울의 어떤 지역에서나 찾아볼 수 있는 식품점(쌀, 김치, 떡, 국수, 어포, 김, 고기, 과일, 야채 등을 판매), 일반 의료서비스 시설(일반병원과 치과), 미용실, 대중목욕탕 등이 포함되기도 한다. 그럼에도 대부분의 경우 아파트단지 주민들은 여전히 근방에 있는 재래시장도 이용한다. 일부 우성단지 주민들은 그 이유로 근방의 사당시장이 더 친근하고 값이 저렴하다는 점을 들었다. 마찬가지로 도화동 현대아파트단지의 주민들도 '시장이 더 싸서' 공덕시장을 이용한다고 답변했다. 이런 점에서 아파트단지 주민들은 다른 주거 공간, 즉 개인주택, 연립이나 다세대주택 등의 주민들과 크게 다르지 않은 재래시장의 단골 고객이었다.

　　상대적으로 더 '전통적인' 단독주택 동네에서처럼, 여러 가지 물건을 싣고 다니며 파는 트럭에서 "고춧가루요, 고춧가루! 마늘이요, 마늘!"

그림 11_도화동 현대아파트단지 상가(1996년 6월)

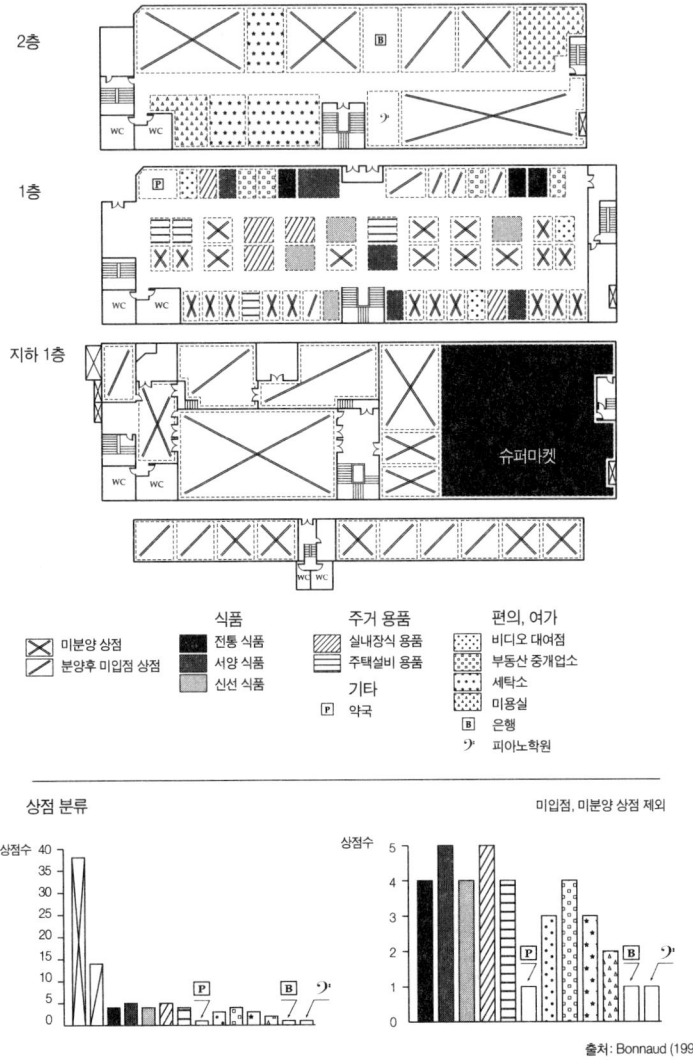

출처: Bonnaud (1998)

그림 12_사당동 우성아파트단지 상가와 편의시설

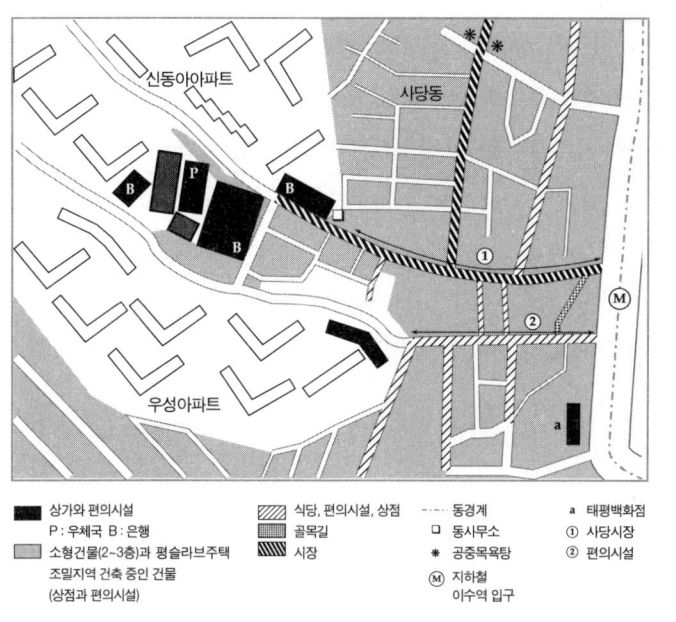

- 상가와 편의시설
- P : 우체국 B : 은행
- 소형건물(2~3층)과 평슬라브주택 조밀지역 건축 중인 건물 (상점과 편의시설)
- 식당, 편의시설, 상점
- 골목길
- 시장
- 동경계
- 동사무소
- 공중목욕탕
- 지하철 이수역 입구
- a 태평백화점
- ① 사당시장
- ② 편의시설

도로 1과 2의 특성

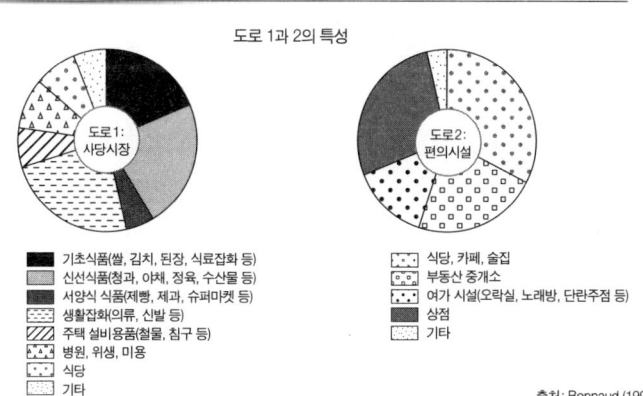

도로1: 사당시장
- 기초식품(쌀, 김치, 된장, 식료잡화 등)
- 신선식품(청과, 야채, 정육, 수산물 등)
- 서양식 식품(제빵, 제과, 슈퍼마켓 등)
- 생활잡화(의류, 신발 등)
- 주택 설비용품(철물, 침구 등)
- 병원, 위생, 미용
- 식당
- 기타

도로2: 편의시설
- 식당, 카페, 술집
- 부동산 중개소
- 여가 시설(오락실, 노래방, 단란주점 등)
- 상점
- 기타

출처 : Bonnaud (1998)

아니면 "수선이요, 수선합니다!"(옷이나 구두 수선 등)하고 확성기에 외치는 모습도 쉽게 볼 수 있다. 경비 아저씨의 허락을 얻은 신문 배달부나 흰 장갑에 유니폼을 입은 야쿠르트 아줌마들이 아파트 계단을 계속 오르내린다. 심지어는 아파트단지가 옆 동네의 주민들을 끌어들이기도 한다. 반포와 압구정 단지에서는 중앙의 상가 거리가 성시를 이루는 경우가 많아서 관리소 직원들이 외부에서 몰려드는 손님들 때문에 불평하곤 했다. 압구정 주민들도 이곳에 장을 보러 오는 외부인들 때문에 주간에도 주차가 힘들다고 말한 바 있다. 이 모든 것은 도시생활에 대한 아파트단지 주민들의 동화를 반영하고 있다.

4. 획일적일 수 없는 장소의 의미

프랑스의 아파트단지와 한국의 아파트단지는 서로 상반된 운명을 지니고 있는 것 같다. 플라망(Flamand 1989, 242-249)과 레제(Leger 1990, 39)에 따르면 초창기 프랑스의 아파트단지는 어느 정도 성공을 거두었고 특히 더 나은 거주환경을 원하는 청년층의 관심을 끌었다. 이들이 아파트단지를 벗어나 대거 개인주택으로 이동한 것은 1970년대 중반이었다. 오늘날 프랑스 아파트단지의 사회계층 구성은 20년 전과는 전혀 다르다. 한국 아파트단지의 성장 과정은 이와는 정반대의 유형을 보여 준다. 1970년대 초반까지 좋지 않은 이미지를 주던 한국의 아파트단지는 그 이후로 오히려 중간계급이나 부유층의 큰 호응을 얻었다.

한국의 아파트단지를 'ZUP'나 '그렁떵성블'로 번역하는 것은 한국적 현실을 전혀 감안하지 않는 것이 된다. '그렁떵성블'이라는 표현이 반포, 잠실, 압구정단지를 지칭한다면 프랑스어에 스며있는 부정적인 의미를 지우기 힘들 것이다. 프랑스 독자들로서는 즉각적으로 떠오르는 이미지가 있기 때문이다. 따라서 연구를 진행하면서 필자는 내 주제가 한국의 영구임대주택이나 위험지역 문제도 아닌, 도시 한가운데 위치한 중산층의 공간에 관한 것임을 프랑스 동료들에게 수도 없이 설명해야 했다.

프랑스 동료들과 독자들에게, 한국의 아파트단지가 어떤 의미에서 프랑스의 '그렁떵성블'이나 '씨테'와는 정반대의 개념인가를 설명하기 위해 얼마나 많은 노력을 기울였는지 모른다. 도시 형태는 운명적인 것이 아니며, 모든 것은 주어진 사회, 문화, 역사적 맥락 안에서 장소의 가치가 갖는 의미에 따라 좌우된다는 증거가 바로 여기에 있다.

베르크는 일본의 아파트 군에 대해 말하면서 도시계획과 건축의 형태란 장소의 특이성 안에서만 의미를 갖는다고 말했다. "프랑스의 라 쿠르뇌브(La Courneuve)의 아파트는 일본의 다카시마 다이라의 아파트와 다른 의미를 갖는다. 형태가 같다 해도, 생활 방식이 틀리고 사회적 파급효과 또한 같지 않기 때문이다. 도시의 특성은 결정적으로 그 도시의 경험 안에서만 만들어질 수 있다"(Berque 1993, 220). 마찬가지로 한국의 아파트는 한국의 정치, 경제, 사회, 문화적 맥락이 갖는 특이성 안에서 의미를 갖는다.

이제 권위주의 체제에서 산업화와 도시화를 압축적으로 추진했던 서울이라는 도시의 경험을 살펴볼 차례가 되었다. 한국은 어떻게 아파트 천지인 '아파트의 나라', 모두가 아파트를 꿈꾸고 더 좋은 새 아파트를 열망하는 '아파트 공화국'이 되었는가?

4장

아파트단지는
어떻게 양산될 수 있었는가?

1960년에서 1990년 사이 농경사회에서 도시산업사회로의 빠른 전환, 군대식 선전구호, 독재정권에 의한 외향적 경제성장 등은 한국적 모델을 특징짓는다. 프랑스에서처럼 부의 이전이나 연대의식의 개념을 바탕으로 한 '국민주택'이 건설되지 않았다는 사실 역시 중요한 특징이다. 재분배의 측면보다는 양적 성장 그 자체에 과도하게 집착했다는 것이다. 아마도 여기에는 개인의 행복이 아닌 '사회의 행복'이라는 특별한 비전에 접목된 한국적 태도가 존재하는지도 모른다. 그러나 분명한 것은 한국의 경우 개인적인 부의 재분배를 국가가 맡아야 한다는 필요성을 프랑스와 같은 개인주의 사회에서보다 훨씬 덜 느낀다는 사실이다. 요컨대 서울에 보편적으로 존재하는 아파트단지들은 강력한 권위주의 정부가 재벌과 손을 잡고 급격한 성장을 추구하면서 만들어 낸 한국형 발전모델의 '압축적 표상'인 셈이다.

1. 도시의 성장과 주택문제

서울, 인구증가의 심장부

서울의 인구증가는 1960년대 중반 이후 한국 사회 전체를 뒤흔들었던 급격한 도시화를 반영한다(〈표 2〉). 빠른 인구증가와 산업화가 가속화되었던 1965년에서 1985년 사이 대규모의 이촌 현상에 힘입어 도시의 팽창은 가히 폭발적이었다. 전주, 대구, 광주, 부산, 인천 등 지방 대도시의 인구는 평균 연간 5퍼센트, 남동 해안 지역의 주요 산업도시인 포항, 울산, 창원은 연간 10퍼센트 이상의 성장세를 보였다. 1970년에서 1975년까지 인구 10만 명 이상의 40여 개 도시아 서울, 부산, 대구, 인천, 광주, 대전, 울산 등 100만 명이 넘는 일곱 개 대도시에 전체 인구의 50퍼센트가 집중되어 있었다.

표2_서울의 인구 변화와 도시화 비율

시기	서울 인구*	도시화 비율**
18~19세기	190	3~5%
1920	250	10%
1945	900	18%
1960	2,450	28%
1970	5,530	41%
1980	8,370	59%
1985	9,926	70%
1990	10,620	80%
1995	10,595	84%
2000	9,891	85%
2005	9,820	

*단위: 천 명 ** 1945년 이후 남한

서울 인구는 1960년에서 1970년 사이 245만 명에서 550만 명으로 두 배가 증가했고, 1970년에서 1990년 사이 다시 배가 늘어 1,060만 명을 기록한다. 1960년에서 1990년까지 거의 다섯 배 늘어난 서울 인구는 농촌과 타 도시로부터의 대규모 인구 이동에 기인한다. 예를 들면 1960년과 1966년 사이, 서울은 전체 인구증가의 1/3, 도시 인구증가의 80퍼센트를 흡수했다. 1970년에서 1979년 사이에는 농촌·지방 인구 약 300만 명이, 1980년에서 1989년 기간에는 200만 명이 넘는 인구가 서울로 유입됐다. 서울로의 이주 현상은 1990년대 초반부터 주춤해졌지만 수도권 전체로 보면 여전히 강세를 보이고 있다(권영구 외 1998). 1995~2000년 인구조사에 따르면 서울의 인구는 감소했으나 그만큼 위성도시와 인근지역의 인구는 증가했다. 2005년 기준 수도권 인구는 2,300만 명을 넘어 전체 인구의 48.3퍼센트를 차지하고 있다.

'과포화 상태의 대도시' 서울

인구증가의 대가로 교통문제, 환경문제, 주택문제 등 일련의 도시문제가 나타나는 것은 피할 수 없었다. 그중 주택문제는 모든 도시에서 공통적으로 나타났고 서울에서 특히 심각한 양상을 보였다.

가구당 주택 수로 계산된 주택 보급률은 1960년에 84.2퍼센트를 기록했고 1988년에는 70퍼센트로 꾸준한 하락세를 보였다. 이후 주택 보급률 80퍼센트 선을 회복한 것은 1995년이었다.

20년 전의 주택 환경은 극도로 열악했다. 1980년대 초 한국의 주택문제는 극도의 밀집화와 낡은 시설, 절대적 주거 공간의 부족 등으로 정의할 수 있다. 1인당 면적은 1960년 이후 늘어났음에도 1990년 현재 10제곱미터였다. 미국이 40제곱미터 이상, 프랑스가 35제곱미터, 주택환경이 빈약하기로 소문난 일본이 20제곱미터임을 감안하면(Chung et Lee 1996, 57; Puschkra and Kim 1993) 훨씬 적은 편이다. 주택문제는 주택 보급률이 전국 평균뿐 아니라 기타 도시의 평균에도 못 미치는 서울에서 특히 심각하다. 서울의 주택 보급률은 언제나 전국 평균에 비해 20퍼센트 정도 적었다(RPL 2000). 경제적인 고도성장 가도를 달리던 1980년에는 53퍼센트에 불과했다. 같은 시기 서울의 주택 설비는 서울을 '제3세계'형의 도시로 자리 매김하는 요소 중 하나였다. 1980년 수세식 화장실의 보급률은 55퍼센트에 불과했으며, 입식 부엌 설비를 갖춘 가정이 절반이 되지 않았다. 또한 46퍼센트는 수돗물을 공급받지 못했으며 21퍼센트는 온수 시설이 없었다. 난방설비로는 60퍼센트가 재래식 연탄 난방을, 22퍼센트가 연탄보일러를, 8퍼센트가 기름보일러를 사용했고 10퍼센트만이 중앙난방의 혜택을 누리고 있었다(RPL 1980).

물론 그 이후 이러한 주택 환경은 점차로 개선됐다. 1999년 국토연구원의 조사에 따르면, 95퍼센트 이상이 온수와 수세식 화장실 설비가 이루어진 욕실을 갖추고 있으며 1인당 점유 면적은 약 18제곱미터로 증가했다(윤주현 외 1999). 서울에서는 이러한 변화가 다른 지역보다 급속히 이루어졌다. 이미 1990년에 60퍼센트 이상의 주택에 온수가 공급됐고 약 70퍼센트가 수세식 화장실을 보유하게 됐다(RPL 1990). 잘 알다시피 전반적인 주택 환경의 개선은 정부의 주택정책, 그리고 이로 인한 아파트 건설 붐과 밀접한 관련을 맺고 있다.

한국 주택정책의 구조와 발전

주택정책 발전의 기원은 1962년으로 거슬러 올라간다. 이는 제1차 경제개발 5개년계획(1962~66)이 시작되는 해이기도 하다. 다음의 표는 주택정책의 구조와 조직, 주요 법과 시행령, 도시계획, 주택 계획을 시기별로 정리한 것이다(〈표3〉).

주택정책의 방향이 대규모 주택 건설로 자리 잡은 것은 1973년으로 그 기초가 된 것은 1972년 제정된 〈주택건설촉진법〉이었다. 대규모 주

표 3_ 한국의 주택정책과 1941년 이후 서울의 주요 건설

기간	공공 기관	법적 장치	건설 계획과 시행	특기 사항
1930~1944	조선주택영단 (1941년 창립)	최초의 도시계획령 (1934)	중인주택 주택영단주택 '문화주택'	
1945~1956	한국개발은행(1954)		주택영단 '국민주택' (개인주택) 연립주택 출현	인구 및 주택센서스(1949) 한국전쟁 중 주택 600,000호 파괴 해외원조(AID, AIC, UNPD, UNKRA)
1957~1961	대한주택영단(대한주택공사의 전신, 1961)		종암아파트 개명아파트	인구 및 주택센서스 (1960)
1962~1966	대한주택공사(1962)	도시계획법(1962) 건축법(1962) 토지수용법(1962) 국토건설종합계획법(1963) 공공주택에 관한 시행령 (아파트 평수에 따른 한국주택기금의 재정 지원) 토지구획정리사업법(1966) 서울도시개발계획(1966)	중심재개발사업 마포아파트(1962~1964), 주택공사	제1차 경제개발5개년계획 (1962~1966) 경제개발계획에 주택정책편입
1967~1977	주택은행(1969) 60m² 이하 주택에 공공주택 재정 지원	주택건설촉진법(1972) 아파트 지구 정의(1972) 도시계획법(1977) 주택건설촉진법 수정(1977)	10년간 주택 250만 호 건설 계획 와우아파트 사태(1970) 대규모주택정책 방향 설정 최초 대규모 단지 동부이촌동 반포단지 잠실단지	눈부신 수출성장 새마을운동 후반기, 중공업 발전
1978~1985	토지개발공사(1978) 국민주택기금 창립 (1981)	서울지역 투기 억제책: 채권제도(1983) 도시재개발법 수정: 민영 건설사에 재개발 허용 (합동재개발) 택지개발촉진법(1980) (프랑스의 ZUP 참조)	압구정단지 한강 이남 아파트 군의 확장 1978년 서울도시개발계획 (미실행) 목동, 상계동 신시가지	
1986~1990	서울시도시개발공사 (1988)	서울지역 신투기억제법	아시아선수촌(1986)과 올림픽선수촌(1988) 주택 500만 호 건설 계획 (1980~1986) 4년간 주택 200만 호 건설 계획(1988~1992) 서울 지역 5개 신도시 건설 계획 최초 영구임대주택 건설 계획 (1988) 합동재개발계획(재벌기업의 재개발단지)	1986년 아시안게임과 1988년 올림픽 개최 도시로 지정 서울지역의 극심한 투기현상
1991 이후	주택은행이 민영화되어 상업주택은행으로 상호변경(1997)	지방자치제 (1995년 6월 최초 지역선거) 1995년 이후: 신규 분양 아파트 가격의 점진적인 자유화 서울과 신도시에서 가격자유화(1998)	2000년을 위한 서울도시기본계획(1991) 주택 500만 호 건설 5개년 계획(1993~1998) 2002년 주택보급률 100% 예상 서울도시기본계획 수정 (2000)	1997~1998 겨울: 아시아경제 위기와 원화의 폭락 1999: 한국 경제 재기 (1999년 성장률 9%, 2000년 예상 성장률 5.4%)

택 건설은 건설부의 정책 목표로 설정되면서 일관되게 지속되었다. 제3차 경제개발 5개년계획(1972~76)에서 주택80만 호, 제4차계획(1977~81)에서 120만 호의 건설이 계획됐으며 1981년부터 15년간(1981~95) 500만 호 건설이라는 장기 목표가 수립됐다. 이 목표는 1988년 계획에서 다시 상향조정되는데, 4년간(1988~92) 200만 호 건설이 목표로 설정됐다. 1993년 계획에서는 1998년까지 500만 호 건설을 목표로 잡았다. 이로부터 매년 주택 50만 호의 건설이 계획됐는데, 이는 2002년까지 주택 보급률 100퍼센트 달성을 가능케 하려는 것이었다.

1970년대에 건설된 주택의 70퍼센트는 2,000세대 이상 규모의 아파트단지에 집중되었다. 1980년과 1990년 사이 신규 주택 건설에서 아파트가 차지하는 비중은 90퍼센트로 증가했다. 1972년 공포된 〈주택건설촉진법〉은 아파트단지의 건설을 추진하기 위해 급조된 것으로 보인다. 그 내용은 명료했다. 공동주택과 고층 건물 건설에 특혜를 주고 대규모 주택 건설 절차를 용이하게 하는 것이었다. 자연히 그 결과는 주거 공간의 밀집화로 나타났다. 이 법을 통해 한국의 모든 도시에서 용적률 300퍼센트에 건물 높이의 제한이 없는 '아파트 지구'라는 개념이 만들어졌다. 강남의 대규모 도시 개발 열풍을 뒷받침한 것도 이 법이었다.

1961년에서 1977년의 기간에는 공영 회사의 건설(주택공사, 시, 건설부 출자)이 민영 회사의 건설을 앞섰다. 1977년 이후 공영 회사의 건설이 점차로 줄어 1998년에는 전체 아파트의 13퍼센트에 그쳤다. 1990년대 이전에 이미 아파트 건설은 도시 전체로 일반화됐다. 정부는 1969년 창립된 주택은행을 통해 25평 이하 주택 건설업자에게 재정 지원을 했다. 나아가 1981년 〈주택건설촉진법〉이 수정되면서 국민주택기금이 만들어졌고, 이 기금을 관리하는 주택은행은 건설부 산하 공공주택 재정지원 관리 기관이 됐다. 1997~98년 경제 위기 이전 국민주택기금은 건설부의 지원금 10퍼센트와 대한주택공사와 토지개발공사 등 국영기업이 승인한 예비비로 조성됐다. 나머지 약 10퍼센트는 주택복권으로 충당했고 분양 신청자의 주택 관련 예금도 기금 조성원이 됐다.

　이 밖에도 정부는 두 가지 추가적인 방법으로 대규모 주택 건설 정책을 지원했다. 첫 번째, 민간 부문이 택지 개발에 필요한 토지구획정리사업의 비용을 감당할 수 없었던 조건에서 공공 부문 특히 대한주택공사와 토지개발공사가 중재 역할을 맡아 개발을 주도하도록 했다. 두 번째로는 건축자재의 표준화, 연구개발의 장려 등을 통해 건축 관련 사업을 지원했다. 결국 정부의 개입은, 주택 부문에 대한 직접적인 투자보다는 다양한 유인책과 제도를 통한 감독과 통제 및 간접적 지원의 형태로 이루어졌다고 말할 수 있다. 아파트 가격 통제와 분양 제도가 그 대표적인 예이다.

분양가 통제와 분양 제도

1977년 〈주택건설촉진법〉의 개정으로 20세대 이상의 신개발단지에 적용되는 분양 제도가 탄생됐다. 이 제도는 1970년대 말부터 1990년대 말까지 서울의 아파트단지 개발에 폭넓은 영향을 미쳤다. 이에 따르면, 신축 아파트 매입 희망자는 우선 분양 제도의 독점 관리자인 주택은행에 계좌를 개설해야 한다. 세 가지 예금 형태가 존재한다. 우선, 정기적금 형식의 국민주택 청약저축은 25평 이하(약 60제곱미터) 주택 청약자를 위한 예금으로 국민주택기금으로부터 원가의 10퍼센트에서 20퍼센트를 지원받는다. 청약 대상은 무주택자에 국한한다. 나머지 두 종류는 공공 기관의 지원을 받지 않는 민영주택으로 무주택자나 주택 소유자 모두 청약대상이 된다. 그중 하나는 정기적금 형식으로 불입하는 주택청약부금으로 30평(80제곱미터) 이하 주택에 분양 신청할 수 있다. 다른 하나는 정기예금 형식의 주택청약예금으로 면적의 제약 없이 나머지의 주택에 분양 신청할 수 있다.

주택 청약 자격이 주어지면서 세 개 순위 중 하나를 얻게 된다. 보통 1순위 자격을 얻는 데 2년이 소요되며, 2순위는 1년, 3순위는 1년 미만에 가능하다. 한 번 순위를 취득한 청약자는 주택은행의 아파트 분양 공고에 따라 분양을 신청할 수 있으며 청약 순위에 따라 추첨 방식으로 입주자를 선정한다. 분양 신청과 추첨은 약 2개월에 한 번 시행되며 분양 공고는 주택은행과 주요 일간지를 통해 게시된다. 일반적으로 분양은 아파트 완공 이전에 이루어지는 선분양 방식이다. 아파트 분양부터 완전한 입주까지는 보통 2~3년의 시간이 소요되고 이 기간 동안 다섯, 여섯 차례의 중도금을 지불한다.

1998년까지 20세대 이상의 공동주택을 짓는 건설 회사는 시세를 밑도는 분양 상한가를 준수해야 했다. 이 가격은 도시별, 서울의 경우 지역별로 서로 다른 해당 지구의 지가와 건설부가 지정한 표준 건축비를 고려하여 결정된다. 또한 건설 회사는 주택은행이 관리하는 분양 제도에 따라야 하는 제약이 있어 수요자들에게 직접 주택을 매매할 수 없었다.

아파트 분양제도는 시행 초기부터 계속해서 수정·보완되어 왔다. 1983년 정착된 투기 억제책의 일환으로, 정부는 분양 제도에 이어 채권 제도를 도입하게 된다. 서울 시내에 거주하는 주택 청약자는 추첨시, 서울시가 정한 채권 상한액에 따라 채권을 매입해야 하며 이는 아파트단지마다 서로 다르다. 사실상 주택 구매에 대한 일종의 중과세에 해당하는 이러한 조처는 정부의 공공 유동자산을 증식시키는 동시에 투기를 억제하는 효과를 가졌다. 주택 청약자들은 액면 금액의 내림차순으로 명단에 등록된다. 즉 액면 금액이 높을수록 분양 확률이 높아지는 것이다.

한편 이 제도에 따라, 주택을 시세보다 낮은 가격에 취득할 수 있는 환경이 조성됐고 특히 주택보급률이 낮은 서울의 경우 수요를 급증시켰다. 1990년, 300만 명 이상이 주택 청약 계좌를 신청한 반면, 같은 시기에 연간 주택 건설은 50만 호가 예정되어 있었다. 1994년, 서울의 경우 청약자의 숫자는 약 50만 명을 기록했던 반면 연간 주택 건설은 약 6만 5천 호뿐이었다(서울통계연보 1995). 이 두 사례는 정부의 가격 통제 방식과 함께 1998년까지 주택 시장의 분위기가 얼마나 뜨거웠는지를 보여 준다.

이상과 같은 가격 통제 방식은 1995년부터 점차 사라져 1998년 2월부터는 완전히 자율화되었다. 그 결과 신규 건설 주택가는 시세에 맞춰지게 되었고 점차 시장 상황에 영향을 받는 주택 상품으로 변화했다(윤주현 1998).

2. 한국 주택정책의 몇 가지 특징

프랑스와 한국의 차이: 한국의 아파트단지는 국민주택이 아니다

프랑스 주택정책의 특성과 비교해 한국에서 정책 결정자나 기술관료, 지식인들이 만들어 낸 '국민주택', '공공주택'의 개념을 살펴보면 그 공허함이 금방 드러난다.

플라망은 프랑스 국민주택의 역사에 관한 저서에서 국민주택을 다음과 같이 정의하고 있다. "국민주택이란 하위 계층을 정상적인 환경에 수용하기 위해 국가의 법률적·재정적 지원을 받아 건설된 주택이다." 그리고 이 정의의 뒷부분에서, 국민주택은 주로 노동자 세대를 겨냥하고 있음을 구체적으로 언급한다(Flamand 1989, 11). 스테베(Jean-marc Stébé)는 최근 이 문제를 종합·정리하면서 "국민주택이라 함은······ 공권력, 즉 국가와 지방자치단체의 직간접적 지원에 힘입어, 특히 저소득층이 자신의 수입 안에서 집세를 낼 수 있는 주택을 건설하는 것이다"라고 정의했다. 그렇다면 이러한 특성을 가진 국민주택은 어떻게 도입되었는가?

최초의 기원은 19세기 말 주창된 사회사상에서 찾을 수 있다. 플라망은 국민주택에 대한 초창기 논쟁의 등장을 "혁명적 사회주의 이데올로기의 확장에 대응해 새로운 사회적 합의를 이끌어 내려 했던 일부 호의적인 부르주아와 진보적 공화주의자들이 보여 준 의지"로 해석한다(Flamand 1989, 39). 이러한 사회적 합의의 모색은 두 가지 내용을 갖는다. 첫 번째는 주거 환경을 직접 마련해 줌으로써 노동자 계층의 주택문제를 관리하고 국가 안으로 통합하려 했다는 것이다. 기독교 사회주의와 접목되어, 19세기 중반 건설된 밀루즈(Mulhouse)의 노동자 집단 주거지나 기즈(Guise)의 고댕(Godin) 공동주택의 경우가 대표적인 사례이다.

프랑스 국민주택정책의 두 번째 특징은 국가가 주택 부문에 관여하여 부의 이전 및 재분배를 도모하려는 것이다. 이는 1892년에서 1894년 사이에 시행됐던 〈지그프리드(Siegfried)법〉에 그 기원을 두고 있다. 스테베는 "프랑스에서 국민주택이 설립된 것은 이러한 부의 이전과 연대의식의 개념을 바탕으로 한다"(Stébé 1998, 4)라고 역설한다. 또한 여러 학자들은 국민주택이 구체화하려는 연대의식의 발전은 유토피아적 사회사상을 동반한다는 점을 강조한다.

이후 국민주택정책의 정신적 기반을 다지는 일련의 저서와 법, 재무 규정 등이 발표되면서, 정부 참여에 대한 주택 소유자들의 거부감은 완화되었다. 이처럼 자유주의에서 국가 개입주의로의 이행은 제2차세계대전 후인 1953년 '쿠랑계획'(le plan Courant)으로 구체화됐다. 1952년 국가의 재정 지원을 받아 설립된 저소득층을 위한 소형 영구임대주택(LEN: Logement Economique Normalisé)에 기초를 두었던 이 주택정책은 두 가지 뚜렷한 방향을 제시했다. 우선시가화지구(ZUP) 내에서의 공동주택 건설 촉진과 저가의 장기임대주택(HLM)[1]의 건설이 그것이다. 이는 정부가 저소득층 주택문제 해결에 대한 개입을 거부하던 입장에서, 임대용 공동주택의 대규모 건설을 통해 대대적인 개입에 나서는 전환의 계기가 되었다. 이후 이러한 국민주택정책의 기본 정신은 적어도 1977년 〈바르(Barre)법〉[2]의 공포로 프랑스 주택정책의 방향이 대폭 수정되기 전까지 계속 유지되었다(Flamand 1989).

지금까지 살펴본 프랑스의 사례와 비교해 볼 때, 한국의 아파트단지 건설정책은 국민주택과 무관하다는 사실을 쉽게 알 수 있다. 사실 1960년에서 1969년까지 서울에 건설된 초창기 건물들만이 저소득층을 위한 25평 이하 아파트들이었고 정부의 재정 지원을 받았다. 그러나 정부의 재정 지원을 받은 공공주택들이 '국민주택'의 형태를 띠었다고 할 수는 있으나 실제로 이를 국민주택이라 정의하기는 어렵다.

---

[1] 장기임대주택(HLM: Habitation a Loyer Modere)은 국가와 여러 자치 단체의 재정지원을 받는 주택 형태로서 저가로 장기간 임대해 주는 아파트를 말한다.

[2] 이 법은 주택 소유를 촉진하는 건설 지원 방식을 규정하며 주택보조수당금 제도(Allocation personnalisée au logement)를 도입했다(Flamand 1989, 308-316; Merlin 1988).

공공주택의 한국적 정의를 살펴보면, 국민주택기금이나 주택은행으로부터 건설 지원을 받은 25평 이하의 주택을 의미하거나, 주공이 건설한 주택을 지칭한다. 그러나 주공아파트단지의 경우도 평형별 비율을 분석해 보면 소형 아파트는 소수에 지나지 않음을 알 수 있다. 19평 이하 잠실단지의 경우에만, 1960년대 초반의 젊은 세대와 중간 범주의 계층들이 더 좋은 주거 환경을 찾기 이전에 잠시 머물던 프랑스의 아파트단지들과 비슷한 상황이라고 할 수 있을 것이다. 그러나 잠실단지조차도 프랑스의 사례와 다르다. 잠실단지에는 소득이 평균 이상인 계층이 거주해 왔다.

공공주택은 주택공사의 역할과 관련해서 혼선을 빚는 경우가 많다. 주택공사는 기초 인프라 부문에서 정부의 통제 역할을 대신 수행하는 공사 가운데 하나이다. 이 공사들은 시공자가 아닌 시행자로, 그 기능은 소속 행정 부처인 건설부의 지시를 따르게 되어 있다. 결과적으로 대한주택공사는 프랑스적 의미의 국민주택 건설에 이바지한 기관이었다기보다는 박정희식 경제성장 모델에 순응하는 정부 정책의 시행자였다. 민영 건설 회사와 비교했을 때, 대한주택공사가 상대적으로 소형 아파트단지를 위해 출자를 많이 했지만 이 소형 아파트는 모두 지불능력이 있는 계층에게 돌아갔다.

장기임대주택은 거의 없고 주택 매매 정책은 있는 나라, 한국

이상 살펴본 내용만으로도 왜 대한주택공사를 프랑스 장기임대주택공사(OPHLM: Office Public des HLM)와 동일시할 수 없는지 이해할 수 있을 것이다. 마찬가지로, '주공아파트'나 '주공단지'를 '국민주택'이나 '국민주택단지'로 번역할 수 없고, '장기임대주택'이라고 번역한다면 완벽한 오역이 된다.

한국에도 분명 임대주택의 형태가 있으나 이는 프랑스의 장기임대주택에 비하면 전혀 보편화되지 않았고 1990년대 말에 이르러서야 발전되기 시작했다(장영희 1994). 조사 대상인 7개 아파트단지에서 실시한 210개 설문조사나 긴 인터뷰에 응했던 사람들 중 누구도 공공임대주택의 혜택을 받은 이는 없었다.[3]

1960년대에는 시 혹은 대한주택공사가 관리하는 단기임대주택이 있어 소외계층에게 2~3년간 아파트를 임대하거나 일정기간 내에 구매할 수 있는 기회를 제공했다. 이 시기에 건설된 서울의 아파트 중 극히 일부가 이러한 국민주택의 형태에 속했다. 그러나 1970년대 들어서 임대주택은 완전히 사라졌다. 1982년 '장기임대주택'의 건설로 다시 등장한 임대주택은 여전히 과거의 형식을 따랐으며, 다만 임대기간이 2~3년에서 5년으로 늘어났을 뿐이다. 한국 정부가 프랑스의 HLM이나 영국의 카운실 하우징(council housing)과 비교할 만한 임대주택의 건설 계획을 수립한 것은 1988년에 이르러서였다. 그러나 대한주택공사나 지방자치단체가 관리하는 이 '영구임대주택'이 전체 주택에서 차지하는 비율은 미미했다. 1988년에서 1992년까지 건설된 주택에서 임대주택이 차지하는 비중은 10퍼센트를 넘지 않았다.

매매를 기본 원칙으로 한 주택정책이 공식화된 것은 1957년이었다.

---

3 | 이는 물론 서울 시민 모두가 주택을 소유하고 있음을 뜻하지는 않는다. 서울에서 약 40퍼센트가 소유주이고 60퍼센트는 세입자이다. 이 문제는 제7장에서 다루고 있다.

이 원칙은 주택의 소유는 개인적 차원의 문제라는 것을 기본 골자로 했다. 따라서 최하위 계층을 포함해 누구든 자신 소유의 주택을 손에 넣으려면 그만한 재산을 동원할 수 있기까지 상당한 물질적 희생을 감수해야 한다는 의식이 전제되어 있다(Kim et Choe 1977, 117). 이는 지불능력이 있는 계층, 즉 중·상류층에게 유리한 정책적 효과를 가질 수밖에 없었다. 한국의 주택정책을 다룬 한 논문은 다음과 같이 말하고 있다. "한국의 주택정책은 오랫동안 부유층에 유리한 방향으로 시행되어 왔다. 이러한 방향은 '주택 여과 과정(Filtering Process)'의 철학에서 영감을 얻었는데, 하위 계층은 부유층이 더 값비싼 최신 주택으로 옮겨 가면서 남기고 간 주택을 저렴한 비용으로 구입해 옮겨 간다는 논리에 바탕을 두고 있다"(Chung 1995, 320-321).

대다수가 개인적 주거사의 진보에 따라 거주지를 이동하게 되고 이 과정에서 하위 계층도 주택을 소유하게 된다는 '주택 여과 과정'의 원리는, 사실 모든 지역의 집값이 똑같은 도시 공간에서나 가능한 일이다. 즉 중심도 주변도 없이 미분화된 도시에서나 있을 수 있는 일이다. 또한 이 원리는 도시의 전통가옥들이 낡지도 변형되지도 않는다는 전제에 입각한 것이다. 따라서 이미 끊임없는 쇄신을 거듭하면서 중심과 주변의 문화가 갈수록 심화되어 온 서울의 변천 과정에서는 의미가 없다. 실제로 한국의 주택정책은 소형 아파트를 희생시켜 대형 아파트를 건설함으로써, 하위 계층을 주변 지역으로 내몰고 도심을 상층 계층이 차지하는 젠트리피케이션(gentrification)[4]을 가져왔을 뿐이다(Chung 1995, 325). 이는 1970년

---

4 | 이는 재개발 후 한 지역에 거주하는 사회계층이 하층에서 상층으로 변화되는 과정을 일컫는 프랑스어의 embourgeoisement(부르주아화)를 의미한다.

이후 세대당 가족 수의 비율과 주택당 가구 수의 비율이 아파트에서는 낮아지고 개인주택에서는 높아지는 것으로 나타났다. 1970년 서울의 세대당 평균 가족 수는 개인주택이 9.5명, 아파트가 5.9명이었고 1995년에는 각각 9.8과 3.7로 벌어졌다. 주택당 가구 수의 비율도 비슷한 곡선을 보여, 1970년과 1995년을 비교해 보면 개인주택이 1.9가구에서 3가구, 아파트에서는 1.3가구에서 1가구를 기록했다(RPL 1970; 1995). 아파트의 인구밀도 저하와 개인주택의 인구밀도 증가는, 아파트단지 건설 정책이 주로 중간계급이나 주택 구입 능력이 있는 계층을 위주로 했다는 사실을 보여 준다. 결국 전혀 수혜를 입지 못한 최하위 계층은 별 수 없이 개인주택의 일부나 영세한 연립주택 등 다른 형태의 주택으로 옮겨 가야 했다.

주택정책의 이데올로기: 경제성장과 선전 활동

한국에서 정부의 직접 투자가 빈약했던 주택 부문은 산업 발전의 희생양이었다. 범국가적 차원에서 수립됐던 주택 부문의 계획이 1962년부터 경제개발 5개년계획에 수렴되고 국민총생산이 꾸준히 증가했지만, 주택 부문에 대한 정부의 재정적인 노력은 미미했다.

아파트의 대규모 건설 공약은 계속되었다. 분명 대규모 주택의 공급은 적어도 상징적으로는 발전의 표상이었다. 그러나 그것은 허울뿐이었다. 공공 재정의 역할은 미미했지만, 한국인들은 정부 정책에 부응해 주택 구입의 재정적 부담을 받아들였다. 이 역시 '조국 근대화'를 위해 전 국민이 수락했던 수많은 물질적 희생의 사례에 해당하는 것이었다. 커밍스(Bruce Cumings)에 따르면, 이것은 한국의 경제 기적을 가능케 했던 중요한 요인이다. 따라서 한국의 경제 발전은 엄밀히 말해 '기적'이 아니라 1960

년대 성인 계층의 고된 노동의 결과이자 그들의 희생에 바탕한 것이었다.

한국인들은 북한과의 적대적 경쟁 관계와 반공주의의 이데올로기적 환경 속에서, 북한을 능가해야 한다는 총량주의적 목표를 추구해 왔다. 1960년대에는 공장의 벽보나 방송에서 '경제 우선!', '수출 목표 10억 달러!' 등의 구호가 난무했다. 단순화된 경제 발전 목표가 대중을 동원하기 위한 슬로건으로 만들어졌고 주택 분야에서도 같은 현상이 벌어졌다. '주택 건설 2백만 호!'라는 구호는 1970년대에 그 전성기를 구가했다. 가장 충격적인 구호는 '주택 건설 180일 작전!'으로, 잠실의 초창기 네 개 아파트단지가 이 기록적인 기간 안에 건설됐다. 군대 용어에서 빌려 온 '작전'이라는 용어에서 느낄 수 있듯이, 정부 선전 구호의 지휘 아래 대대적인 국민적 동원이 이루어졌다. 앞서 박정희 정권 시절의 서울 시장 김현옥의 사례를 살펴보면서 개발 시대 고위 관리들의 전형적인 특성을 지적했는데, 이를 잘 보여 주는 또 다른 일화가 있다. 서울에서 김현옥의 과격한 정책 추진 때문에 문화재 파괴를 우려하는 견해가 있었다. 이에 대해 그는 "나는 지금 100미터를 달리고 있다. 오직 속도만이 나의 무기다. 격려도 비판도 생각할 시간이 없다. 꼴찌로 도착한다면 무슨 소용이 있겠는가"라고 말했다(Jung 1997, 32). 대단지 아파트는 '기적'의 시대를 풍미했던 대량 생산체제의 직접적 산물이자 한국 사회가 '양과 속도'의 신조를 따르는 성장의 이데올로기에 완벽하게 통합되었음을 보여 주는 것이었다(최평두 1991, 227-264).

1971년 유신헌법에 이어 1972년 〈주택건설촉진법〉이 공포되었는데, 이를 기점으로 국가가 주도한 본격적인 아파트단지 건설은 권위주의 체제를 견고히 하는 효과를 낳았다. 한국에서 아파트의 급증은 권위주의 국가 주도의 성장 모델에 대해 사회적 합의를 이끌어 내려는 정부의 의

지를 상징적으로 보여 주었다. 이은은 다음과 같이 밝히고 있다. "시세보다 낮은 가격에 분양되는 아파트를 매입하는 것은 큰 수익원이다. …… 당첨된 가구는 중간계급으로 편입되면서 체제의 수혜자이자 동조자가 되는 것이다"(Lee Eun 1997, 196).

성장모델이라는 측면에서 한국과 프랑스의 대단지 아파트 건설을 같은 범주에 넣고 이해할 수 있을지 모른다. 그러나 그것은 한 가지 기준에서만 그러할 뿐이다. 플라망이 프랑스의 아파트단지 건설을 전후 유럽의 경제 발전을 가능케 했던 성장모델의 한 범주에 포함시키는 것처럼(Flamand 1989, 251-256) 한국 아파트단지의 건설을 또 다른 형태의 성장모델로 이해할 수 있다 해도, 이 두 모델은 그 정치적 성격에 있어서나 사회경제적 내용의 측면에서 비교가 불가능할 정도로 달랐으며 기본 정신에서는 더욱 그러하다.

1960년에서 1990년 사이 농경사회에서 도시산업사회로의 **빠른** 전환, 군대식 선전 구호, 독재 정권에 의한 외향적 경제성장 등은 한국적 모델을 특징짓는다. 프랑스에서처럼 부의 이전이나 연대의식의 개념을 바탕으로 한 '국민주택'이 건설되지 않았다는 사실 역시 중요한 특징이다. 재분배의 측면보다는 양적 성장 그 자체에 과도하게 집착했다는 것이다. 아마도 여기에는 개인의 행복이 아닌 '사회의 행복'이라는 특별한 비전에 접목된 한국적 태도가 존재하는지도 모른다. 그러나 분명한 것은 한국의 경우 개인적인 부의 재분배를 국가가 맡아야 한다는 필요성을 프랑스와 같은 개인주의 사회에서보다 훨씬 덜 느낀다는 사실이다. 요컨대 서울에 보편적으로 존재하는 아파트단지들은 강력한 권위주의 정부가 재벌과 손을 잡고 급격한 성장을 추구하면서 만들어 낸 한국형 발전모델의 '압축적 표상'인 셈이다. 이 문제를 건설 부문을 중심으로 좀 더 자세히 살펴보자.

3. 대규모 건설 분야에서의 국가 관리

서울에는 지금도 조세희가 『난장이가 쏘아 올린 작은 공』에서 그 이름이 가진 역설을 꼬집었던 '무지개아파트'가 있다. 이 시적인 이름은 현대, 한신, 삼성 등의 상업적인 이름들과는 다소 거리가 있다. 하지만 이런 이름들도 점차 사라졌고 재벌 건설사의 이름이 부각되었다. '별빛마을'이니 '진달래아파트'니 하는 이름들이 있지만 서울보다는 신도시에서 더 많이 찾아볼 수 있다. 이름이야 어찌되었든 새로 지어진 아파트단지들은 시멘트에서 거실의 가구, 문틀, 비디오 경비 시스템, 냉장고와 비디오 등 머리에서 발끝까지 모두 재벌 기업의 제품이다. 그리하여 현대나 삼성의 마크가 찍힌 아파트단지들은 점점 재벌기업의 대형 광고판처럼 보이게 되었다.

'주식회사 한국'의 건설 부문

국가에 의한 생산 체제 관리와 한국의 경제성장 사이의 상관관계는 이미 많은 연구에서 다루어졌다. 커밍스는 『양지 속의 한국』(Korea's Place in the Sun)에서 한국의 놀라운 성공 원인을 재벌기업과 국가의 동맹에서 찾는다. 그리고 이들 국가-재벌동맹은 정권 수뇌부에 의한 일방적 재벌 통제가 아니라 양측 공동의 이익에 근거한 것으로 설명했다. 암스덴은 "한국에서 대기업은 정부와 사기업 간의 이익의 조화가 이루어 낸 산물"이라고 주장한다(Amsden 1989, 136). 주택 부문에서 민영 건설사의 중요성은 앞서 강조한 바 있다. 더 나아가 이들 건설사의 등장 과정을 분석해 보면 '주식회사 한국'의 구조는 훨씬 잘 드러난다.

커밍스는 한국 재벌 기업의 형성기를 1973년 1월 박정희 대통령이 선포한 중화학공업으로의 '도약 전진' 시기에서 찾는다. 이러한 경제정책의 방향 설정은 같은 해 월남 파병 군대의 철수와 때를 같이 한다(Cumings 1997, 322). 베트남 건설 사업으로 이익을 챙겼던 건설 회사들은 미군과 함께 철수해야 했다. 그리고는 국내 건설과 중동지역 인프라 건설로 눈을 돌렸다. 바로 이 1970년대는 건설 회사의 급증과 함께 아파트단지 건설 분야를 주도하게 될 회사들의 윤곽이 드러나기 시작한 때였다. 1971년에서 1974년까지 현대, 한신, 한양, 삼익이 주요 아파트단지를 건설했다. 1975년 이후에는 라이프, 대림, 삼호, 경남 등 지금도 유명한 회사들이 이 개척자 대열에 합류했으며 우성과 신동아는 1970년대 말에야 등장했다. 두 번째 시기는 1980년대 중반 삼성, 대우의 출현이다. 이 책에서 조사 대상으로 삼고 있는 일곱 개 아파트단지는 모두 해당 분야에서 랭킹 20위 안에 드는 재벌 기업 계열사들이다.

압구정단지와 방배동단지는 1970년 이전 이미 주택 시장에 뛰어들었던 현대와 삼익 두 회사의 작품이었다. 두 회사 모두 창립 당시부터 건설 전문 회사였다. 마포아파트를 재건축한 삼성은 일제강점기에 창립됐으나 1980년대 후반까지도 주택 건설 분야에 소극적이었다. 회사의 주 종목은 주로 전자 부문이었고 건설 분야의 활동은 이라크나 사우디아라비아 등 외국을 중심으로 이루어졌기 때문이다(한국주택협회 1995, 676).

현대는 건설 분야로부터 성장한 회사이며 오늘날에도 이 분야를 주도하고 있다. 창립자 정주영이 1947년 소규모 건설 회사를 세운 이후 확장을 거듭한 현대는 초창기 미군 시설 건설을 전문으로 했으며, 한국전쟁 이후 전후 복구 과정에서 사세를 확장했다. 1962년과 1964년 사이에는 마포아파트의 건축을 담당함으로써 위력을 발휘했고, 베트남전쟁 당시에는 막사와 도로를 건설하는 미군의 주요 거래 기업이 됐다. 1972년, 성장을 거듭하여 여섯 개의 계열사를 거느리게 된 현대는 미군의 철수로 어쩔 수 없이 국내시장에서 이를 만회해야 하는 상황이었는데 때마침 대규모 주택 건설 정책의 시대가 열린 것이다. 건설 분야에 경험이 많은 현대는 한신과 함께 강남 개발 전선에 뛰어들게 된다. 서울 남동지역 개발 전선이라 할 압구정아파트단지 건설을 맡게 된 것이다.[5]

권위주의 정부와 건설 회사들 간의 관계

주요 경제 분야에서 한 두 개 기업에 견인차 역할을 할당한 것은 권위주의 국가 주도의 발전 전략이 갖는 중심 특징 중의 하나였다(Shin Kwang-young 1998, 3-31). 주택 분야는 경제개발의 과정에서 권위주의 정부가 재벌 기업에 행한 장려-통제-억압의 훌륭한 본보기가 된다. 다른 경제 분야와 같이 건축 분야에서도 이러한 원칙의 적용은 분명했다. 건설 회사는 지정 업체와 등록 업체 두 가지로 나뉜다. 이중 지정 업체는 정부로부터 대규모 건설권을 얻는 수혜를 누린다. 건설부와 밀접한 관계를 맺은 한국주택협회에 등록된 115개 건설 회사가 이에 해당된다.[6]

30년간 생산 체제 전반에 물들어 있던 군대식 사고방식과 업적주의는 다른 산업 분야와 마찬가지로 건축 분야를 지배했다. 우수 기업에 메달

---

[5] 대기업 현대는 두 건설 회사를 탄생시킨다. 1947년 창립된 그룹의 모체 현대건설은 마포아파트를 건설하였고, 1976년 한국도시개발이라는 또 하나의 회사를 설립하는데, 이는 곧 도시 개발을 담당하는 현대산업개발이 된다. 이 회사가 압구정단지를 건설했다(한국주택협회 1995, 98 ; 729-730).

[6] 국가의 지정을 받으려면 일정한 규모와 능력을 갖추어야 한다. 50억 원 이상의 자본과 전문 자격을 갖춘 10인 이상의 직원, 3년간 주택 300호 이상 건설 등이 초기 기준이었다.

과 상을 수여하는 것은 대기업을 훈육시켜 효과적인 성장 일꾼으로 만들기 위한 정부의 전략이었다. 이 전략들은 특히 달성해야 할 성장 목표를 부과하고 여기에 도달하지 못한 기업들에게 불이익을 주며, 경쟁력이 뛰어난 기업들에게 대출, 원료 및 중간재 수입권, 토지 기증 등의 보상을 약속했다.[7] 『한국주택협회 15년사』에 수록된 115개 지정 업체 분석을 보면 그들 대부분이 각기 다른 분야에 수상 경력이 있음을 알 수 있다. 현대는 1984년 대통령이 수여하는 '산업포장'을 필두로 각각 1992년과 1994년에 같은 상을 수상한다. 1982년 삼성은 '해외공사 수주 10억불 탑'을 수상하며, 우성은 1987년 '에너지 관리 우수 업체'로 메달을 받는다(한국주택협회 1995, 626-736). 물론 다양한 보상이 주어지는 이러한 수상은 건설 회사로서는 영예로운 일이고, 정부의 입장에서는 다량의 건축물 공급과 도시계획을 추진하는 한 방법이었다. 1990년대 초반에는 20층 이상 건물을 건설하는 회사에게 메달 수여와 기술적인 보상을 함으로써, 신시가지와 도심의 재개발지구에서 고층건물이 건설됐다.

암스덴의 저작에서 '조화'라는 용어는 우연히 쓰인 것이 아니다. 재벌기업은 장려-통제-억압의 원칙하에 국가와 연결되고, 양자는 갈등 관계보다 합의적 협력 관계를 발전시켰기 때문이다.

대기업들은 1970년대 초반 시작된 대규모 주택정책으로부터 엄청난 혜택을 입었다. 아파트 건축을 장려한 정부의 선택은 건설 회사들을 부추겼던 이윤의 논리와 크게 다르지 않았다. 이들을 통해 권위주의 정

---

[7] 유명한 수출입 연계 전략은 엄격히 통제되는 원료나 중간자재의 수입권을 수출 실적에 따라 기업에게 허용하는 방식으로 이루어졌다(Amsden 1989, 8).

부는 주택 건설에서도 고도성장의 신화를 내세울 수 있었기 때문이다. 한편 대단지 아파트를 통해 주거 공간을 수직으로 높임에 따라 지가는 감소되었는데 서울처럼 지가가 비싼 도시에서는 그 감소 폭이 상당했다. 1980년대 중반 지가를 예로 들면, 개인주택의 경우 지가는 주택가의 70퍼센트였던 반면, 아파트의 경우는 39퍼센트에 불과했다. 이렇게 해서 낮은 지가의 땅에 고층 아파트를 세운 건설 회사들은 분양 추첨을 통해 최저가 아파트를 소유하고자 몰려든 엄청난 수의 고객들에게, 평수만 다를 뿐인 규격화된 아파트를 쉽게 공급할 수 있었다.

4. 국가의 목표에 종속된 도시 정책

국가 통제하의 도시계획

1949년 이후 '특별시'라는 지위를 구가하던 서울은, 1962년 국무총리의 직속 관할에 놓이게 된다. 선거로 시장을 뽑는 지방자치가 시행된 1995년까지 서울시장은 정부가 선임했다. 유신체제와 전두환 정권을 거치는 동안 서울의 정부 의존도가 강화되었다는 것은 쉽게 이해되는 사실이다. 중앙정부에 대한 서울의 의존도는 건설부의 동의를 필요로 하는 도시 관리 체계 아래에서 여러 형태로 나타났다.

2장에서 언급한 바와 같이 한국에서 토지관리 체계가 자리를 잡은 것은 1962년부터였다. 이때 만들어진 〈도시계획법〉은 토지 구획 정리와 택지 조성 등 토지개발에 대한 독점권을 정부에 부여했다. 〈도시계획법〉

과 동시에 공포된 〈토지수용법〉은 토지 소유주들이 국토 개발 사업을 위해 그들의 토지를 양도하도록 제재를 가할 수 있는 권한을 정부에 부여했다. 규정상 시에 적용되는 〈도시계획법〉은 세 가지 형태로 정의되는 구획 원칙에 기초한다. 주거용, 상업용, 공업용 기능으로 분류되는 '용도 지역', 특정의 목적을 위해 도시 외관과 건설 방향을 규제하는 '지구', 재개발과 같이 특정 개발 사업에 포함된 '구역' 등이 그것이다(Fabre 1997, 50-54). 이 세 종류의 지역은 중첩되어 나타날 수 있다. 허가·제한 혹은 금지된 활동, 토지 수용이나 용적률 같은 도시의 틀을 이루는 외관, 특수한 제약 등 각각의 지역에 관련된 각종 규제가 동일한 토지에 적용될 수 있는 것이다. '지구'나 '지역'은 서울시가 지정하는 반면, 건설부는 서울시 소유 토지에 '구역'을 지정하는 권한을 가지고 있다.

이처럼 건설부에 폭넓은 권한을 부여하고 있다는 것은 지역의 계획이 정부에 순응해야 함을 뜻한다. 1988년 서울의 도시기본계획의 경우, 정책을 확정·공포하기 이전에 공론화한 것으로 기록되어 있다. 그러나 '공론화'라는 용어를 오해해서는 안 된다. 사실상 관련 당사자와 대중의 참여가 이루어지지 않았기 때문이다(Kim et Choe 1997, 153). 엄밀히 말해 이 계획안은 중앙정부가 강요한 것이었다. 결국 도시기본계획의 최종 승인과 예산 지급을 결정한 것은 건설부였다(서울시청 1991, 20).

아파트단지 개발 전선의 확대를 가능케 했던 두 개의 주요 법률 역시 건설부에 추가적인 권한을 부여했다. 1972년의 〈주택건설촉진법〉과 1976년의 〈도시재개발법〉이 그것이다. 1976년 개정된 〈주택건설촉진법〉은 원래 시의 소관이었던 지구지정권한을 건설부로 이관시켰고, 〈도시재개발법〉은 도시재개발 건설의 최종 승인을 건설부가 맡도록 했다(Chu 1985).

이 법들은 일반적인 〈도시계획법〉보다 우위에 있는 특별법이다. 특별법에 따른 규제는 보통 〈도시계획법〉이 정의하는 규제보다 우위에 있다. 예를 들어 용적률이 220퍼센트[8]로 제한되고 아파트 건설이 금지된 주거전용지역 혹은 녹지지역에 〈도시재개발법〉이 적용되면 용도 지역 구분이 변경되는데, 그 결과 자동적으로 용적률 300퍼센트에 5층 이상의 건물 높이가 허용된다. 1970년대 초반, 토지 사용 완화와 조밀화를 허용했던 규제 완화 역시 부분적으로 이 두 가지 특별법과 관계가 있다. 요컨대 두 특별법은 건설부가 대규모 주택 건설 정책을 추진할 수 있었던 제도적 도구였던 것이다. 1972년 〈주택건설촉진법〉으로 아파트 건설에 있어 표준화가 이루어져 아파트단지 건설 규정이 부과되었다. 이로써 토지 수용, 용적률, 건물간 거리, 공용 시설 면적 비율, 층수에 따른 건물 설비의 성격 등이 일률화되었다. 도시경관의 표준화 혹은 유사 건물의 반복적 복제가 이루어질 수 있었던 것은 바로 이 때문이다.

건설 회사 측의 이윤 논리와 정부의 도시계획 관련 법률이 만들어낸 이러한 유형은 한국 도시만의 특성은 아니다. 전 세계의 모든 도시에서 도시경관의 형태를 규정하는 것은 정부의 도시 정책과 건축 회사의 경제논리이다. 하지만 한국의 경우 정부의 정책은 한국의 아파트단지가 극단적인 형태로 표준화되는 데 압도적 요인으로 작용했다는 점에서 그 특징이 두드러지는 것이다.

---

[8] 이는 1990년대 초반 이후부터이며 그 이전까지는 150퍼센트가 허용치였다(Lee Eun 1997, 129-130).

그렇다면 건축가들은?

한국의 건축가들은 주택문제에 흥미를 상실했다. 무엇보다도 건설 시행에 있어서 자신들이 행사할 수 있는 영향력이 별로 없었던 탓이다. 건설 회사가 건설권을 부여받기 위해서는 자격을 갖춘 건축사가 서명 날인한 설계도서가 반드시 있어야 한다. 대기업의 대부분이 자체 내에 설계 사무소를 보유하고 있다. 이들의 역할은 아파트 건축에 필요한 전문 건축사의 서명을 취득하는 업무를 맡고 있다고 해도 과언이 아니다. 이은이 한국 아파트단지의 건축학적 궁핍을 통탄하면서 강조한 바와 같이, 1990년대 말 아파트 한 호당 설계 비용은 2003년 기준으로 64,000원도 채 들지 않았다(Lee Eun 1997, 102).

대학교수나 유명 건축사 등 엘리트에 속하는 건축가나 도시계획가들의 입장에서 주택문제, 특히 아파트 문제는 관심 밖이었다. 아파트는 이미 너무 많이 지어졌고, 이제 와서 이에 대해 반론을 제기하는 것은 불가능하다는 것이 이들 대부분의 생각이다. 이런 식으로 오랫동안 저명한 건축가들은 주택문제를 회피해 왔다.

한국의 대표적인 건축잡지 『공간』은 재벌기업과 밀착되어 있는 건축사무소를 경멸시하면서 건축사라는 직업을 '참된 건축가'와 '저속한 건축기사'로 이분화한 바 있다. 『공간』을 대표하는 건축가 김수근을 주제로 쓴 박사논문에서 델리상은, 아파트에 대한 김수근의 불만은 1970년대 당시의 도시 개발 계획에서 비롯됐다고 보았다. 실제로 그 이후 강남 개발에 대해 『공간』은 침묵으로 일관했다. 그러나 1980년대 올림픽 관련 건설 계획에 참여하면서 정부의 공식 건축가가 된 김수근은 건물의 조밀화와 도시 외관의 높이 상승을 격찬했다.

대단지 아파트로 대표되는 한국의 주택문제에 대해 대다수 건축가들과 지식인들의 입장은 모호함을 그 특징으로 한다. 권위주의 정부와 대기업 간 공생의 사슬 구조에 따른 주택 양산 과정에서 이들이 배제됐음을 반영하는 것이지만, 그 원인이야 어찌됐든 지식인들과 건축가들 역시 오랫동안 비판적 문제 제기를 회피해 왔다는 것은 분명한 사실이다.

5장

한국의 아파트와 도시 중산층

1970년대 초반까지도 좋지 못한 이미지로 받아들여졌던 아파트단지에 도시 중산층이 사는 이유는 무엇인가? 아파트단지를 이상적 거주의 기준으로 만든 것은 누구인가? 아파트는 어떤 과정을 거쳐 점차 안락한 주택의 전형이 되었는가? …… 권위주의 국가는 인구증가를 관리하고 봉급생활자들을 경제발전에 헌신하도록 가격이 통제된 아파트를 대량 공급하려 했다. 중간계급을 대단지 아파트로 결집시키고, 이들에게 주택소유와 자산소득 증가라는 혜택을 주었으며 그들로부터 정치적 지지를 획득할 수 있었다. 결국 이러한 상호 혜택의 구조 때문에 한국의 도시 중산층과 중간계급 일반이 아파트단지를 중심으로 하층의 사회계층으로부터 공간적으로 분리될 수 있었다. 한마디로 말해 한국의 아파트단지는 권위주의 산업화의 구조와 특성, 여기서 비롯된 계층적 차별구조와 획일화된 문화양식을 가장 잘 보여 주는 사례이자 그 산물이라 할 수 있다.

앞서 필자는 프랑스와 한국의 주택정책을 비교하면서 임대 개념에 기초한 프랑스의 아파트 정책과 소유 개념에 기초한 한국의 아파트 정책의 차이를 강조했고, 두 나라의 정책 방향이 기본적으로 서로 다른 계층, 서로 다른 목표를 지향했다는 점을 비판적으로 살펴보았다. 물론 한국 아파트단지의 엄청난 성공의 이면에는 아파트에 '사로잡힌' 고객층, 즉 중산층의 욕구가 있다. 그러나 이에 대해서는 좀 더 넓은 맥락에서 설명이 필요하다. 단순히 중산층의 욕구 때문이라고 말하는 것은 사태를 거의 설명해 주지 못하기 때문이다.

중·저소득층의 주택 구매 희망자들에게 시세보다 낮은 가격의 아파트 분양은 선택의 여지가 없는 합리적 대안이었다. 선택의 여지가 있는 부유층이라 할지라도 역시 아파트를 선택했다. "아무런 경제적 제약이 없다면 당신은 어떤 주택에서 살기를 원하는가?"라는 질문에, 일곱 개 조사 대상 아파트단지 주민 55퍼센트가 아파트 거주를 희망한다고 답변했다. 렛은 『지위의 추구』(In Pursuit of Status)라는 저서에서 모든 현대식 설비를 갖춘 값비싼 빌라에서 살 만한 형편이 되는 가정도 아파트 거주를 선호한다는 사실을 지적했다(Lett 1998, 114). 이 인류학자는 또한 "현대 한국 중간계급의 전형에는 두 가지 요소가 있는데 하나는 강남에 사는 것, 또 하나는 아파트단지에서 사는 것"이라고 지적한다.

이런 현상은 앞서도 살펴보았듯이, 40년 전 한국인들이 공동주택에 대해 가졌던 저항감과, 1970년대 초반까지도 아파트가 좋지 못한 이미지로 받아들여졌다는 사실만큼 흥미로운 것이다. 따라서 현재 아파트가 누리고 있는 인기는 단순히 거시경제적 관점(주택정책의 구조)이나 미시경제적(개인적 예산 문제)관점만으로 설명될 수는 없으며, 한국의 도시와 주택에 관계되는 전반적인 상징체계에 대한 이해를 필요로 한다.

아파트단지에 도시 중산층이 사는 이유는 무엇인가? 아파트단지를 이상적 거주의 기준으로 만든 것은 누구인가? 아파트는 어떤 과정을 거쳐 점차 안락한 주택의 전형이 되었는가?

1. 서울의 중간계급, 그들의 주택

한국적 의미의 중간계급과 도시 중산층

한국의 사회학자들은 경제성장 과정에서 중간계급의 역할이 중요했다는 사실에 이견을 달지 않는다. 산업화가 확대 되면서 중소기업이나 상점의 경영자, 수공업자, 영농업자 등의 '구중간계급'보다, 숙련직 노동자, 사무직 종사자, 공무원, 기업 간부 등으로 이루어진 '신중간계급'이 크게 늘었다. 구해근은 중간계급, 특히 사무직 종사자나 기업의 간부들이 고도성장시대 독재체제의 정치적 동반자이자 지지기반이었음을 강조한다(Koo 1987, 165-181). 성장의 주역이자 수혜자인 이 집단은 단기간에 걸쳐 부의 축적을 이룰 수 있었으며 축적된 부를 더욱 증폭시키는 고도성장의 이데올로기에 강한 동의를 갖게 되었다.

한국과 외국의 사회과학, 특히 사회학과 인류학 연구는 최근 도시 중산층이라 불리는 상층 중간계급에 관심을 기울이고 있다. 부르디외의 이론적 맥락에서 렛은, 현실적으로 도시 중산층이란 중간계급보다는 지배계급 쪽에 더 가깝고, 사회 전체로 볼 때 하나의 계층 모델을 형성한다고 주장하는데(Lett 1998, 4-5; 문옥표 1992, 57-72), 이러한 사실은 이 책의 조사 결과와 일치하고 있다. 어떤 사람들이 도시 중산층에 속한다고 생각하는 가라는 질문에 대한 답변은 이를 잘 보여 준다.

> 도시 중산층은 30~40평짜리 아파트를 갖고 있고, 승용차를 갖고 있고, 예금 3~4천만 원 있는 경우, 수입은 300만 원 정도 이상…… 300만 원쯤이야. 사실은 중산층이란 거…… 중간이 아냐. 중상 정도의 생활수준 위에 있는 것이지(단지주민 이모 씨).

이모 씨는 도시 중산층에 대해, 주로 경제적인 기준에 따라 중간보다는 높은 사회계층의 이미지를 부여했으며 스스로 이에 속한다고 생각한다. 하지만 그녀는 설문지에 수입을 200만 원에서 300만 원 사이로 적고 있다. 그러므로 이 씨의 가족은 일반적인 소득 기준에 따르면 도시 중산층[1]이 아닌 그 아래 계층에 놓인다. 그러나 남편의 직업이 대기업 사원임을 고려할 때 이 씨가 설문지에 기입한 수입의 규모가 정확한지는 의문이다. 사실 인터뷰 과정에서 모든 응답자들이 보인 공통적인 특징은 가족들의 재산과 소득을 정확히 말하려 하지 않는다는 것이다.

아파트에는 누가 사는가?

● 도시 중산층의 전형, 김모 씨

50대 초반의 김모 씨는 전업 주부다. 그녀의 남편은 대기업 계열 회사의

---

[1] 한국에서 도시 중산층이 중간계급보다는 상류 혹은 지배계급 쪽에 더 근접하는 만큼 프랑스어로 옮길 때 필자는 도시 부르주아(bourgeoisie urbaine)라는 용어를 사용했다. 한국적 상황에서 도시 중산층에 내포된 의미를 가장 잘 전달하는 표현이라 할 수 있다.

부사장이고 두 자녀를 두었다. 큰 아이는 이웃의 서초고등학교에 다니고 둘째는 아직 중학생이다.

김 씨의 남편은 엔지니어 자격증을 취득한 후 회사에 입사했고 그 후 꾸준히 승진했다. 1980년대 중반에는 유럽 지사장으로 일했다. 귀국하면서 1980년대 초에 완공된 강남의 아파트 한 채를 구입했다. 방 네 개짜리 50평 아파트였다. 설문지에 기록된 이 가족의 월수입은 300만 원을 초과했다.

김 씨는 정확한 수입의 공개를 꺼렸지만, 재산이 상당히 있음을 인정했다.[2] 김 씨 가족을 도시 중산층으로 분류하는 주·객관적 기준과 더불어, 그들의 생활양식은 렛이 『지위의 추구』에서 묘사한 그것과 완전히 일치하고 있다(Lett 1998, 97-158).

김 씨의 남편은 골프를 즐기고, 김 씨는 헬스클럽에 등록하여 일주일에 두세 번 수영 강습을 받고 사우나를 이용한다. 그녀는 또한 주로 서울의 백화점을 찾으며 화장품은 값비싼 동서양의 유명 브랜드 크리스챤 디올, 샤넬, 이브 생 로랑, 시세이도 등만을 사용한다. 1990년대 중반에 운전면허를 취득한 이후, 남편의 차는 자신에게 '실용적이지 않아' 소형 스포츠카를 몰고 다닌다. 아파트의 시설과 인테리어도 그들이 도시 중산층에 속한다는 표시였다. 아파트는 현대적인 최신 시설을 갖추었고 대용량의 냉장고 두 대를 비롯하여 대형 평면 텔레비전이 거실을 차지하고, 부부의 침실에도 작은 텔레비전을 놓았다. 이동전화, 음향기기, 비디오, 자녀들의 컴퓨터 등 필수 전자제품 외에도 기타 세부 인테리어와 가구는

---

2 | "소득을 정확히 알 필요는 없어요. 이제 우리는 잘 살아요"라고 답변했다.

과시적으로 치장되어 있었고, 식당에 놓인 장식장에는 김 씨의 남편이 출장에서 돌아오는 길에 사온 코냑, 고급 위스키 등 양주병들이 진열되어 있었다. 이처럼 다소 키치 풍의 유명 메이커로 가득한 실내장식은 분명, 필자가 방문한 서울 중산층 가정의 전형적인 요소 중 하나였다.

"여기 아파트가 제일 비싼 거지. 중산층 동네니까요." 김 씨는 인터뷰 도중 그렇게 말했다. 그녀가 살고 있는 서초구의 비싼 아파트 가격에 대한 언급은 본인이 중산층에 속하고 있다는 확신을 가지고 있음을 암시했다.

● 옛 지방 양반가 출신 장모 씨의 가족

60대 미망인 장모 씨는 금리 생활자로, 양반을 자처하는 지방 유지 가문 출신이다. 그녀의 남편은 중소기업 사장이었고 1960년대 태어난 자녀 2남 2녀는 모두 명문대를 나온 고학력자들이다. 시골에서는 275평짜리 한옥과 땅을 가지고 있었고 운전기사와 집안일을 돌보는 고용인 몇 명, 밭일을 하는 일용직 일꾼들을 데리고 있었다. 1980년대에 남편을 여읜 후 사업을 정리하고 땅을 팔아 서초구 아파트단지에 18평 아파트 두 채를 구입, 딸들에게 주었다. 시골집은 200평 이상 소유주에게 부과되는 세금을 피하기 위해 75평을 제외한 나머지 소유분을 두 아들이 나누어 가졌다. 장 씨는 1980년대에 상경해 처음에는 큰 딸 집에 머물렀다. 1990년대에는 보유하고 있던 공장 매각금으로 자신을 위해 동작구에 있는 44평형 아파트를 구입, 둘째 딸과 두 아들이 함께 살고 있다.

장 씨 가족은 그녀의 남편이 생산적 자본을 소유하고 있었으므로 이론의 여지없이 고전적 의미의 구중간계급에 속했다. 장 씨는 설문지에서 월수입이 120만 원에서 200만 원 선이라고 답했다. 평균 이하의 수입 규모로 보면 그녀를 도시 중산층이 아니라고 범주화할 수 있으나, 그럼에도 그녀 자신은 중산층에 속한다고 생각한다. 장 씨 가족의 출신이나 사회적인 성장 과정, 물질적 유산, 자녀들의 대졸 학력, 장 씨 자신의 생활방식 등은 도시 중산층의 모습을 띠고 있는 것도 사실이다.

아파트가 두 채인 장 씨는 시골에 한옥 한 채와 자동차도 소유하고 있다. 아파트는 물론 대형 냉장고, 텔레비전, 비디오, 음향기기, 기타 가전 등 현대식 설비를 갖추고 있다. 대신 아파트의 인테리어는 연못이나 술병이 가득한 장식장이 있었던 김 씨 집보다는 소박했다. 김 씨처럼 장 씨도 여가 생활을 즐기며 고전무용이나 가야금을 일주일에 몇 번씩 배우고 있다. 한국적 전통에 관련된 이 두 가지 취미 활동은 장 씨의 생활방식이 김 씨보다는 서구화가 덜 됐다는 사실을 보여 준다.

그녀의 생활방식은 김 씨와 비교했을 때, 과시적인 소비가 덜 했고 서구화도 덜 했다. 장 씨는 미망인이고 10년이나 젊은 김 씨보다는 소박한 생활을 할 수밖에 없었을 것이라는 사실을 고려해야 할 것이다. 게다가 두 사람은 각자 다른 성공 수단을 가지고 있다. 장 씨는 구중간계급에 양반가 출신이고 처음부터 남편의 공장을 물려받아 재산이 있었다. 김 씨는 이와 반대로, 고학력의 남편이 재벌기업의 중역이기에 신중간계급에 속한다. 또한 김 씨 가족에게 유럽 생활은 가장의 빠른 승진을 보장하는 성공 수단이 되었고 재산을 증식하는 데 결정적인 역할을 했으며, 결국 아파트를 소유할 수 있게 된 것도 해외근무 보너스와 외국에서의 저축 덕택이었다.

●사회계층 상승 중인 이모 씨 가족

1960년대 중반에 태어난 이모 씨는 지방 대도시 출신으로 그곳에서 중고등학교와 대학교를 나왔다. 1980년대 후반에 그녀는 서울의 한 회사에 근무했다. 본인의 저축과 가족의 도움으로 1990년대 초반 작은 상점을 연다. 사업은 수월하게 진행되어 1990년대 중반까지 유지했으나 결혼과 두 자녀의 출산으로 일을 접었다.

결혼 전에 이 씨는 강남구 근처 아파트단지의 10평대 아파트에 세 들어 살았다. 결혼 후에는 마포구의 재개발단지 30평대 아파트에 전세를 얻었고, 1990년대 중반 일산의 34평 새 아파트를 분양받아 이사했다.

이 씨는 인터뷰 중 "우리가 도시 중산층이냐고요? 글쎄, 우리가 이 33평 아파트를 갖고 있고 차 한 대 갖고 있고······ 그래, 한편으론 그런 말 할 수 있지"라고 답변했다. 월수입 300만 원 이하라고 적었지만, 이 씨는 자신이 중산층에 속한다는 사실을 뒷받침해 주는 것으로 맨 먼저 아파트 소유를 꼽았다.

신도시로 이사한 후 이 씨는 자녀 교육에 전념하고 있다. 김 씨나 장 씨에 비해 그리 활동이 많지 않은 것은, 나이 어린 두 자녀를 돌봐야 하기 때문이며 일상생활의 제약은 재정적인 상황보다는 결혼 생활의 주기 때문이었다. 예를 들어 남편의 휴가 기간에 두 사람은 자녀들을 친정 부모님께 맡기고 여행을 떠난다. 이들은 그런 식으로 유럽을 몇 차례, 동남아지역을 몇 차례 다녀왔다. 이 씨 부부는 신중간계급의 범주 안에서 신분상승 중인 젊은 세대라 할 수 있다. 이전 세대들에게는 익숙지 않은 해외여행 같은 여가 활동 등은 새로운 세대의 생활방식을 잘 나타내고 있다.

●아파트에 거주하지 않는 박모 씨 가족

40대의 박모 씨는 마포 토박이 동네에서 한 상점을 경영하고 있다. 이 동네에는 1995년에서 2000년 사이 합동 재개발된 아파트단지가 들어서 있다. 그녀의 남편은 중소기업체의 사원이고 두 사람 모두 대학 졸업장은 없으며 어린 자녀 둘을 두고 있다.

박 씨는 지방의 소도시에서 태어나 그곳에서 중고등학교를 다녔다. 1970년대 중반 결혼 이후 남편과 함께 상경, 김포공항 근처 강서구의 개인주택에 자리를 잡았다. 박 씨는 전업 주부였고 상점을 연 1990년대 초반까지 자녀들을 돌보았다. 마포에 상점을 가지고 있던 남편의 삼촌이 은퇴를 하며 임대를 제의했고 이를 곧 승낙했다. 상점에서 가까운 곳에 집을 구해 이사를 했고 함께 사는 시어머니가 가게 일을 도와, 쉬는 날 없이 아침 8시부터 밤 10시까지 일을 했다. 이들은 벽돌로 지은 다세대주택 18평 전세에서 살고 있다.

이모 씨의 남편처럼 박 씨의 남편도 중소기업의 사원이지만 그들의 월수입은 120만 원에서 200만 원 사이로 도시 중산층에 속하지 못한다. 게다가 18평에 다섯 식구가 거주하는 주택 여건은 앞서 소개한 사례들에 비해 열악하다. 박 씨는 앞서의 세 사람과 달리 자신이 하위 계층에 속한다고 생각했다. 도시재개발이 이루어지기 전인 1994년 수집된 인터뷰 내용이 그 증거로, 곧 있을 재개발이 가져올 결과를 나름대로 예측하고 있다.

> 저 밑은 재개발하고 난 다음에 아파트들이 생길 걸요. 생활수준이 다른 사람들이 들어올 거예요. 그리고 나면 우리 애들이 학교에서 좀 힘들까 봐 걱정이에요. 우리는 아파트에 안 사니까요. 아파트에 사는 사람하고 단독에 사는 사람하고 경계심이 있어요. 아파트에 사는 사람들은 그냥 남들을 밑으로 쳐다보는 거예요. 사실 아파트에 사는 건 자기가 부자라는 뜻이죠. 아파트에 산다……아, 잘 산다! 그런 생각을 해요. 아이들이 아파트를 좋아하더라고, 애들도. 우리 작은 아이는 자주 '우리 아파트로 언제 이사가?' 그래요. 아파트에 사는 게 꿈이에요.

박 씨의 말은 개발 이후 주민들이 직면하게 될 문제에 대해 안타까운 생각을 갖게 한다. 박 씨는 자신보다 생활수준이 높은 사람들이 이주해 옴으로써 동네가 바뀔 것이라고 생각한다. 더 잘 사는 집 아이들과 한 학교를 다니게 될 아이들도 걱정이다. "남들을 밑으로 쳐다보는 거예요"라고 아파트 주민을 비난하며 그들에 대한 열등의식을 간접적으로 표현한다. 박 씨는 아파트를 도시 중산층의 주택 형태로 간주한다. 실제로 부와 아파트의 관련성을 계산에 넣지 않는다 해도 '대부분의 사람들이' 그렇다고 생각하거나 심지어 아이들도 그렇게 생각하기 때문이다. 이러한 박 씨의 이야기는 도시 중산층에 끼지 못한 계층들의 심리를 잘 보여 준다.

아파트단지를 둘러싼 사회공간적 차별화

이상의 네 가지 사례를 좀 더 일반적인 틀 안에서 재구성해 보자. 일곱 개 아파트단지 주민을 대상으로 실시했던 설문조사는 이들 대부분이 고전적 의미에서 신·구중간계급에 속한다는 사실을 보여 주었다. 응답자 중 누구도 직업란에 "판매직이나 서비스직", "생산기능직, 운수관련직" 혹은 "단순노무자, 임시직, 일일고용자"라고 답한 사람은 없었다. 이는 잠실에서도 마찬가지였다. '무직'으로 표시한 5퍼센트의 경우 가장이 여자였다.

물론 아파트단지 주민들이 모두 도시 중산층에 속한 것은 아니었다. 중간계급이라는 큰 범위 안에서, 아파트단지 내 사회계층적 구성은 큰 차이를 보였고 이는 앞서 언급한 대로 생활양식 내지 여가생활의 차이를 가져왔다. 압구정 현대단지, 반포단지, 방배동 삼익단지 등은 '강남아파트'로 불리는 상층 중산층 주택의 전형을 보여 준다. 나머지는 재개발단지에서 볼 수 있듯이 주민 계층이 혼합되어 대형 아파트에는 상층 중산층이, 그보다 소형 아파트에는 계층 상승 중인 젊은 세대들이 거주한다. 잠실의 주공단지는 평범한 중간계급들이 거주하는 아파트단지의 전형을 보여 준다.

일반적으로 표준화된 거주공간은 엄격한 사회공간적 차별화를 동반한다. 상층 중산층 유형의 아파트단지는 혼합 아파트단지나 중간계급 일반의 아파트단지 혹은 그보다 하위 계층의 아파트단지와 구별된다. 또한 같은 아파트단지에서도 아파트의 평수에 따라 부자 '동'과 그렇지 않은 '동'이 구별된다(Lee Eun 1997, 101; 192-193).

중요한 것은 아파트 거주로 인해 생활양식이 표준화되었다 하더라도 아파트단지 간 혹은 단지 내에서도 각각 다른 정도와 규모로 드러나는 사회공간적 차별화는 없어지지 않는다는 사실이다. 면적에 따른 아파트의 체계적인 계층화는 잘 받아들여지고, 주민들 자신이 이를 직·간접적으로 요구하기도 한다. 사당동 우성아파트의 한 주민은 "비슷한 사람들이 여기 모여서 같이 사니까 괜찮고, 경제적으로 비슷한 나이가 된 사람들이 많고, 생활수준이 비슷한 사람들이 많으니까 좋아요"라고 말했지만, 도화동 현대단지에서는 전혀 다른 반응이 나타났다. "큰 단지 안에서 평수에 따라 건물을 지어야지, 안 그러면 또 좋지 않은 점들이 많아요. 사람들 생활수준이 다르니까요." 아파트 거주로 인한 생활양식의 수렴과 주택의 근접성이 실제에 있어서는 사회계층 간의 접근이나 혼합적 요소를 전혀 만들어 내지 못하고 있는 것이다. 이는 이미 프랑스에서도 명백하게 밝혀진 사실이다. 샹보레동과 르메르는 『프랑스 사회학지』에 개제된 유명한 논문 "공간적 근접성과 사회계층적 거리"에서, 아파트단지 안의 획일화된 생활양식과 공간의 근접성은 계층 간의 거리를 오히려 더 크게 한다고 주장한 바 있다(Chamboredon et Lemaire 1970).

또한 위에서 살펴본 네 가지 사례는 주택의 장소와 형태, 생활방식 등이 사회계층을 확인하는 중요한 요소임을 보여 주었다. 도시 중산층에 속하는 것이 분명한 김모 씨와 장모 씨는 인터뷰 중 자신들의 사회적 계층을 정당화하려는 견해를 피력하지 않았다. 그러나 계층 상승 중인 이모 씨는 자신의 소속 계층을 재확인하기 위해, 아파트를 소유하고 있으며 그곳에 거주하고 있다는 사실을 상기시켰다. 박모 씨 또한 소득의 크기보다 주택의 형태와 거주 장소가 도시 중산층 소속 여부를 확인해 준다고 생각했다.

물론 주택의 형태, 장소, 생활방식 등 사회계층을 확인시켜 주는 요소들이 상위계층을 향한 욕구를 만들어 낸다는 사실은 한국 사회에만 해당하는 것은 아니다. 주거의 공간적 특성과 생활양식은 도시화되고 산업화된 현대사회를 규정하는 결정 요인 중 하나이다. 인류학자 알타베는 프랑스의 사례연구를 통하여 유사한 결론을 끌어낸다(Althabe 1985). 그에 따르면 주택(가구, 설비 등)이 자신의 실제 계층보다 더 상위 계층에 속해 있음을 입증할 수 있는 수단이 되기 때문에 거주 장소는 자신의 계층을 정의하기 위한 하나의 목표이다. 그러나 한국에서 도시 중산층을 의미하는 가장 함축적인 상징으로 고층 아파트가 자리 잡았다는 것은 분명 특이한 점이다. 이는 한국과 프랑스에서 주택에 결부된 상징 내지 표상을 구별 짓는 핵심 요인이기도 하다. 프랑스에서는 작고 소박한 것이라도 단독주택이 더 가치 있는 것으로 받아들여지는 반면 한국은 전혀 그렇지 않기 때문이다.

2. 부의 외형적 표시인 아파트, 가치 있는 이미지

아파트단지와 부의 지리학

논의를 확대하기에 앞서 이제 우리는 아파트에 결부된 이미지와 기호, 표상들을 다룰 것이라는 사실을 강조하는 것이 좋겠다. 모든 아파트들이 다 도시 중산층의 아파트는 아닐 뿐더러 서울의 주택 모델이 되고 있는 도시 중산층 아파트 역시 평범한 아파트는 아니기 때문이다. 그럼에도 불구하고 실제의 아파트가 아니라 만들어진 이미지로서의 아파트가 현실을 지배하는 경우가 많다. 아파트가 위치한 공간적 위치 역시 마찬가지이다. 예컨대 강남의 아파트라고 할 때, 강남은 한강 이남에 위치한 행정구역의 하나이자 대개의 경우는 서초구와 강남구를 일컫는다. 렛은 "강남에 산다는 단순한 사실만으로도 부의 외형적인 표상이 만들어진다"고 말하면서, 그러나 "강남의 아파트단지와 그곳에서 발전한 생활양식이 한국 도시의 유일한 주택 형태는 아니다"라는 사실을 강조한다(Lett 1998, 105; 158).

이 '부자들의 강남'은 한강 이남의 서울을 의미하는 것도 아니고 엄밀히 말해 강남구, 서초구에만 한정되는 것도 아니다. 얼마 전부터는 송파구 일부도 강남에 당연히 포함되는 것으로 간주되기 때문이다(〈그림 13〉). 아무튼 강남은 서울에서 지가가 가장 높고 1980년대에 투기가 절정에 달했던 곳이다. 그리고 그중에서도 부의 지리학적·상징적 중심지가 있다. 북쪽으로 현대단지가 들어서 있고 남쪽에는 주상 복합 지구가 위치한 압구정로는 그 전형적인 장소이다(Lee Eun 1997, 80). 뿐만 아니라 이 중심지도 옮겨 가는데, 최근에는 고급 주상복합 아파트가 집중되어 있는 도곡

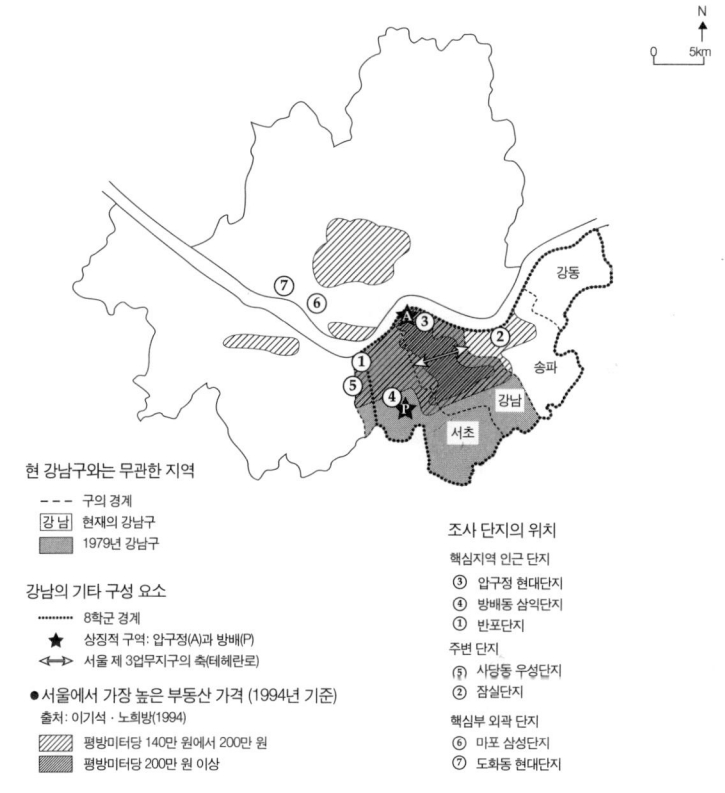

그림 13_강남: 서울지역 부의 지리적·상징적 중심의 구성 요소

현 강남구와는 무관한 지역
--- 구의 경계
강남 현재의 강남구
1979년 강남구

강남의 기타 구성 요소
········ 8학군 경계
★ 상징적 구역: 압구정(A)과 방배(P)
⟷ 서울 제 3업무지구의 축(테헤란로)
● 서울에서 가장 높은 부동산 가격 (1994년 기준)
출처: 이기석·노희방(1994)
▨ 평방미터당 140만 원에서 200만 원
▩ 평방미터당 200만 원 이상

조사 단지의 위치
핵심지역 인근 단지
③ 압구정 현대단지
④ 방배동 삼익단지
① 반포단지
주변 단지
⑤ 사당동 우성단지
② 잠실단지
핵심부 외곽 단지
⑥ 마포 삼성단지
⑦ 도화동 현대단지

동이 대표적 상징이 되었다.

이와 반대로 강북은 오늘날 전통적인 서울의 이미지를 갖는다. 많은 학자들은 강남과 강북의 구분이 실제는 이데올로기적 측면에 입각한 것임을 강조한다(Delissen 1994, 533). "실제로 강북과 강남을 구분하는 것은

한강이지만 두 지역은 결국, 신·구 또는 전통과 현대라는 정반대의 두 가지 문화와 두 가지 생활양식으로 나뉜다"고 렛은 주장했다(Lett 1998, 102). 역사학자 이은은 서울의 부유층 사이에 회자하는 농담을 소개한 바 있다. "아직도 강북의 단독주택에 사세요?"라는 질문이었다. 1970년대 초반까지 서울 부유층의 2/3 이상이 그들의 전통적 주거지역이었던 강북의 종로, 성북, 서대문, 용산을 떠나 강남으로 옮겨갔다는 것이다. "아직도 현대화되지 않은 낡은 습관을 가지고 있나요?"라는 의미를 내포하는 이 질문은 강남만이 부유층에 적합한 주거지역이며 아파트가 그에 걸맞은 주택 형태임을 간접적으로 시사하고 있다. 물론 이런 식의 강남/강북의 이분법은 지나치게 단순한 것이다. 방배동의 고급 빌라단지가 보여주듯이 아파트가 강남의 유일한 주택 대안도 아니며 강북 역시 단독주택만 있는 것도 아니다.

일곱 개 조사 아파트단지 중, 서울지역 부의 지리학적·상징적 중심에 위치한 반포단지, 압구정 현대단지, 방배동 삼익단지 등 세 개 아파트단지는 전형적인 상층의 중간계급 즉 도시 중산층 아파트단지이다. 광의의 강남에 위치한 우성아파트와 잠실의 아파트단지는 이보다 못하다는 의미에서 주변부에 놓인다. 최근 재건축되기 이전까지 작은 평수의 아파트를 대표했던 잠실단지는 광의의 강남지역(서울에서 가장 인기가 높은 8학군)에 속한다는 상황적 혜택을 받았지만 보통의 중간계급들이 거주하는 지역일 뿐이었다. 마찬가지로 우성단지와 강북의 재개발단지(도화동의 현대, 삼성) 두 곳은 상층 도시 중산층이 큰 평수의 아파트에, 보통의 중간계급이 그보다 작은 아파트에 거주하는 혼합형 아파트단지이다.

앞서 소개된 네 가구의 사례에서 볼 수 있듯이 주택과 거주지는 이처럼 서울의 사회지리학 안에서 자신들의 위치를 설명해 주는 핵심 요인이다. 도시 중산층에 속하지 않은 박모 씨는 강북 다세대주택에 살고 있다. 계층 상승 중인 젊은 세대를 대표하는 이모 씨 가족은 신도시 일산에 거주한다. 장모 씨는 부의 상징적 중심으로부터 떨어져 있는 동작구의 혼합형 아파트단지에 살고 있다. 마지막으로 렛이 정의한 도시 중산층의 전형을 대표하는 김모 씨는 그에 걸맞게 서울지역 부의 상징적 중심 한복판인 서초구의 아파트를 소유하고 있다.

한국에서 아파트는 경제 발전의 주역이자 가장 큰 수혜자인 중간계급에 일반화된 주거 공간으로 인식되고 있다. 그러나 앞서 사례 분석을 통해 살펴보았듯이 아파트단지의 형태는 다양하며 그것은 중간계급 내부의 다양성을 반영하고 있다. 렛은 아파트의 이미지가 실제의 지리학적 현실과 완전히 일치하는 것은 아니라는 사실을 강조하였다. 아파트는 도시 주민의 의식 속에서만, 마치 그 안에서는 사회계층적 차이가 존재하지 않는 듯이, 과도하게 긍정적인 이미지를 향유하고 있는 듯 보인다. 외형적 관점에서 아파트는 여러 계층과 범주로 이루어진 중간계급 일반의 주거지임에도 불구하고 그보다 상류사회적 형태로 인식되는 것이다. 이런 이유로 아파트단지에 대한 한국인들의 열광은 이들이 전체적으로 도시 중산층의 가치에 동의하고 있음을 보여 주는 강력한 증거 중의 하나라고 할 수 있다(Lett 1998, 227).

모델의 전파: 정부 주도의 적극적 정책

앞서 지적했듯이 애초 아파트에 대한 부정적 인식에서 아파트에 대한 열광으로 한국인들의 생각은 바뀌었다. 일종의 인식상의 대전환이 있었던 것이다. 그 결과 강남에 비해 강북은 상대적인 계층 저하를 경험하게 되었다. 아파트에 대한 인식의 변화와 사회계층의 변화라는 이중적인 움직임을 어떻게 설명할 것인가? 아파트의 이미지에 가치를 부여하고 아파트 소유를 도시 중산층의 계층적 표식으로 만든 요소들은 무엇인가?

1964년 마포아파트단지 완공 당시 박정희 대통령의 연설에서, 아파트는 국가 현대화의 도구이자 모든 봉건제도의 잔재, 농촌의 낙후성으로부터 벗어날 수 있는 대안으로 표현되었다. 이 연설은 이승만 대통령이 종암아파트의 현대성을 역설하며 국민에게 입주를 권장했던 담화문을 떠올리게 한다. 그러나 그 후로도 상당 기간 동안 아파트는 여전히 서울 시민 대다수로부터 기피되었다.

아파트에 대한 한국인들의 태도와 관련된 자료들은 모순된 사실들을 보여 준다. 혹자는 종암아파트나 마포아파트처럼 모델이 된 초창기 건설 계획이 성공적이었다고 하면서, 중간계급이나 도시 중산층이 그곳에 입주했다는 사실을 강조한다.[3] 다른 연구자들은 1970년대 초반까지 아파트는 하위 계층의 전유물로 인식되었다는 사실을 강조하기도 한다(Kim et Choe 1997). 앞서 살펴본 이효재의 조사 결과도 같은 사실을 지적한다. 한편 이효재의 조사결과는 재미있는 사실을 담고 있는데, 그것은 1960년대 말 신수동아파트에 입주한 주민들이 교육 수준과 경제 수준에서 중간 이상인 젊은 세대들이었으며 서울 토박이들이었다는 점이다(Lee Hyo-jae 1971, 41-42). 겉으로만 보면 이 모든 사실들은 모순적이다. 혹은 서

---

[3] 건축가 임창복은 20세기 한국의 도시건축 분석에서 1958년 종암아파트에 입주한 사람들은 정치가, 예술가, 대학교수들이었고 아파트 입주는 그들의 위신을 세워 주는 일이었다고 적고 있다(임창복 1996, 204). 주거공간은 협소했지만 아파트의 현대적 시설(수돗물과 수세식 화장실)이 그 옹색함을 메워 주었다. 사실 당시에는 부유층 조차 주거 면적의 조밀함으로 고통받고 있던 때였다.

울의 지리적 현실과 주민들이 만들어 낸 이미지 사이에 큰 격차가 있음을 보여 주는 것일 수도 있다. 어쨌든 분명한 것은 1960년대까지 아파트에 대한 이미지는 다소 불확정적이었다는 사실이다.

이후 아파트에 대한 부정적인 이미지를 전복시킨 몇 가지 중요 요소들이 개입하였다. 정부 주도로 이루어진 서울시 남동부의 도시 개발 사업이 대표적인 예이다. 정부는 부유층들로 하여금 1970년대 초반 시작된 도시 개발 전선의 산물인 아파트를 구입하도록 선전하는 여러 조처들을 취했다. 이은은 강남에 대한 개발 의지와 이데올로기적 캠페인이 향후 강남/강북 이분법의 토대가 되었음을 강조했다(Lee Eun 1997, 62-65). 구체적인 예로, 정부는 종로, 성북, 서대문, 용산구에 거주하던 부유층 고급 인력을 고용하고 있던 몇몇 대기업을 강남으로 이전시켰다.

그러나 강남으로의 분산정책에서 핵심은 학교 이전이었다. 정부는 중구, 종로구, 성북구 등에 위치하던 명문학교들에 서울 남동부로 이전할 것을 장려했고 여기서 8학군이 생겨나게 됐다. 예를 들어, 서울대 합격의 왕도로 여겨지던 경기고등학교는 조세 감면과 낮은 지가 등의 혜택을 받고 강남으로 이주한 대표적인 명문학교이다(Lee Eun 1997, 64). 델리상은 한국의 현대화는 대부분 '두 가지 국민 도박', 즉 저축과 자녀 교육이라는 도박에 기초한다고 지적한 바 있다. 자녀들에게 양질의 교육을 시키는 것이 사회계층의 상승 이동을 돕는 성공 열쇠 중 하나였다는 것이다(Delissen 1994, 139). 렛에 따르면 명문고 입학은 도시 중산층에 소속되어 있다는 사실을 증명하는 또 다른 표식이기도 하다. 부동산 잡지에 학군 번호와 고등학교, 중학교의 이름이 매물의 특징과 함께 명시되어 있는 것도 흥미로운 일이다. 8학군에 속함을 나타내는 '8학'이라는 약자는 서초구나 강남구 소재 아파트에는 표시되지 않는다. 이곳이 8학군이라는 사실을 모르는 사람은 없기 때문이다. 그러나 동작구의 서부 같은 8학군의 외곽 지대에는 이러한 약자가 종종 표시된다. 어떤 경우는 고등학교의 이름이 명시되기도 한다. 예를 들어 '경기여고'라는 표시는 잠재 고객들에게 인근에 이 학교가 소재함을 알리는 동시에 판매 조건이나 가격 조건을 높이는 추가적 사항이 된다.

아파트, 상위 계층에서 하위 계층으로 확산된 모델

기업과 학교를 강남으로 분산시킨 정부 주도의 적극적 정책은 아파트로의 부유층 이전을 부추겼다. 1960년대 초반, 동부이촌동단지 내 공무원 아파트 분양은 분명 이러한 전략의 전주곡이었다. 당시 서울 시청 간부들은 아파트 입주를 장려하는 적극적인 캠페인을 펼쳤다(Kim et Choe 1997, 69). 지도자급 엘리트들을 아파트 입주 명단에 등록시킨 것도 또 다른 예라 할 수 있다.

1970년대 당시 한국의 문젯거리였던 고급 두뇌의 해외 유출에 대한 박정희 대통령의 처방도 좋은 사례가 아닐 수 없다. 생산체제는 점점 복잡하고 까다로운 기술 산업으로 나아가고 있는 반면, 최고급 인력과 기술자의 부족이 경제성장에 큰 장애가 될 수 있었기 때문이다. 이런 연유로 유학을 떠났던 명문대 졸업자들에게, 귀국시 파격적인 조건이 제시되었다. 여행비와 이사 비용까지 부담하는 것은 물론 아파트 분양 순위에 우선 등록해 주는 조건이 포함된 것이다. 이렇게 귀국한 대다수의 엘리트들이 강남에 건설된 아파트단지에 정착했다. 재벌 건설 회사들 또한 이 정책에 참여했다. 그 예로 이은은 압구정동 개발 당시 현대가 "고위 공무원과 국내의 영향력 있는 인사들에게 유리한 조건으로 상당량의 주택을 분양했다"고 밝혔다(Lee Eun 1997, 80).

크게 보아 1970년까지는 주민들의 거부감을 없애 줄 만한 아파트 모델이 만들어지지 못했고 아파트는 하위 계층의 전유물이라는 이미지가 여전히 강했다. 그러나 부유층과 상류층을 끌어들이기 위한 물질적·비물질적 장려책을 적극적으로 동원하고 학교 이전 등을 포함하는 거주환경에 대한 총체적인 개선책이 뒤따르면서, 이들 계층이 아파트로 눈을 돌리기 시작했다.

1970년대 아파트단지의 성공은 또한 면적이나 설비 등 주택 조건의 개선에 기인하는 것이기도 하다. 프랑스에서도 아파트단지가 중간계급을 끌어들이던 때에는 이 같은 요인들이 작용했다. 이런 점에서 잠실의 아파트단지는 1950년대 사르셀의 아파트단지와 크게 다르지 않다. 그러나 한국에서 아파트가 가지고 있는 긍정적인 이미지의 원천은 상층의 도시 중산층들이 아파트라는 주거 형태를 받아들였다는 사실에 있다. 여기서 또 프랑스의 아파트단지와 한국의 아파트단지의 진화 과정에 있어 중대한 차이를 가늠할 수 있다. 프랑스에서 1950~60년대 아파트단지는 젊은 세대의 중간계급이 거주했고 얼마 후 이 계층이 단독주택으로 옮겨가면서 가차 없이 버려졌다. 그와 반대로 한국의 아파트단지는 상위 계층에서 시작되었고 중간계급 일반과 하위 계층으로 확산됐다. 아파트가 한국인 전체에게 표본이 된 것이다. 요컨대 정부가 주도하고 재벌이 공급한 대단지 아파트를 상층의 도시 중산층이 수용하게 되었을 때 한국에서 아파트 신화의 역사는 시작된 것이다.

3. "아파트가 돈이다"

"평범한 사람들은 아파트단지에서 살 수 없어요"

한국 아파트단지가 확대재생산 될 수 있었던 핵심은 아파트가 가격으로 평가되는 상품이 되었다는 사실이다. 아파트에 산다는 것은 분명 부의 외형적 표시이다. 아파트에 살 수 있으려면 상당한 액수의 자금을 동원할 수 있는 부자여야 하기 때문이다. 결국 아파트를 소유하는 것이 부자가 되는 것이다.

50대 전 씨는 1990년 초부터 마포구의 한 재개발단지에서 경비 일을 보고 있다. 재개발 전에는 달동네에 집이 한 채 있었고 동네의 작은 회사에서 벽돌공으로 일을 했었다. 1980년 도시재개발조합이 결성됐을 때 조합원으로 가입했고 다른 소유주 조합원들처럼 재개발단지가 완공되면 38평형 아파트를 분양받을 수 있는 권리를 얻었다. 공사 기간 중에는 15평 남짓한 단독주택으로 이사를 했다. 건설 회사가 조합원들에게 지원한 이주 비용과 함께 저축한 돈, 친지에게 빌린 돈을 합해 4천만 원의 전세금을 지불했다. 재개발단지 아파트의 잔금도 친척에게 빌려 해결했다.

아파트가 완공된 1993년, 한 젊은 부부에게 아파트를 임대했다. 그들이 지불한 전세금 7,500만 원으로 그동안 빌린 돈을 갚고 다시 저축을 할 수 있었다. 아파트단지의 경비로 채용된 것은 친구를 통해서였다. 그는 전에 하던 일보다 편한 경비 일에 만족하고 있다.

이 흥미로운 사례는 아파트가 '지불능력이 있는 사람들을 위한' 것이라는 사실을 보여 준다(Lee Eun 1997, 98). 아파트의 소유주이기는 하지만 전 씨는 이를 세주고 자신은 단독주택에 전세로 살고 있다. 단독주택을 특별히 선호하기 때문도 아니지만 "달동네에서도 살았는데 옛날에 비하면 훨씬 편하죠"라고 답한다. 그의 선택은 경제적인 이유 때문이었다.

> 난 이 동네에 아직 인연을 맺고 있는 몇 안 되는 사람 중 하나죠. 달동네에 살던 사람들은 대부분 돈이 없어서 다시 돌아올 수가 없었지. 가난한 사람들이라 집을 가지고 있었어도 땅과 아파트를 살 수가 없었어요. 난 그래도 돈을 빌릴 데가 있었지. 어쨌거나 가난한 사람들은 여기서 살 수가 없어.

전 씨의 말에는 도시재개발에 대한 박모 씨의 사례와 비슷한 점이 발견된다. 아파트단지 주민의 부유함과 재개발 주변 지역 및 달동네 주민들의 가난함이라는 이분법적 도식이 그것이다. 전 씨의 말에는 도시재개발에 얽힌 고전적인 이야기들이 들어 있다. 소유주인 옛 달동네 주민들의 대부분은 토지 재매입, 아파트 잔금, 공사 중 이주비 등 재개발에 따른 여러 가지 비용을 부담할 수 없었다. 그러므로 전 씨는 '이 동네와 인연을 맺고 있는' 특별한 경우에 속했다. '운이 좋았다'며 그는 감사하고 있다.

분양 혜택을 받은 가구의 경우, 아파트 매입비에는 분양가의 약 5퍼센트에 달하는 각종 세금(등록세, 취득세, 교육세, 인지세)이 부과된다. 또한 아파트단지에 입주하려면 비싼 관리비를 감수해야 한다. 여기에는 공유면적에 대한 관리, 청소, 관리 사무소 직원들의 월급, 관리 하청업체 지불비용(물탱크 청소, 수목 관리, 공동 공간 청소 등), 각종 수선비, 수도, 난방비 등이 포함된다. 1990년대 중반 30평 이상 아파트의 월 평균 관리비는 12만 원에서 35만 원으로 아파트의 면적, 아파트단지의 위치, 계절에 따라 다르다. 중앙난방의 경우 관리비는 겨울에 많이 부과된다.

전 씨의 경우를 다시 예로 들어보자. 전에는 벽돌공으로 일했고 현재는 아파트 경비원이다. 1990년 중반, 그의 월급은 기본급 40만 원과 상여금 20만 원이고 작업의 성과나 주민의 만족도에 따라 추가 수입이 생긴다. 인터뷰 중 자신의 수입은 월 85만 원 선이라고 답했고 이 정도로는 아파트 관리비를 부담하기 어렵다. 비록 인터뷰 중 직접 언급하지는 않았으나 전 씨의 생활수준과 사회계층(월 백만 원 이하의 수입, 경비직)은 아파트 단지 입주를 불가능하게 했다. 또한 아파트의 잔금을 치를 때 빌린 돈을 갚아야 했기 때문에 더 저렴한 주택을 구해야 했다. 다른 예를 통해 개인적 차원의 주거 전략과 부의 메커니즘을 살펴보기로 한다.

주거 전략의 몇 가지 예

●최모 씨

외국 유학을 떠났던 최 씨는 1970년대 말 귀국, 1981년 강남구 대단지에 3,200만 원 상당의 35평 아파트를 분양받았다. 외국에서 저축한 돈과 친척에게 빌린 돈으로 아파트 값을 지불할 수 있었다. 1984년 아파트를 7천만 원에 팔고 옆 단지에 54평 아파트를 매입했다. 9천만 원 상당의 아파트 값은 이전 아파트의 매각금과 저축한 돈, 그리고 친척에게 빌린 돈으로 지불했다. 1996년에 이 아파트는 5억 원을 호가하게 된다.

●김모 씨

1980년대 후반, 남편과 함께 유럽에서 귀국한 김 씨는 5천만 원을 주고 서초구의 한 아파트 단지에 약 50평짜리 아파트를 매입했다. 아파트 구입 비용은 외국에서 모은 돈과 김 씨의 가족에게 빌린 돈으로 지불했고 3년 동안 갚아 나갔다. 1994년 현재 김 씨는 아파트 가격을 4억 원으로 추정했다.

서울 도시 중산층의 전형인 이 두 가구는 월수입 300만 원 이상으로, 사회계층상 상위에 속하는 직업을 가지고 있었다. 최 씨는 전문직 종사자였고 김 씨의 남편은 재벌 그룹 계열사의 중역이었다. 아내들은 전업주부였고 아이들은 강남의 명문 중고등학교를 다니고 있었다. 유산으로 물려받은 부동산이 전혀 없는 이 두 가구는 외국에 체류하면서 모은 돈으로 귀국해서 아파트를 구입할 수 있는 초기 자본을 확보할 수 있었다.

장 씨 가족의 재테크 전략

●장 씨의 장녀

첫 번째 아파트는 어머니가 공장 매각금으로 사 주었다. 약 25평 규모의 이 아파트는 서초구의 아파트단지 내에 위치한다. 1986년 시가로 3,500만 원 정도였다. 1988년 이 아파트를 6,800만 원에 팔고 이웃 아파트단지의 35평 아파트를 8,500만 원에 매입했다. 이전 아파트의 매각금과 남편의 출자, 어머니의 도움으로 돈을 마련할 수 있었다. 1996년 이 아파트의 가격은 2억 8,000만 원으로 추정된다.

●장 씨

1980년대 중반 딸과 함께 서울에 정착한 장 씨는 남은 재산으로 서울의 부동산에 투자할 곳을 찾고 있었다. 1980년대 말, 한 부동산중개업소를 통해 당시에는 아직 달동네였던 동작구 재개발구역의 조합분양권을 사 들였다. 건설 계획은 건설부의 승인이 나지 않은 상태였기 때문에 '딱지'는 5천만 원이었다. 장 씨는 자신이 도박을 하고 있다는 사실을 알고 있었다. 재개발 승인이 나지 않으면 아무런 배상도 받을 수 없기 때문에 돈을 잃게 되는 것이었다. 몇 달 후 재개발 승인이 떨어졌고 이 재개발구역의 딱지는 9천만 원의 현금이 됐다.

장 씨가 사들인 딱지에 7천만 원을 더 지불하면 44평 아파트를 살 수 있었다. 이 7천만 원은 딱지를 판매한 조합원이 내야 할 불하 대금 1,800만 원, 철거비 800만 원, 건축비 4,400만 원을 합계한 것이다. 장 씨는 남아 있는 저축으로 이 비용을 충당했다. 결국 1992년 12월, 딱지비를 포함 1억 2천만 원짜리 44평 아파트에 입주했다.

같은 아파트의 일반 분양은 이보다 조금 비싼 1억 5천만 원이었다. 전매가 공식적으로 허용된 기간에 딱지를 구입했다면 아파트의 가격은 1억 6천만 원이 됐을 것이다. 어쨌든 1996년 이 아파트는 시가 3억 2천만 원으로 올랐다.

이 경우는 앞의 두 사례와는 차이가 있다. 장 씨는 이미 서울의 부동산에 투자를 하기 전부터 유산으로 물려받은 토지와 자본을 소유하고 있었다. 이미 언급한 경비원 전 씨의 경우에 비추어, 도시재개발 분양획득권(딱지)에 투기를 한 장 씨의 경우는 재개발에 뒤따르는 젠트리피케이션(4장 각주 4 참조)의 메커니즘이 어떠한 것인가를 구체적으로 알려 준다. 장 씨가 부동산 중개업소를 통해 구입한 딱지는 재개발 과정을 끝까지 따라갈 수 없는 달동네의 주민이 매각한 것이다. 전 씨와 장 씨의 이야기는 기존 주민들이 재개발된 아파트단지에서 어떻게 밀려나는지를 보여 준다.

젊은 세대의 투자 전략

●이모 씨

결혼 전, 이 씨는 강남구 외곽 10여 평대 전세 아파트에 살았다. 2,500만 원의 전세금은 부모님이 내줬다. 1990년 상업에 종사하기 시작하면서, 자신의 저금과 가족에게 빌린 돈으로 상점의 임대료를 지불했다. 상가 계약의 경우, 임대료에는 보증금(500만 원)과 월세(65만 원)가 포함되어 있었다. 장사의 수익으로 빚도 갚고 저축도 할 수 있었다. 1992년 사업 확장으로 또 한 번 가족에게 돈을 빌려 2천만 원이 넘는 상가 보증금을 지불했다. 본인의 저금만으로는 부족했기 때문이다. 또 다시 사업이 잘 되어 그동안 진 빚을 3년 안에 갚을 수 있었다.

결혼 후, 전세 7천만 원을 남편과 함께 부담하여 마포구의 아파트에 1993년 정착했다. 이 씨는 이전 아파트의 전세금 2,500만 원을 뺐고, 남편이 3천만 원, 나머지는 가족에게서 빌렸다. 남편이 부담한 3천만 원은 동거하는 시아버님이 준 돈이었다.

이 씨는 주택청약예금에 가입했다. 1993년 추첨으로 일산의 아파트를 분양 받았을 때 주택청약예금액과 가족에게 빌린 돈으로 약 1,700만 원의 계약금을 치르고 남편과 함께 여섯 차례에 걸쳐 약 8,500만 원의 중도금을 지불했다. 입주를 하려면 1,700만 원의 잔금이 남아 있었다. 이것은 이 씨의 상가 보증금으로 해결했다. 여섯 차례의 중도금 중 일부는 저금으로, 일부는 은행 대출로 지불했다고 했다. 이렇게 3년간 12퍼센트 금리로 2천만 원을 대출한 이 씨 부부가 매달 갚아야 하는 돈은 74만 원으로 그중 24만 원이 이자였다. 2백만 원에서 3백만 원의 월수입이 이런 노력을 가능케 했다. 마포의 아파트를 떠날 때 돌려받은 전세금으로 가족들에게 진 빚은 모두 갚았다. 일산아파트의 가격은 34평에 9천만 원이 좀 안 되는 수준이었고 6개월 후인 1990년대 중반, 시가 1억 4천만 원이 되었다.

사회계층 상승 중인 이 씨 가족의 예는 독창적인 특성을 보여 준다. 재산의 대부분은 주택청약예금에 가입하여 일산의 아파트를 분양받은 이 씨 덕분에 만들어졌다. 게다가 여기에 필요한 주 자본금의 조성은 이 씨의 사업에서 비롯됐다. 그들의 주거사를 보면 면적이 점차 늘어나고, 임대에서 소유로 발전하며 서울의 중심에서 외곽으로 이동하고 있다.

이 씨가 분양받을 당시에는, 1983년 채권 제도에 의한 투기 억제책이 서울에만 적용됐고 신도시에는 적용되지 않았다. 이 씨의 재산으로는 채권을 충분히 살 만한 여유가 없었기 때문에 서울에서 분양을 받을 수 없었다. 게다가 서울의 분양가는 외곽 지역보다 훨씬 비쌌다. 일산을 선택한 것은 어쩔 수 없는 면이 있었다. "물론 서울에서 아파트를 사는 게 좋을 텐데, 그렇지만 서울에서 1순위에 있는 사람들 중에서 채권 제일 많이 적은 사람들이 제일 쉽게 뽑히는 거야. 나는 서울 아파트에 다 넣었는데 채권을 적게 써서 다 떨어지고 결국 일산에서 분양을 받았어요." 이 씨의 말이었다.

●배모 양

1970년대 말, 혼자 독립했을 때 스물 한 살이었다. 단독주택의 월세방을 구해서 아버지가 주신 돈으로 보증금을 지불했다. 직장에서 받는 월급으로 월세를 지불하고 저금도 했다. 오빠에게는 전세금을, 친구에게 2백만 원을 빌려 줄 수도 있었다.

1980년대 중반, 배 양은 강동구 주공단지에 12평짜리 아파트를 매입했다. 시가 1,200만 원이었다. 배 양은 오빠와 친구에게 빌려 준 돈을 돌려받았다. 저축액과 합쳐서 아파트 값 전부를 현금으로 지불하고 거기서 몇 년을 살았다. 집도 마음에 들고 오빠와 같은 단지에 사는 것이 좋았지만 직장이 있는 종로구까지 출퇴근 시간이 오래 걸려 힘이 들었다. 1980년대 말에 강동구의 아파트를 2천만 원에 팔고 마포구에 15평형 오피스텔을 2,200만 원에 매입했다. 이전 아파트를 판 돈과 저금으로 이 돈을 지불할 수 있었다.

 1990년대 중반, 배 양은 자신의 오피스텔을 4천만 원 정도로 추정했다. 30세가 넘은 미혼의 배 양은 1998년 여자 평균 혼인 연령이 26세였던 한국에서는 독특한 경우에 해당한다. 15년 후 4천만 원의 자본이 된 부동산은 그녀가 열심히 일해 모은 저축금으로 마련된 것이었다. 첫 번째 전세 아파트의 보증금에 아버지의 도움을 받은 것을 제외하면 초기 자본은 전혀 없었다. 그녀의 거주사를 살펴보면 외곽에서 도심으로 이동하면서 월세입자에서 소유주로 신분이 바뀌었다.

부동산 투자와 투기: 서울의 신화와 현실

시기를 막론하고 모든 사례에서 아파트의 매입은 조사 대상자의 재산을 엄청나게 상승시켰다. 김 씨는 그들 부부가 10년이 안 되는 기간에 재산을 10배 증식시켰다고 생각했다. 최 씨는 아파트의 가격이 1980년대 중반부터 1990년대 중반 사이 네 배가 오르는 것을 경험했다. 이 두 경우는 1980년대 중반 이후 올림픽 특수를 타고 강남의 일부 지역에 성행했던 부동산 투기의 대표적인 예라 할 수 있다. 같은 시기 배 양의 오피스텔은 두 배밖에 오르지 않았는데, 이는 두 가지 중요한 이유로 설명된다. 첫 번째는 오피스텔의 위치이다. 마포구는 1980년대 서울의 남동부에 비해 가격 상승의 폭이 크지 않았다. 두 번째, 오피스텔이라는 주택의 성격이다. 당시의 오피스텔 시장은 아파트에 비해 규모가 작았고, 1인 가구가 드문 한국 사회의 가족구조에 적당하지 않은 원룸 형태였기 때문이다.

    부동산 가격의 급격한 상승은 심한 인플레와 연결되어 있음을 잊어서는 안된다. "어떤 이유로 아파트 거주를 선택했습니까?"라는 질문에 응답자의 15퍼센트만이 '투자의 대상'으로 생각했다고 답했다. 주요 이유로는 우선적으로, 편리한 교통, 인근의 상가와 편의 시설, 쾌적한 환경, 학군 등 아파트단지의 주변 환경에 관한 것들이었다. 대신 많은 응답자들이 인터뷰 중에는 투자의 필요성을 자주 언급했다. "인플레 때문에 한국 사람들은 아파트를 소유하는 것이 아주 중요하다고 생각한다"는 말을 몇 번이고 반복했다.

    사실, 경제적인 관점에서 아파트에 투자하기만 한다면 이익이 되는 것은 분명하다. 단독주택에 대한 일반적인 흥미 상실과 공급을 웃도는 아파트 수요 때문에 아파트 가격의 상승은 1980년과 1995년 사이 다른 형태의 주택가격보다 월등했으며 분양의 혜택을 받은 사람들은 시가보다 낮은 가격으로 아파트를 매입했기 때문에 큰 이익을 보았다. 장씨를 제외하고 인터뷰 대상자 중 누구도 부동산 투기를 하지는 않았다. 그러나 아파트를 구입하는 것이 재산을 불리는 가장 좋은 방법이라는 사실을 모두들 강조해서 말했다.

    1970년대와 1980년대 한강 이남의 대형 개발계획과 올림픽 개최를 전후한 10년간 서울에 투기꾼들이 극성을 부렸던 것은 사실이다. 하지만 이들은 현재 아파트단지 내에 거주하고 있지 않아 아무도 만날 수 없었다. 그래도 역시 아파트 소유주들이 돈을 번 것은 부동산 투자, 무엇보다 분양 혜택 덕분임이 분명했다. 이은은 한국인들이 아파트에 열광하게 된 결정적 요인은 '순전히 경제적'인 이유라면서 다음과 같이 덧붙인다. "시세보다 낮은 가격에 아파트를 분양받는 것이 이윤의 원천이었던 것이다. 아파트를 분양받은 가구는 중간계급으로 편입되고 체제의 수혜자가 됐다"(Lee Eun 1997, 196; 118). 한국에서 아파트단지는 '중간계급 제조 공장'처럼 보인다.

한국적 맥락에서의 특수한 자본 축적 전략

한국인들이 주택의 소유에 부여하는 중요성은 이미 충분히 강조되었다. 소유에 대한 집착은 한국적인 예외만은 아니며 오늘날 대부분의 선진사회를 특징짓는 성격이다. 하지만 한국의 경우, 전통적인 임대 제도의 특성과 각 개인마다 막대한 자금을 끌어대는 특별한 방법들이 정부가 주도한 주택 소유 정책과 잘 결합되었던 것만은 분명하다. 이런 점에서 '전세'라는 한국의 전통적인 임대 제도는 중요한 역할을 수행했다.

서울에서는 세입자의 80퍼센트 이상이 전세에 들어 있다. 월세 형태도 존재하지만 세입자 입장에서는 전세보다 비용 부담이 더 크다. 주로 월세는 최대 열 평대의 협소한 주택(오피스텔이나 단독주택의 일부)이나 전세 계약을 할 수 없는 외국인 대상 주택에 해당됐다. 설문조사 결과, 일곱 개 아파트단지 내 조사 대상 가구 전체에서 55퍼센트가 소유주, 45퍼센트가 세입자였으며 예외 없이 모두 전세로 살고 있었다.

주택을 소유하려 할 경우 전세금은 아파트 매입이나 분양시 지불해야 하는 중도금과 잔금을 위한 초기 자금으로 활용할 수 있었다. 이 씨의 경우 상가의 전세 보증금이 없었다면 잔금을 치를 수 없어 일산의 아파트를 매입하지 못했을 것이다. 일산단지 건설시 중도금 지불을 위해 빌린 돈을 갚을 수 있었던 것도 마포구 아파트의 전세금 덕택이었다. 시세로 따졌을 때 마포구 아파트의 전세금은 일산 아파트 분양 상한가의 80퍼센트에 맞먹었다. 이 사례는 전세제도와 분양정책의 결합이 만들어 내는 효과를 잘 보여 준다. 우선, 분양가에 비해 전세가가 매우 높다는 것은 주택 구입을 합리적인 목표로 만들었다. 또한 전세금으로 분양가의 일부를 지불할 수 있기 때문에 아파트 매입을 가능하게 했다. 결국, 임대를 할 수 있는 경제력이 있는 사람이면 전세금과 분양 정책을 이용해서 아파트 구입을 시도할 수 있는 것이다. 다른 측면에서 보면 최소한 전세의 형태로라도 초기 자본을 갖고 있으며 추가적인 금액을 지불할 수 있는 희망자만이 분양 제도를 통한 주택 소유 정책의 혜택을 받을 수 있다는 의미이기도 하다.

이 순간에도 하위 계층은 아파트단지로부터 멀어지고 배척되고 있다. 사실 이들에게 아파트 임대는 불가능하다. 그들의 재산 정도에 적합한 15평 정도의 소형 아파트는 물량이 적고, 25평형은 너무 비싸기 때문이다. 이런 경우에는 10평에서 최대 20평의 다세대나 연립, 단독주택의 일부분을 임대하는 수밖에 없다. 이것이 15평에서 살고 있는 전 씨의 예다. 실제로 아파트가 다른 주택에 비해 평당 가격이 더 비싸기 때문만은 아니다. 오히려 문제는 부유층에게 맞추어져 있는 큰 평수의 아파트 면적에 있다. 앞서도 말했지만 한국의 아파트는 국민주택과 거리가 멀다. 델리상이 '열등 도시인'(sous-citadin)이라 부른 월세 임대인들은 한국의 주택정책으로부터 철저하게 배제되었다.

앞서 살펴본 사례들을 통해 알 수 있듯이 한국의 중간계급이 주택을 소유할 수 있었던 것은, 주로 비공식 금융시장에 기초한 저축과 대출 때문이었다. 모든 사례에서 확인되는 한국 가정의 높은 저축률은 새삼스러운 일이 아니다. 비공식 금융시장이 큰 역할을 했다는 것은 개인이 은행으로부터 부동산 대출을 받기가 쉽지 않았다는 것을 의미한다. 한국의 은행에서 부동산 및 기타 대출을 받으려면 개인 재산 담보, 급여 담보 및 타인의 재정보증 등이 필요했다.

처음부터 자본이 있었던 장 씨를 제외하고는 사례 조사 가구 모두 가족들에게 돈을 빌렸다. 마포구 재개발단지 경비원인 전 씨가 '운이 좋아' 가족에게 돈을 빌려 재개발단지의 아파트를 매입한 사실을 기억해 보자. 가족, 가족의 친구, 친구의 친구까지도 이 개인적 차원의 연대 조직에 소속되어 있다. 장시간의 인터뷰에 응해 준 모든 사람들이 이렇게 비공식 금융시장의 도움으로 상당 금액을 모을 수 있었다고 설명했다.

4. 중간계급이 아파트에 몰리게 된 메커니즘

"아파트에 대한 한국인들의 망설임은 여러 가지 이유로 설명된다. 첫째로, 아파트는 그들의 전통적인 '모두스 비벤디'(생활양식)에 맞지 않기 때문이다. 둘째, 한국인들 대부분이 소유주가 되기를 희망한다. 일반적으로 집을 산 사람은 그에 따른 땅도 사게 된다. 그러나 아파트 거래에는 땅이 고려되지 않는다. 신수동아파트의 주민들이 스스로 소유주임을 자랑스럽게 생각하지 않는 것은 땅을 소유하지 않았기 때문이다. 셋째, 많은 가구들이 한 건물에 거주하기 때문에 각 세대는 그들의 생활수준이 곧바로 이웃에 노출될 것이라고 생각한다"(Lee Hyo-jae 1971, 41).

1970년대 초반에 쓰인 위의 글은 많은 생각을 하게 한다. 현재의 관점에서 볼 때, 아파트에 대한 한국인들의 태도는 완전히 달라졌다. 더 중요한 것은 해석의 논리가 급변한 것이다. 1970년 공동주택에 관한 한국인들의 망설임을 설명하기 위해 제시된 여러 가지 요소들은 역설적이게도 오늘날 바로 아파트에 대한 한국인들의 열광을 설명하는 요소가 되었다. 이효재는 신수동아파트의 주민들이 자신의 생활수준을 이웃의 호기심이나 판단의 대상으로 보지 않았다고 말한 바 있다. 반면 우리의 조사 결과는 주민들이 자신의 생활수준을 이웃의 생활수준과 비교하며 일치를 희망하는 것으로 나타난다. 분명 주택 구조의 급격한 변화가 주민들 개개인의 생각에도 변화를 초래한 것이다.

　　1990년대 말 아파트 매입자가 값을 지불한 면적에는 전용면적과 공유면적이 포함되고, 공유면적에는 층계, 승강기, 입구 등 건물 내의 공용 공간과 내부 도로, 놀이터 등 단지 내 공용 공간이 포함된다. 여기에다 최근 건설된 아파트단지에는 지하주차장 면적이 추가될 수 있다. 그러므로 매입계약은 아파트에만 국한된 것이 아니다. 이효재는 땅을 소유하지 않았다고 생각하는 주민들의 느낌을 지적했다. 농경적인 가치관에 강하게 젖어 있던 1960년대 말 서울 시민들로서는 당연한 생각일 수 있으나, 1990년대 중반의 조사 결과에 따르면 이는 완전히 변화됐다. 설문 대상자 중 아무도 그런 느낌을 드러내는 사람은 없으며 아파트는 더 이상 토지를 소유하지 못했다는 이유로 결핍감을 가져다주지 않는다. 지불능력이 있는 계층을 위하여 20년간 시행되어 온 주택 소유 위주의 대단지 아파트 건설 정책이 추진된 결과, 대다수 한국인들에게 오늘날 집을 소유한 주인의 지위를 가장 잘 상징하는 것은 땅과는 무관한 아파트가 되었다.

　　대규모 주택 건설과 개인적 주택 소유를 핵심으로 한 한국 주택정책의 특성, 정부와 재벌기업 간의 긴밀한 유착 관계, 권위주의 정부가 주도한 급격한 경제성장, 정부가 통제한 주택 양산 과정의 특수한 구조, 경제성장의 국가적 목표를 뒷받침한 서울의 도시계획 등은 한국에서 아파트단지 건설이 유래를 찾기 어려울 정도로 활발하게 전개됐던 이유를 설명해 준다. 이처럼 아파트단지는 도시 형태의 측면에서 한국 경제의 '기적'을 낳게 한 과정과, 30년에 걸친 농경토지사회에서 도시산업사회로의 급격한 이행을 반영한다. 건설 회사와 분양 희망자들에게 엄청난 이윤을 남겨준 분양가 통제제도는 이 과정에서 만들어졌다. 주민들은 주택을 양산하는 도시계획 안에서 하나의 집합적 세력으로 고려되고 움직였던 존재였다. 처음에 서울 주민들은 아파트에 대한 저항세력을 형성했다. 그러나 새로운 주택 형태를 전파하기 위한 정부의 전략이 도시 역동성을 강남으로 재분배하면서 대규모로 시행되자 여론은 급선회했다.

　이러한 여론의 급선회가 국가의 권위주의적 통제의 산물만은 아니었다. 이 과정에서 한국인이 사회적 지위를 주장하는 방법에도 변화가 있었기 때문이다. 그리고 그것은 1960년대 말만 해도 하위 계층의 주택 유형으로 간주되던 아파트가 왜 점차로 도시 중산층을 대표하는 특성적 기호의 하나가 됐는가를 설명해 준다. 또한 주택 시장과 임대 시장에 각 개인의 접근 방법을 결정하는 경제적·물질적 조건들은, 어떻게 중간계급 대다수가 아파트단지의 대규모 개발에 참여하게 되었는지 하는 구조를 밝혀 준다. 결국 '아파트'는 상품이 되고, 재테크의 수단이 되었다. 권위주의 국가는 인구 성장을 관리하고 봉급생활자들이 경제 발전에 헌신하도록 가격이 통제된 아파트를 대량 공급하려 했다. 그리하여 중간계급을 대단지 아파트로 결집시키고, 이들에게 주택 소유와 자산 소득 증가라는 혜택을 주었으며 그들의 정치적 지지를 획득할 수 있었다. 결국 이러한 상

그림 14_아파트단지의 양산 메커니즘

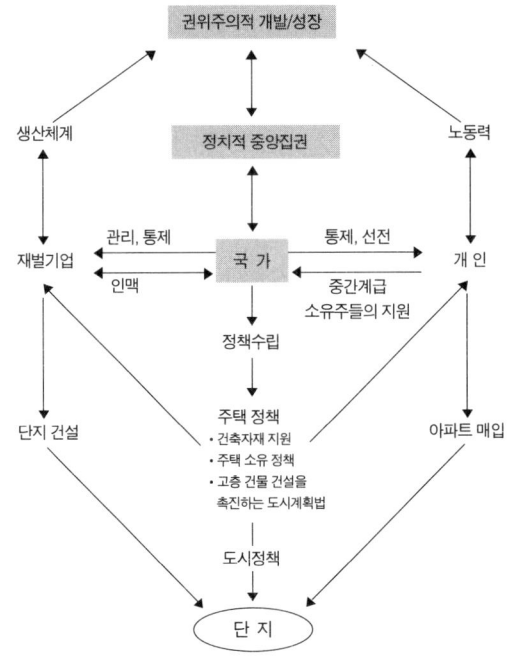

호 혜택의 구조 때문에 한국의 도시 중산층과 중간계급 일반이 아파트단지를 중심으로 하층의 사회계층으로부터 공간적으로 분리될 수 있었다. 주거 공간의 획일화를 너무도 쉽게 수용하는 한국인들의 문화적 무관심은 이렇게 해서 허용되었다. 한마디로 말해 한국의 아파트단지는 권위주의 산업화의 구조와 특성, 여기서 비롯된 계층적 차별 구조와 획일화된 문화양식을 가장 잘 보여 주는 사례이자 그 산물이라 할 수 있다〈그림 14〉).

지금까지 한국에서 아파트단지가 짧은 시간에 대량으로 생산될 수 있었던 구조를 공급 측면(정부의 주택정책, 재벌 건설사의 참여 등)과 수요 측면(중간계급의 재테크전략, 계층구조 등), 나아가 이 과정에서 아파트에 부여된 이미지와 상징체계가 어떻게 변화되었으며, 하층을 배제하는 주거 형태로 고착되었는지를 살펴보았다. 그렇다면 한국의 아파트가 갖는 건축학적 특성과 대규모단지가 만들어 내는 도시계획 내용은 어디에서 유래했을까? 서구적이고 현대적인 주거 모델이라는 일반화된 통념은 얼마나 사실이고 또 사실이 아닌가?

6장

현대건축운동과 한국의 아파트단지

현대 한국의 도시와 아파트단지에서 '한국성'의 이미지가 존재하지 않는 듯 보인다면, 반대로 아파트단지의 생활방식에서 미국화는 쉽게 발견된다. 미국화의 완성으로 보이는 강남 도시계획은 논의의 대상이 될 만하다. 미국적 영향의 힘은 도시 전체에서 드러난다. 바둑판 모양으로 난 자동차도로는 대부분 미국 근린지역의 격자 형태를 띤다. 맥도널드, 켄터키후라이드치킨, 티지아이 프라이데이스 등 상업 공간의 식민화가 '미국화'된 도시경관의 인상을 더 두드러지게 만들기도 한다. 그러나 주거 공간만을 관찰해 보면 사정은 달라진다. 미국인의 80퍼센트 이상이 거주하는, 정면에 개방된 잔디밭이 딸린 단독주택은 서울의 경관을 구성하는 요소가 전혀 아니다. 앵글로색슨식 거주공간모델에 아파트단지가 존재하지 않는다는 사실에서 알 수 있듯이, 한국의 아파트단지는 미국적인 것과 정면으로 배치되는 주거공간임이 틀림없다. 이 역설을 어떻게 해석할 것인가?

1. 아파트단지와 현대성

"현대성을 낳은 것은 유럽이고 서양 문명의 패권은 현대성을 구현했다. 이로부터, 현대화=서구화, 그리고, 비서구성=전통(비현대성)이라는 두 가지 등식이 만들어졌고 20세기 인류의 뇌리를 지배했다"(Berque 1953, 153). 1960년대 말 이후 인문과학 분야에는 '현대적'이란 개념이 사태를 규정하는 용어로 자주 사용되었고, 암암리에 이는 '이성적 문화의 특성적·지배적 산물'(Maffesoli et Riviére 1985, 67)인 유럽의 현대성을 가리키게 됐다. 그 산물 중 하나가 건축 분야의 현대화 운동이다. 현대건축국제회의(CIAM)[1]를 중심으로 모인 건축가들 특히 르 코르뷔지에[2]에 의해 전승되고 이론화된 이 운동은, '현대성'이라는 사상에 기초한 진보주의적·보편주의적 도시계획을 장려했다. 이들 현대건축운동의 창시자들은 산업시대를 철저한 역사적 단절로 보고, 같은 맥락에서 현대의 도시를 산업화 이전 도시 구조와 단절된 것으로 보았다(Choay 1965, 32-41).

---

[1] Congrés internationaux d'architecture moderne. 1928년 스위스의 라 사라즈에서 열린 이 회의에서 참석자들은 토론과 공동 작업을 통해 기능주의적 도시계획의 공식화에 기초를 닦는 역할을 했으며, 4대 주요 기능인 주거, 휴식, 노동, 교통을 구성하는 도시 개발 계획의 보편적인 틀을 추구했다. 이 회의는 1959년 오테를로에서 해체됐다.

[2] 르 코르뷔지에(Le Corbusier, 1887-1965)는 현대 건축 운동을 대표하는 건축가이자 도시계획가이다. 본명은 Charles-Edouard Jeanneret-Gris이며, 스위스에서 태어났지만 주로 프랑스에서 활동했다. "집은 살기 위한 기계"라는 말로도 잘 알려져 있다. 미스 반 데어 로에(Ludwig Mies van der Rohe), 발터 그로피우스(Walter Gropius), 테오 반 두스뷔르흐(Theo van Doesburg) 등과 함께 건축학과 도시 연구 분야에서 이른바 국제주의 운동 혹은 국제주의 양식으로 불렸던 근대 건축 운동을 주도했다. 1928년 CIAM을 조직했고, 1933년 발표된 아테네 헌장(Athens Chart)의 초안을 작성했다. 주거·일·레저의 기능 분리, 자동차 흐름에 맞춘 도시 구조, 더 많은 녹지와 레저 공간을 위한 고층 빌딩 등 근대 도시에 대한 그의 이론과 꿈은 여기에 잘 나타나 있다. 그가 만든 수많은 걸작 중에 2차 대전 이후 주택문제에 대한 하나의 해결책으로 제시된 마르세유 계획안, 일명 위니떼 다비따시옹(Unite d'habitation)이 특기할 만하다. 이 계획은 18층의 공동주택으로 1,800명의 거주자들이 23개 유형의 복층 아파트에 살도록 설계되었다. 콘크리트 틀 속에 층층이 집어넣은 개별 빌라처럼 보이는 이 아파트는 1952년에 완공되었다.

현대성에 대한 인류학적 접근은 발랑디에가 『우회, 권력과 현대성』(*Le detour, Pouvoir et modernité*)에서 다음과 같이 언급했듯이 곧 바로 정의의 문제와 부딪힌다. "현대화와 현대성에 대한 정의는 다음 세 가지 큰 결함 때문에 어렵다. 이 정의들은 애매하고, 이데올로기적 효과를 가지며, 서구적 실현이라는 유일한 결말을 가정한다"(Balandier 1985, 145). 발랑디에는 현대성의 개념에 대한 좀 더 근본적인 접근을 시도하지만 결국 이 개념을 정의하는 것이 불가능함을 깨닫게 된다. "현대성은 …… 그 외형이 인지되지 않아 명료하지 않다"(Balandier 1985, 15). 따라서 '현대적'이란 말은 그 자체로 정의되지 않고 과거 내지 '전통'과의 관계에서 정의되는 것이 일반적이다.

전통 또한 현대성과 마찬가지로 다의적이며 파악하기 어렵다. 단순히 어원학에 의지하자면, 전통이란 과거로부터 전해져 오는 것, 물질적이거나 비물질적인 유산을 말한다(Janne 1985, 67; Balandier 1985, 167). 브로델은 전통적인 것이란 "유산의 무게를 가지며 그 형태가 변하지 않는 것"으로 정의한다(Braudel 1979, 301- 377; 322). 스고(Marion Segaud)는 공간인류학적 측면에서 '전통'은 공간 조직의 구모델을 가리킨다고 말하는데, 이는 이 책의 서두에서 서울의 '전통적 도시 원형'을 이야기하면서 취했던 관점이기도 하다. 그러나 전통 역시 하나의 구축물로 만들어진 것이기도 하다. 『공간의 인류학』(*Anthropologie de l'espace*)에서 스고는 한 사회의 전통적 공간에 영향을 미치는 다양한 변화의 형태를 지칭하기 위해 '재구성'[3]이

---

3 | '재구성'(reformulation)이란 전통적인 형태나 구조, 사용 방법이 현대적 공간에서 다른 형식으로 지속되는 것을 의미한다.

라는 개념을 제안한다(Paul-Levy et Segaud 1983). 인류학자 로비노(Claude Robineau)는 다소 오래되고 서로의 관계 안에서 정의되는 여러 가지 '전통들'과 '현대성들'의 존재를 가정하면서, '전통/현대' 대쌍의 탄생 원리는 서로에 대한 상대성에 있음을 지적한다.

이런 관점에서 볼 때, 급변하고 있는 비서구 사회에 대한 연구는 두 가지 문제에 귀착된다. 첫째는 '진보'의 문제, 즉 문화적 변화에 부여되는 의미와 관련된 문제이다. 즉 변화를 전진으로 볼 것인가 퇴보로 볼 것인가, 그리고 이 변화는 가치가 있는가 없는가 하는 것이다(Janne 1985, 67). 둘째는, 변화 과정에 있어서 '서구성'의 위치에 관련된다. 서구에서 비롯되는 직간접적인 영향(코카콜라에서 청바지, 도시, 주택, 행위 양식 등)이 모두, 비서구 사회에서는 '현대적'인 것으로 인지되는지, 이때 '서구성'이라는 '변화의 의미'는 무엇인지 등이 중요한 쟁점으로 제기된다.

앞서 우리는 경제적인 '기적'의 시대와 사회경제적 변화의 시기에 서울지역의 아파트가 급증했음을 살펴보았다. 이런 점에서 한국의 아파트단지는 한국 현대화의 가장 특징적인 산물의 하나이다. 그러나 이때, 도시 관계자와 주민 등 관련자들이 상상해 낸 현대성의 내용은 무엇이며 그것이 아파트와 어떻게 결합되었는지에 대해 의문을 가져보는 것이 필요하다. 이제부터의 논의는 현대성의 문제를 정면으로 공격하게 될 것이다. 한국의 아파트단지는 얼마나 서구적이고 또 현대적이라 할 수 있는가?

2. 한국의 아파트단지와 현대건축운동

프랑스와 마찬가지로 한국에서도 대규모 주택 양산을 담당하는 전문 기술 관리 계급의 존재는 아파트단지 급증의 주요인이다. 서울과 기타 신도시에서 대규모 아파트단지 건설을 지지했던 이들의 관점(공동주택, 높이 지향적 도시계획, 기능주의)은 완전히 국제주의 건축의 원칙을 따른 듯이 보인다. 그럼에도 불구하고 '이론적' 문제가 제기된다. 한국의 아파트단지는 어떤 범위 내에서 CIAM이 정의한 모델을 재생산해 냈는가? 이 모델들은 어떻게 한국의 건축가와 도시계획가들에게 전달됐는가? 서울에서 급속히 증식된 아파트단지는 과연 이 모델을 구현한 것인가?

델리상에 따르면, "1930년대 유럽과 미국에서 발전한 현대건축운동의 이데올로기는 당시 한국 건축에는 어떠한 영향도 미치지 못했다" (Delissen 1994, 608). '공간'[4]의 건축가들은 한국 건축의 진정한 전기를 1950년대 한국전쟁 이후로 잡는다. 이때부터 전문가 층이 형성되고 건축을 둘러싼 논쟁이 시작되었다는 것이다. 그럼에도 델리상은 20세기 후반 발전된 한국의 건축은 "출발부터 모더니즘적인 절충주의와 포스트모더니즘이 뒤섞여 있었다"고 평가한다(Delissen 1994, 608).

이 시기 르 코르뷔지에의 아틀리에에 한국의 건축가들이 드나들기 시작했는데, 그 일선에 김중업이 있었다. 김중업은 1952년에서 1956년까지 르 코르뷔지에와 함께 작업을 했다. 그 후 1957년(건국대학교 도서관)과 1970년(국제보험 본사 건물) 사이에 지어진 그의 작품들은 라멘 구조[5]와 철근

---

4 | '공간'은 건축가 김수근이 1966년 설립한 건축 작업실이다.

콘크리트, 커튼 월,[6] 필로티[7]의 사용 등 현대건축운동의 언어를 폭넓게 사용했다. 김중업의 설계로 1967년 완공된 주한 이탈리아 대사관은 빌라 사보아(Villa Savoye)에서 영감을 얻었다. 주한 프랑스 대사관(1961)은 곡선 지붕의 '한국적 정서'에 현대건축에서 영감을 얻은 구조(철근 콘크리트와 필로티)를 지닌 '프랑스의 엘레강스'를 접목시킨 것으로 유명하다(오덕성 외 2000; 현대건축사편집부 1995, 222). CIAM 운동은 분명 1950년대 후반과 1960년대의 대사관, 대학

노출 콘크리트와 필로티, 평지붕 위의 옥상 정원, 기능에 따른 효과적 평면구성 등 현대 건축의 원칙을 구체화시킨 르 코르뷔지에의 빌라 사보아.

도서관, 기업의 빌딩 등 '고급 건축'의 등장에 영향을 미친 듯하다. 그러나 주택 분야에서 르 코르뷔지에로부터 영감을 받은 건설 계획은 찾기 어렵다. 건축가 임창복은 김중업의 설계로 1964년 지어진 해방촌의 군인 아파트 아홉 개 동을 사례로 들지만 르 코르뷔지에의 영향을 받았다는

---

5 | 기둥을 서로 연결하고 이를 건물의 기본 골격으로 삼는 구조로, 골조 구조의 절점이 고정되어 있는 구조 형식. 현대건축 구조 형식의 기본 중 하나.

6 | 프랑스어로는 'mur rideaux'라 한다. 건물의 외벽을 구성하는 조립식 자재 일체를 의미하며 건물의 골조에 삽입하지 않고 전면에 부착시킨다.

7 | 건물 전체 또는 일부를 지상에서 기둥으로 들어 올려 건물을 지상에서 분리시킴으로써 만들어지는 공간 또는 그 기둥 부분.

정확한 근거를 제시하고 있지는 못하다(임창복 1996, 206).

그로피우스(Walter Gropius)와 독일의 바우하우스(Bauhaus), 르 코르뷔지에와 프랑스의 '에스프리 누보'(Esprit nouveau), 네덜란드의 반 에스테렌(Van Eesteren)과 스틸(Stijl) 그룹 등 건축이나 도시계획 분야에서 CIAM이나 그에 속한 유럽의 거장들을 참고한 예는 산발적으로 존재하나 직접적으로 관련된 것은 아니었다. CIAM 운동의 영향을 거론하는 문헌이 있다면 그것은 늘 일시적이거나 간접적이다. 아파트라는 서구적 모델과 아파트 단지의 탄생을 다룬 장성수의 박사 논문에 따르면 CIAM 운동의 영향은 크지 않았다(장성수 1994). 역사학자 이은은 상계동의 도시 개발 계획을 '절망적으로 르 코르뷔지에적'이라 일컬었지만(Lee Eun 1994, 107), 여기에서도 역시 르 코르뷔지에적이라 할 만한 근거를 밝힌 것은 아니다. 그 밖에 도시공동주택계획에 관한 저서 중 르 코르뷔지에나 CIAM의 이론을 참조했다는 논의 또한 보이지 않는다. 일반적인 유럽의 아파트단지, 특히 프랑스 아파트단지에 대한 담론 안에서 르 코르뷔지에나 CIAM이 보편적으로 나타나고 있는 것에 비해, 한국 아파트단지에 대한 담론에서 언급되고 있는 이론적 기준의 다양성은 매우 대조적이다.

건축가 라부르데트(J.-H. Labourdette)가 강조하듯 아테네헌장[8]과 르 코르뷔지에의 저서들은 새로운 도시계획, 새로운 건축의 법칙들을 규정했다. 기능(주거, 노동, 여가)에 따른 지역 구분, 도심 혼잡의 완화, 인구밀도의 상승, 교통수단과 녹지 공간의 확대 등 현대 도시의 원칙을 정의하는 현

---

[8] 1933년 그리스 아테네에서 개최된 제6회 현대건축국제회의(CIAM)가 채택한 도시계획헌장. 주거, 노동, 여가의 세 가지 기능으로 도시를 분리하고 제4의 기능인 교통을 통해 이들을 결합시킨다는 기능적 도시의 이상적인 형태를 제안했다.

대건축운동의 이론은 프랑스 아파트단지 건설 당시부터 체계적으로 적용됐다. 실로 아테네헌장은 도시계획과 대규모 공동주택 건설과 관련하여 모든 관계자들의 합의를 상징하는 것이 되었다. 그리고 이러한 '합의'는 화려한 이데올로기로 장식되었다. 실제로 1950~60년대 사람들은 르 코르뷔지에가 주도했던 현대건축운동에 열광했다. 반면 한국의 경우 대규모 공동주택으로 나타난 건축의 현대화 과정은 르 코르뷔지에가 주창한 것으로 보이는 도시계획적·건축적 신조를 적용한 것은 전혀 아니었다.

3. 서구의 영향: 도시 모델과 건축 모델의 다양성과 노마디즘

서구적 영향의 다양한 기원

김중업의 작품을 통해 도입된 프랑스의 영향과 더불어 독일의 영향이 주택의 신모델 형성에 합류했다. 종암아파트 건설이 독일 회사에 의해 설계된 사실은 이미 말한 바 있다. 독일 기술자들의 공헌은 오늘날까지 건축용어에 그 흔적이 남아 있다. 한국어로 '라멘 구조'라 함은 독일어로 '틀'을 의미하는 'rahmen'에서 유래했음이 분명하다. 아파트단지의 대규모 건설 계획 설계에서, 초창기 한강맨션의 경우는 1920년대 독일의 노동자 아파트 '지들룽'(Siedlung)을 복제한 것이나 다름없었다(Lee Eun 1997, 75). 영국식 도시계획에서 비롯된 모델과 설계 또한 발견된다. 예를 들어 1966년 서울의 도시계획은 1950년대 말 런던의 도시기본계획에서 착상한 것이라 할 수 있다(Kim et Choe 1997, 155). 아파트단지 모델의 시초가 되는 마포단지의 경우, 같은 시기 영국의 셰필드(Sheffield)에 건설된 아파트단지를 본뜬 것으로 보인다(Lee Eun 1997, 54). 건축가 파브르는 "마포아파트의 건설 공사는 대한주택공사의 창립과 같은 해에 시작되었는데, 그 건설 계획은 외국에서 설계·시공된 계획을 모방한 것 같다"고 말했다(Fabre 1993, 28). 한국어 '아파트'의 정의가 영국의 5층 이상 건물을 뜻하는 '하이라이즈'(high rise)와 관련이 있다는 사실을 짚고 넘어가는 것도 필요하다(Les Cahiers du C.R.E.P.I.F. 1986, 69). 한국어의 '층'도 프랑스어의 'étage'[9]보다는 영국의 'story'에 해당된다.

단지 개념의 기원에 관해 체계적으로 꾸준히 인용되어 온 것은 미국에 그 기원을 둔 페리(C. A. Perry)의 근린주구이론[10]이다. 1929년 생겨난 근린주구(Neighbourhood Unit)의 개념은 기능 면에서 자치적이며, 주요 도로에 둘러싸여 구역화된 도시의 한 블록이다. 이 지구는 한 공동체에 필요한 모든 편의시설과 상점, 어린이들에게 안전한 통행로 등을 갖추고 있다. 전원도시의 모델과 혼합된 이 개념은 특히 오스트레일리아의 수도인 캔버라(Canberra, 기하학적 방사동심원형 도시로 대표적인 계획도시)의 건설 계획에 적용됐다. 한국에서 아파트단지 전선을 확장시킨 두 가지 특별법(1972년 〈주택건설촉진법〉, 1976년 〈도시재개발법〉)은 이 이론을 도입하여 학생 수 1,000명에서 1,600명 규모의 초등학교 수용이 가능한 인구 약 3,000에서 9,000의 근린주구 기능의 자족도시를 구상하였다.

---

9 | 프랑스어에서 1층을 의미하는 '프르미에 에타쥬'(1er étage)는 한국의 2층에 해당한다.
10 | 하나의 블록에 초등학교를 비롯 교회, 병원, 시장, 극장, 도서관 등 생활에 필요한 시설을 갖춰 놓아 그 안에서 모든 것을 해결할 수 있도록 하는 것으로 근린주구가 몇 개 모여 근린분구를 이루고 몇 개의 근린분구가 모여 자족도시를 형성한다고 생각했다. 이는 대단지 아파트를 짓는 기본 개념이 됐다.

강수림은 "한국 아파트단지 건설 계획을 창시한 법은 페리의 근린 주구이론에 기초한다. 〈주택건설촉진법〉과 〈택지개발촉진법〉은 이 이론으로부터 발전됐다"고 말한다(강수림 1991, 19). 공동주택 건설 계획에 대한 저서에서 잠실에 관한 장을 보면 페리의 모델을 요약한 간지를 삽입하기도 했다(강부성 외 1993, 151). 이은은 대한주택공사가 한강 이북 동부이촌동에 초기 아파트단지가 건설될 당시 어떻게 이 이론이 적용되었는지를 다음과 같이 설명한다.

> '거의 아무 것도 없는 환경에서 천여 가구의 생활을 어떻게 꾸려나갈 것인가'라는 의문이 제기됐다. 대한주택공사의 설계팀은 결정을 위한 아무런 지식도 통계도 가지고 있지 않았다. 이런 혼란스러운 상황에서 한 도시계획 전공 교수[11]가, 1920년대에 미국인 교수 페리가 정리한 조직 원리를 도입했다.

모델과 이론들의 여정

영국과 미국에서 시작된 서구적 모델의 도입 경로는 그 역사가 오래되었다. 19세기 말 이미 영국인 맥리비 브라운(McLeavy Brown)을 고문으로 둔 한성판윤(漢城判尹) 이채연은 몇 차례 미국을 여행했고, 1896년에서 1898년 사이 서울 근대화 계획을 구상하는 데 있어 시카고의 도시계획에서 영감을 얻었다(이태진 1995, 15). 한국에서 미국의 영향은 매우 컸기 때문에 서울의 주요 도시계획에 대한 결정에는 거의 늘 미국인들이 개입되어 있었

---

11 | 이는 윤창섭 교수로 당시 대한주택공사의 고문이었다(Lee Eun 1997, 73).

다. 예를 들어 마포단지 건설 계획에도 미국인 고문들이 참여했다(Lee Eun 1997, 50-51). 델리상은 1960년대 중반에서 1970년대 중반까지 건설부 고문으로 재직한 미국인 전문가 오스월드 네글러(Oswald Nagler)의 역할을 강조한다(Delissen 1994, 527). 한국의 명문 대학 교수의 상당수가 미국에서 석사나 박사 학위를 취득했다는 사실 또한 이론의 수입 과정에 중요한 요소가 된다. 정치적·행정적 차원의 결정권자 집단에 속하는 사람들의 대다수는 여전히 미국에 기원을 둔 여러 방법론에 의존하고 있다. 기술·과학 문헌에서 발견되는 '스카이라인', '프라이버시', '클러스터형', '그린지구', '그린벨트' 등 '콩글리쉬'가 보편적으로 사용되고 있는 것은 이것에 기인한다.

일본은 역사적(식민통치), 지정학적(근접성)인 이유로 한국에 외국 모델과 기술을 전달하는 매개 역할을 했다. 토지구획정리사업 절차는, 이미 살펴본 대로 식민지 시절, 독일로부터 일본을 거쳐 한국에 도입됐다. 일제 강점기는 서구의 도시계획 원리가 전해진 전성기였으며, 일본인들은 자국의 영토보다 식민지에서 이 원리들을 더욱 체계적으로 실용화했다. 이러한 관점에서 볼 때 새로운 주택모델의 도입에서 조선주택영단이 맡았던 역할은 강조할 만하다.

1944년 이 영단이 설계한 '문화주택'은 목조 골조에 평평한 기와지붕으로 '반(半)일본 반(半)한국적' 스타일을 만들어 냈다.[12] 마당을 생략(블록 주택의 특징)하고 화장실과 목욕탕을 주택의 내부에 설치하는 등, 후에 한국의 아파트에 정착하게 된 여러 가지 요소를 전파했다. 거실, 식당, 부

---

12 | 이 주택은 전쟁에 따른 재정난으로 건설되지 못했다(Lee Eun 1997, 32-33).

엮이 연결되어 열려 있는 LDK(Living Dining Kitchen) 원칙은 오늘날 모든 한국의 아파트 내부 공간을 구성하고 있다. 많은 사람들이 미국인들의 LDK를 일본식 LDK의 아버지 격으로 생각했던 것과는 달리, 사실 이는 20세기 초 마르크스주의와 국제주의에 경도되어 있었던 니시야마 우조라는 한 일본인 건축가가 만들어 낸 연구의 결실이었다. 1923년 관동대지진 이후 뒤따른 도쿄의 재건축은 일본에 현대건축운동사상이 도입된 전성기였다. LDK 개념은 1940년대 초반부터 공식화됐고 주택영단이 건설계획에 이를 담으려 한 것이다. 그러나 당시에는 어디까지나 이론적 차원에 한정되었고 재정 부족으로 인해 실행된 경우는 극히 드물었다(Bourdier 1989).

종암아파트 건설 계획 이전에도 일본은 서울에 아파트와 유사한 건물을 만들었던 것으로 보인다. 1932년 총독부는 정부 관계자들을 위해 충정로에 5층짜리 유림빌딩을 짓게 한다. 이 밖에도 1930년대 말 도심에 4~5층의 주거용 건물 건설 계획에 따라 혜화동의 목초빌딩, 서대문구의 풍전빌딩, 적선동의 내자빌딩, 통의동과 삼청동에 각각 일본인 공무원을 위한 주거용 건물들이 들어선다. 오늘날 이 건물들은 모두 자취를 감추었다. 임창복은 또한 1930년대에 일본인들이 노동자들의 숙소로 사용한, '아파트와 유사한' 건물들을 신당동과 용산에 건축했다고 말한다(임창복 1996, 202). 1970년에 지어진 한강변 고급 단지의 착상도 일본에서 비롯됐다. 주택공사의 사장이 일본을 여행하며 '맨션'이라는 호화스런 이름의 고급 주택들이 들어서 있는 것에 깊은 인상을 받았던 것이다(Lee Eun 1997, 74). '한강맨션'이라는 이름은 이렇게 해서 붙여졌다.

해방 이후 건축 관계자들은 일본 여행을 통해 건축 이론을 수입했고 이 과정에서 일본은 양 방향에서 중재자 역할을 수행했다. 예를 들어

녹지와 레저공간 확보, 주택문제의 대안으로 르 코르뷔지에가 시도한 마르세유의 고층 아파트. 1952년 완공된 18층짜리 공동주택으로 위니떼 다비따시옹으로도 불린다.

1950년대 김수근의 경우, 일본의 건축가들이 르 코르뷔지에나 라이트(F. L. Wright)에게서 끌어온 이론을 도쿄의 조형예술학교에서 접하게 되었다. 반대로 라이트는 일본의 한국식 여인숙에서 온돌의 원리를 발견했다. 이 온돌 원리는 1960년대 이후 프랑스나 기타 여러 곳의 주택 건설에서 찾아볼 수 있게 됐다(Delissen 1994, 222-225).

한국 아파트단지의 혼합적 양식

쇼에이가 지적하듯이 국제적으로 통용되는 도시계획의 보편적인 목표는 두 유형으로 발전되었다(Choay 1965, 39-41). 주로 영국과 네덜란드에서 연구된 첫 번째 해결책은 저층의 개인주택을 장려한다. 두 번째 대안은 대규모 공동주택으로, 르 코르뷔지에가 마르세유(Marseille, 1952), 낭트(Nantes, 1953), 브리에(Briey, 1959)에 건설한 아파트가 대표적인 예이다. 개인주택에 대한 집착이 영미 문화에 강하게 뿌리박혀 있기 때문에 영국의 현대주의자들이 첫 번째 해결책을 선호한 것은 놀라운 사실이 아니다. 그들이 추구한 것은 페리의 근린주구이론이나 전원도시 모델과 거리가 멀었다.

반면 한국의 아파트단지는 페리의 모델과 함께 도시계획의 수직적 발전을 지향하는 또 다른 모델을 받아들인 것으로 보인다. 전원도시와 대규모 공동주택을 결합한 복합적 양식이라 할 수 있는 아파트단지는 참조한 모델이 다양했다는 것을 증명한다. 이 모델들은 미국, 유럽, 아시아를 거친 유목주의적 행로를 통해 수입되었다. 도시의 성장에 따른 주택난을 해결하는 과정에서, 공동주택과 고층 주거양식을 선호한 한국 결정권자들의 선택은 CIAM이 정의한 국제건축의 원리를 체계적으로 수용한 것이 아니었다. 그보다는 19세기에서 20세기로의 전환기에 서구에서 탄생한 여러 이론들을 한국적 상황에 맞게 혼합 내지 동화시켰다고 말할 수 있다. 권위주의 국가는 주택의 대규모 건설을 통한 도시의 급성장이라는 필요성 때문에 이 원리들을 서울에 적용했다. 결국 개인주택보다는 아파트가 대량생산 체계에 더 적합했고, 이를 기반으로 1960년부터 1980년대 말까지 급격한 성장이 이루어졌다.

서구에서 아시아로 도시 모델과 주택 모델이 옮겨 가는 과정은 의미의 어긋남 내지 변형으로 해석될 수 있다. 오늘날 아파트단지가 급증하고 있는 서울과, 녹지를 확보하기 위해 고층 주거양식을 권장한 르 코르뷔지에식 현대건축이론 사이에는 수많은 여과 장치가 개입됐고, 다른 모델들(예를 들면 강남 개발에 도입된 미국식 격자 모양)이 혼합됐다. 이론적 측면(건축 및 도시계획 철학)보다는 오히려 짧은 시간 안에 가능한 많은 주택을 공급할 수 있는 기술적 방법론이 더욱 중요했다. 결국 아파트단지가 대량생산되는 과정에서 건축이론은 실제 아파트단지를 탄생시킨 기술상의 필요에 자리를 양보했던 것이다.

4. 대단지 아파트의 한국적 특성

한국의 아파트, '산업화를 위한 기계'

1964년 마포아파트단지의 완공식에서 발표된 박정희 대통령의 연설은 '아파트 거주'와 당시 고위 관리들의 정신을 지배했던 '시대에 뒤떨어진 과거의 청산'을 연결시킨 효시였다.

> 우리나라 구래의 고식적이고 봉건적인 생활양식에서 탈피하여 현대적인 집단 공동 생활양식을 취함으로써 경제적인 면으로나 시간적인 면으로 다대한 절감을 가져와 국민 생활과 문화의 향상을 이룩할 것을 믿어 의심치 않기 때문입니다.

박정희 대통령의 연설문은 공동주택의 선택을 공식적으로 정당화하는 두 가지 큰 주제를 담고 있다. 우선은 성장, 그리고 그것의 수단적 가치로서 생산성과 효율성이다. 한국인들에게 '경제적인 면으로나 시간적인 면으로 다대한 절감을 가져다주는' 아파트는 새로운 기계처럼 산업 발전의 도구이자 효율적인 수단이 된 것이다. 둘째로 아파트는 봉건적 농경 사회를 벗어나게 해 주는 편리한 현대적 시설로 의미지어졌다. 아파트는 과거를 등진, 철저하게 새로운 사회의 출현과 연결됐다. 이는 결국 '탈피하다'라는 표현이 암시하는 대로 '껍질을 벗은' 사회였다. 이 '새로움'의 주제는 '새 시대, 새 마음, 새 출발, 새로운 주거문화 창조'라는 대한주택공사의 표어에서 보듯이 1990년대에도 여전히 생생하게 살아 있다.

박정희 대통령의 연설은 1930년대 고층 공동주택에 대한 르 코르뷔지에의 연설에 나오는 산업사회 '신인류'의 주택과 '살기 위한 기계' 같은 표현을 받아들인 것처럼 보이기까지 한다. 그러나 한국의 아파트는 두 가지 의미에서 서구의 현대성과 어긋난다. 첫째, 한국의 아파트는 르 코르뷔지에식의 '살기 위한 기계'가 아니다. 르 코르뷔지에식 '살기 위한 기계'는 산업사회의 산물이었지만, 한국의 아파트는 산업화를 위한 도구였을 뿐이다. 1931년 당시 프랑스는 도시 인구가 농촌 인구를 능가할 정도로 이미 농경 사회가 아니었다. 둘째, 두 사회가 경험한 사회경제적 변화의 폭과 리듬은 비교할 수 없을 만큼 달랐다. 서구 근대주의자들이 산업화 이전 전통 사회와의 단절을 강하게 열망했다면, 한국에서는 그 발전의 속도가 엄청났기에 이미 '옛날로부터의 해방'을 당연한 것으로 간주하면서 과거를 처박아 놓고 미래를 더 열망했다.

아파트단지와 인구밀도, 그 미묘한 상관관계

아파트단지를 인구증가와 주거 공간의 조밀화에 대한 유일한 해결책으로 간주하는 논리가 잘못되었다는 것은 이미 잘 알려져 있다. 인구밀도에 대한 수학적 정의(인구/면적의 비례)에 기초한다고 해도, 아파트단지가 가장 조밀한 주거 공간을 제공하지는 않는다는 것이 증명됐기 때문이다. 프랑스의 경우를 예로 들면, 조밀한 단독주택 지구보다 아파트단지의 밀도가 더 높지 않다. 파리의 오스만식 도시계획 구역이 아파트가 밀집해 있는 프랑스 근린지역의 씨테보다 더 인구밀도가 높다는 사실도 이미 알려져 있다(Chaline 1997, 69; 74). 서울의 아파트단지와 인구밀도 간의 상관관계 역시 섬세하게 살펴봐야 할 것이다.

1960년에서 1990년 사이, 250만 명에서 천만 명 이상으로 급증한

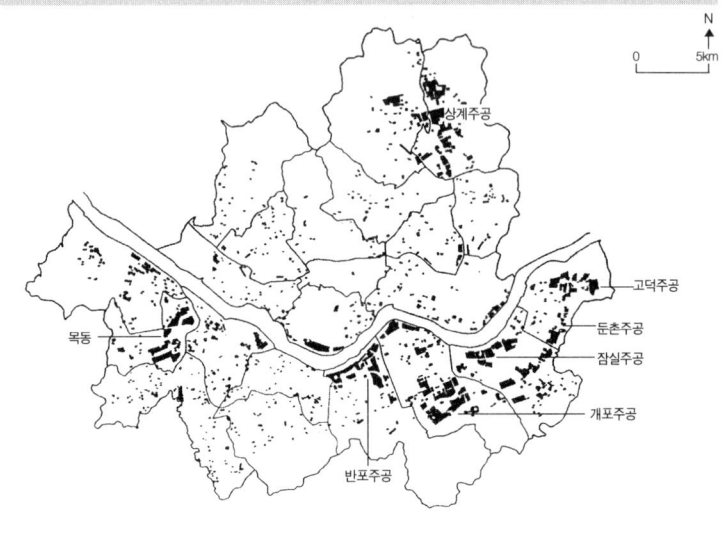

그림 15_ 1994년 서울 아파트의 입지

도시 인구 성장의 직접적인 결과로, 서울의 평균 인구밀도는 헥타르당 인구 60명에서 170명으로 증가했다. 30년간 세 배가 증가한 것이다. 1992년을 기점으로 한 인구 성장의 둔화로 평균밀도가 약간 감소(헥타르당 175명에서 163명)했지만, 서울은 여전히 세계에서 인구밀도가 가장 높은 대도시 중 하나이다.

구 단위로 보았을 때, 서울의 인구밀도는 주택 구조의 변화와 별다른 상관관계가 없는 것으로 보인다. 1990년대 초 이후, 강북 중심부 아파트의 증가는 인구밀도 상승에 영향을 미치지 않았고, 오히려 그중 일부는 1985년에서 1995년 사이 인구가 감소됐다(이기석·노희방 1994, 24). 1995년 서울에서 가장 밀도가 높은 구에 아파트가 가장 많은 것도 아니었다.

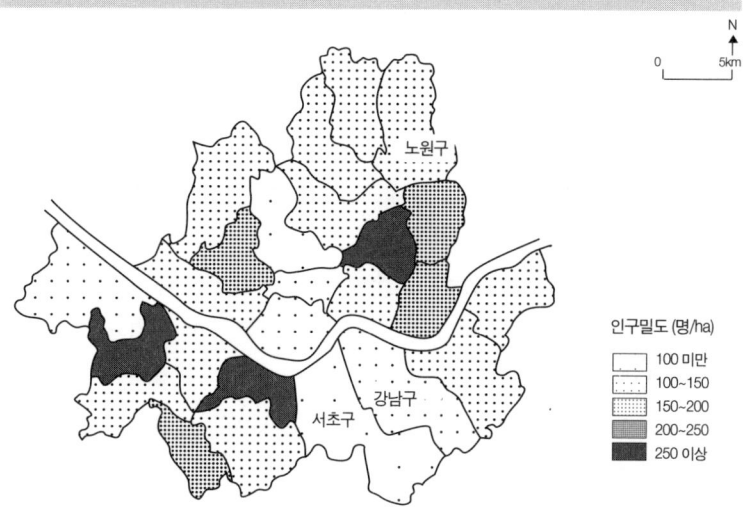

그림 16_ 1995년 서울의 인구밀도

인구밀도 (명/ha)
- 100 미만
- 100~150
- 150~200
- 200~250
- 250 이상

1995년 서울의 평균 인구밀도: 165명/ha

서초구, 강남구, 노원구의 경우 이 지역의 60~80퍼센트가 아파트이지만 인구밀도는 오히려 도시 평균에 못 미친다(〈그림 15〉,〈그림 16〉). 요컨대 각 구별 아파트의 분포가 도시의 인구밀도를 구별하는 주요인은 아니다.

사실 인구밀도 지도는 주택 형태의 분포보다는 지형적 특성에 더 영향을 받는다. 예컨대 주로 고지대에 위치한 지역이 인구밀도가 낮다. 따라서 아파트단지는 주거 공간을 조직하고 조밀화 시키는 국토 개발의 해결책 중 하나일 뿐, 이론적으로는 같은 용적률을 유지하면서 주거 공간을 만들어 내는 데는 단독주택, 아파트단지, 연립주택 등 여러 가지 대책이 가능하다. 중요한 것은 ①녹지용 토지, 교통망의 성격과 조직, 건축 등 물질적 측면과 더불어 ②도시에서의 사회성의 기능, 여기에 할애되는 공공 공간, 거리의 성격과 같은 비물질적 측면 등 도시를 구성하는 개념들의 총체적인 조건과 선택에 달려 있는 것이지 인구밀도가 높다고 해서 고층 아파트가 필연적인 것은 아니라는 말이다.

아파트단지와 자연에 대한 도전

한국에서는 인구 규모와 토지 면적 간의 단순 비율 혹은 인구밀도에 대한 잘못된 논리가 아파트단지 건설을 정당화하는 주요 논거로 동원된다. 김주철과 최상철의 지적대로 "대규모단지의 체계적 건설의 주된 이유는 서울의 지속적인 인구증가에 비해 건축 가능 용지는 제한되어 있다는 사실에 기인한다"(Kim et Choe 1997, 200)는 것이다. 이러한 생각은 서울에 관한 도시계획이나 지리학에 관련된 모든 문헌에 스며들어 있다.[13] 그러나 서울에서 인구밀도가 가장 높은 지역은 아파트가 가장 밀집되어 있는 지역이 아니라 연립주택 지구나 달동네이다.

신공덕동의 예는 그런 사실을 잘 뒷받침해 주고 있다. 820세대 정도가 들어서 있던 달동네는 1,210세대의 아파트단지가 되었다. 단지 내 모든 아파트 면적을 합치면 달동네라는 옛 무허가주택의 총 면적보다 더 넓다. 주민의 숫자는 늘어났지만 인구밀도는 감소한 셈이다. 17층과 24층인 건물 열 개 동의 건설이 더 많은 세대를 수용할 수 있는 유일한 대안일까? 지구 내에 통행로나 소방로를 효율적으로 구상하고, 수도나 전기

---

13 | 강홍빈은 『사람의 도시』 중 아파트단지에 관한 장에서 주거 공간의 밀도가 건물의 높이에만 관계되는 것은 아니라는 점을 주장하면서 이러한 잘못된 논거에 반대하는 드문 예를 보여 준다.

의 조직망을 개선한 3층이나 4층의 재개발은 왜 대안이 될 수 없는가?

도시에 관한 총체적인 통찰 없이 문제를 단기간에 해결하는 것으로 만족한다면, 아파트단지는 분명 가장 저렴하고 가장 큰 이윤을 남기는 해결책일 것이다. 높이가 낮은 공동주택을 오래된 동네에 건설하는 것은 어쩌면 비용이 더 들지도 모른다. 이처럼 건설의 이점이나 비용을 고려하면 문제는 더 복잡하겠지만, 중요한 것은 아파트단지가 저급한 주거 공간 문제에 대한 유일한 해결책이 될 수 없다는 사실은 분명하다.

전문가들과의 대담에서 인구밀도의 문제는 언제나 아파트단지의 개발을 설명하는 첫 번째 이유였다. 하지만 그것이 그리 단순한 것인가? 지리학자 펠레티에(Philippe Pelletier)는 "옹색한 설명으로 개발에 관한 숙명론을 퍼뜨리려는 경향이 있다"고 지적한 적이 있다. 마찬가지로 한국에서도 오랫동안 고층 건설의 필요성을 당연한 것으로 받아들이는 일반적인 합의가 있었고 지금도 계속되고 있다.[14]

한국에서 전통적인 토지 점유의 특징은 평지와 산의 대조에 바탕을 두고 있다. 평지에는 촌락과 문화와 공동체가 형성되는 반면, 산은 신성함의 장소이자 공경과 숭배의 대상인 암자나 사찰이 있는 장소이다. 한국인에게 산은 가까이 있지만 쉽게 정착하여 거주할 수 있는 곳으로 인식되지는 않는다. 이러한 공간적 환경에 대한 사고방식에서 비롯된 한국인들의 영토 부족에 대한 강박관념은, 서울에서 특히 극심했던 부동산 투기를 설명해 주는 한 요인이기도 하다. '좁고 자원이 없으며 인구가 많

---

14 | "국가의 옹색함과 토지 자원의 부족은 고층 건설의 필요성을 불가피한 것으로 받아들이는 일반적 합의의 기저를 이룬다"(Lee Eun 1997, 103).

다'고 생각하는 나라에서 '고층 건설에 대한 합의'는 필연적인 테마가 아닐 수 없다.

5. 서울의 도시 형태에 있어서 한국적인 것과 서구적인 것

풍수지리와 아파트단지

아파트단지가 확산되는 과정에서 전통적으로 공간을 조직하는 지배적 원칙들은 어찌 되었을까? 풍수지리 사상은, 한국에서 주거 공간의 구조를 이야기할 때면 늘 상투적으로 거론된다. 풍수 원리에 입각한 남향의 중요성이 대표적인 예이다. 아파트단지 중 일부 건물을 남향으로 짓는 것은 이러한 전통을 고수하려는 것으로 해석할 수 있다. 반포단지의 경우, 아파트의 건물군은 동쪽에서 서쪽으로 뻗어 있다. 발코니가 달린 거실은 남향이며, 부엌의 좁은 창문은 북쪽으로 나 있다. 건물의 입구는 남향이다. 압구정단지는 강의 전망을 즐길 수 있는 특별한 여건임에도 한강을 등진 남향 건물이 대부분이다. 같은 방향을 바라보고 있는 건물군은 한강맨션의 모델을 제공한 1920년대 독일의 지들룽에서도 발견된다. 그렇다면 이러한 방향성은 풍수지리 때문인가, 햇빛을 좇는 향일성 때문인가?

이 점에 관해 한국의 건축가와 건설업자들은 명확한 결론을 제시하지 못했다. 아파트단지 설계사무소 직원 중 누구도 자발적으로 풍수지리 때문이라고 말하는 사람은 없었다. 설명의 내용은 늘 토지 수용, 건물 간의 거리, 도로의 폭, 용적률 등 〈주택건설촉진법〉으로 인한 제약들에 관한 것이었다. 대신 '건물들이 왜 남향인가'라는 질문에 응답자들은 매번 채광성에 이어 풍수지리설을 떠올리기는 했으나, 얼버무리기 일쑤였다. 필자가 서양 여자라는 문화적 '타자'이기 때문에 풍수의 기준을 알려 주지 않는 것은 아닌가 하고 생각하기도 했다. 그러나 현장기술자들 중에 몇몇은 단호한 태도를 보였다. "우리는 풍수를 믿지 않는다"는 것이다. 더구나 일곱 개 조사 대상 아파트단지 중 압구정 현대단지와 반포의 주공단지 두 곳만이 소위 체계적으로 남향성의 원칙을 따랐을 뿐이다. 건물들이 줄지어 서 있는 형태가 아닌 다른 아파트단지들은 이 원칙을 전혀 따르지 않았다. 삼익단지에는 심지어 북향인 건물도 있었다.

분명 남향은 한국인들에게 공간 조직의 '원형'을 이룬다. '풍수'는 이론의 여지없이 강력한 문화적 원천으로 남아 있다. 그러나 풍수학이 아파트단지 내지 현대 도시 주택을 만들어 내는 과정에서 실제적인 규범으로 작용하는가 하는 문제는 제대로 검증되지 않았다. 풍수가 여전히 현대 한국 도시의 공간 조직의 구성 원리로 기능하는지를 알기 위해서는 좀 더 광범위한 연구가 필요할 것이다.

왜 특별히 '미국화'인가?

현대 한국의 도시와 아파트단지에서 '한국성'의 이미지가 존재하지 않는 듯 보인다면, 반대로 아파트단지의 생활방식에서 미국화는 쉽게 발견된다. 미국화의 완성으로 보이는 강남 도시계획은 논의의 대상이 될 만하다. 미국적 영향의 힘은 도시 전체에서 드러난다. 바둑판 모양으로 난 대로는 대부분 미국의 근린지역과 같이 격자 형태를 띤다. 맥도널드, 켄터

키후라이드치킨, 티지아이 프라이데이스 등 상업 공간의 식민화가 '미국화'된 도시경관의 인상을 더 두드러지게 만들기도 한다. 그러나 주거 공간만을 관찰해 보면 사정은 달라진다. 미국인의 80퍼센트 이상이 거주하는, 정면에 개방된 잔디밭이 딸린 단독주택은 서울의 경관을 구성하는 요소가 전혀 아니다. 앵글로색슨식 거주 공간 모델에 아파트단지가 존재하지 않는다는 사실에서 알 수 있듯이, 한국의 아파트단지는 미국적인 것과 정면으로 배치되는 주거 공간임이 틀림없다. 이 역설을 어떻게 해석할 것인가?

우선 강남을 구성하는 격자 모양은 '미국식'이기 이전에, '무에서 창조된' 것이자, 개인이 아닌 정부 주도로 조직됐다는 사실을 기억하는 것이 좋겠다. 공동주택이나 고층 아파트가 양산된 것은 앞서 살펴보았듯이, 정부와 긴밀한 관계를 가진 강력한 개발업자들에 의해 주택이 건설되었기 때문이다.

강남의 예는 앵글로색슨식 도시 형성 원리를 반박하는 사례이다. 강남의 경우는 도시의 '현대성'이 생활양식의 측면에서는 어떻게 '미국화'를 생산해 내는 결과로 이어졌는지를 보여 줄 뿐 미국식에 따라 만들어졌다고 보기는 어렵다. 이처럼 건축과 도시계획 분야에서 미국 모델의 영향은 직접적이기보다 상징적인 측면에서 더 잘 포착되는 것이다. 결론적으로 한국에서 미국식 모델은 실제 건축의 현대화에 기여하기보다 현대성의 이데올로기를 형성하는 데 더 크게 작용했다고 할 수 있다.

이제 도시 형태 안에서의 아파트단지에 대한 문제에서 아파트 내부 구조로 초점을 옮겨 보자. 아파트의 한국적 특성과 서구적 특성 사이의 관계가 어떠한지는 여기서 훨씬 더 잘 드러날 것이다.

7장

아파트는 정말 '현대적'이고 '서구적'인가?

주택의 위생과 편의시설의 개선을 넘어 전통과 현대성, 서구성과 한국성은 만들어진 하나의 이미지로 나타난다. 사람들이 현대적이라고 간주하는 아파트에서 생활하면서도 여전히 한옥을 트집 잡는 이유로 이야기했던 신을 신고 벗는 것, 상을 옮기는 일을 일상적으로 수행한다. 아파트가 시설이 잘 되어 있고 더 편하기 때문에 현대적이라고들 하나, 다른 형태의 주택들도 편하고 현대적일 수 있다는 당연한 사실을 한국인들은 별로 중시하지 않는다. 요컨대 한국의 아파트가 갖는 주민 생활의 서구화라는 것은 한편으로 부의 외형적 표식인 동시에, 현대적이고 도시적인 한국에 서구적인 것이 변형되어 동화되었음을 나타내는 것이기도 하다.

아파트단지는 현대 서울의 중심적 구성 요소이다. 오늘날 서울 인구의 약 1/3가량은 아파트라고 하는 극도로 표준화된 생활양식을 따르고 있다. 공동주택이 약 30년 전만 해도 한국인들에게 거의 알려져 있지 않았다는 점을 고려하면 엄청난 변화가 아닐 수 없다. 비서구사회의 사회공간적 변화에 관심이 있는 서양의 연구자들에게, 급격한 주택구조의 변화를 경험한 서울은 특별한 연구 대상으로 다가온다.

이 글의 심층 면접 대상자들 역시 한 사람도 예외 없이 아파트에 입주하기 전 개인주택에 거주한 경험을 가지고 있었기 때문에, 각 개인의 경험으로부터 주택의 변화가 어떤 목적으로 이루어졌는지를 분석하는 것이 가능하다. 여기에서는 인터뷰와 관찰을 통해 도시에 거주하는 주민에게 '현대성'이나 '서구성'은 무엇이었는가를 살펴볼 것이다. 어떤 이유로 아파트가 '현대적'이라고 생각하는가? 그들은 전에 살던 주택과 현재 아파트 간의 차이를 어떻게 비교하는가? 그 둘의 이미지와 가치는 각각 어떤 것인가? 현재 가족의 공간 사용에서 어떤 점이 '전통'을 의미하고 어떤 점이 '현대성'을 의미하는가? 주택 안에서 그들이 생각하는 '현대성'과 '서구성'의 결합은 어떻게 이루어져 있는가?

1. 아파트가 갖는 현대성의 이미지

"아파트는 여하튼 현대적이죠"

인터뷰 과정에서, 일상적으로 그 의미가 종종 혼용되는 '근대'나 '현대'

라는 용어를 사용하거나, 아파트를 '현대적'이라고 지칭하는 사람은 거의 없었다. 자신들의 아파트를 묘사하면서, 외래어 '모던'이라는 용어를 언급하는 예도 없었다. 설문지에 나오는 프랑스어 원문의 'modernité' 번역 문제로 한 집에 살았던 한국 친구와 유익한 토론을 한 적이 있다.

설문지 내용 중, '주거환경 일반사항'에 관한 문항의 하나인 '이곳에 사시면서 이 아파트가 좋다고 생각되시는 것은 어떤 것들이 있습니까?'에 대한 응답 항목에 '주택의 현대성'을 포함시켰다. 우선은 '근대성' 또는 '현대성'이라고 번역을 하고 친구에게 둘 중 적합한 번역을 고를 수 있는 여지를 남겨 주었다. 이 문항을 검토할 차례가 됐을 때, 친구는 "무슨 소리를 하는 거야? 아파트는 여하튼 현대적인데, 이 제시어는 더 생각해 봐야겠어"라고 했다. 친구는 '최신 설비'라는, 물질적이며 구체적인 성격의 제시어를 제안했고 필자는 이를 따랐다.

"아파트는 여하튼 현대적이다"라는 단언은 한국인들에게 아파트가 현대적인 삶을 상징하는 것 중 하나라는 사실을 시사하고 있다. '아파트는 현대적이다'라고 말할 필요가 없다. 아파트의 본질이 거기에 있기 때문이다.

한편, 인구밀도에 대한 잘못된 논리와 아파트의 건설이 불가피했다는 생각이 다시 한번 드러났다. "어쩔 수 없다", "할 수 없다"라는 말들은 모든 응답자들의 입에서 한결같이 나온 후렴들이다. 상황에 대한 결정론적인 관점을 가지고 있는 이들은 아파트 이외에 다른 선택이 있다고 생각하지 않으며, 따라서 저층 단독주택의 대안을 논쟁에서 배제시킨다. 도시 성장과 공간의 제약으로 모든 것이 결정됐다고 보는 해석의 틀은 그들에게 강요됐던 정부 정책의 수용과정을 이해하는 기본적인 요소들이다. 이런 '고층 아파트에 대한 합의'는 정책결정자들에게 도시문제를 특별한 방식으로 접근하게 했고, 주민들로 하여금 자신들에게 제시된 생활양식을 손쉽게 수용할 수 있게 했다.

심층면접조사에서 응답자들은, 단독주택은 현대 도시에서 불가능한 선택인 것처럼 여겼고, 1980년대에 발전한 연립주택 역시 그러한 것으로 생각하고 있었다. '현대적인', 즉 선진화되고 도시 산업화된 한국에서 현재 주택으로 가능한 유일한 형태는 아파트인 것이다.

다음의 두 이야기는 현대성의 표상인 아파트단지의 이미지들을 상세히 보여 주고 있다. 두 사람의 개인적 주거사는 앞서 이미 소개됐으므로 독자들은 두 이야기의 배경을 알고 있다.

"여기는 서울 같지 않은 서울이죠"

● 박 씨의 상황

박 씨는 일제 때 도시계획이 이루어진 서울 중심부의 다세대주택에 살고 있다. 이 지역 중 일부는 현재 재개발 중이다. 남편과 시어머니, 두 아들과 함께 약 18평의 전세에서 살고 있다. 최소한의 시설, 난방, 가스레인지, 샤워실, 화장실 등을 갖춘 이 집은 1990년대 초에 지어졌다. 그녀는 '일 때문에 이 동네에 정착했다'고 했다. 1년 반을 이곳에서 산 박 씨는 다음과 같이 말한다.

> 이 동네는 지저분하고 어수선해요. 옛날 거리가 많거든요. …… 여기 처음 왔을 때는 사람 사귀기가 힘들었어요. 근데 좀 지나니까 이 동네에 사는 게 편하게 느껴졌어요. 여기서 20, 30년 산 사람들과 지내는 법도 알게 됐구요. 그 사람들은 고향 떠나서 도시로 일하러 온 사람들이에요. 6·25전쟁 후에 이 동네로 들어왔죠. 그 전에

이 야산에는 아무 것도 없었어요. 아직도 여기가 시내에서 제일 공해가 없다고들 하죠. 산이니까 공기가 깨끗해요. …… 수수한 사람들이라 살기는 편해요. …… 동네가 크지 않아서 거의 다 알고 지내요. 아침에 일 나갈 때 길에서 동네 사람 만나면 인사도 하구요.…… 사람이 많아서 시끄럽지만 좋은 건, 시골에 온 거 같아요. …… 문제는, 집들이 너무 좁고 골목이 지저분한 건데, 허름한 집이 많거든요. 근데 요 밑에 달동네는 더 해요. 내 생각에 거긴 재개발해야 되요. 새 아파트가 들어서면 더 깨끗해질 거예요. 모두들 재개발하기만 기다리니까. …… 단독주택 동네는 시골처럼 서로 돕고 사니까 밥도 같이 먹고 커피도 마시고. 인정이 많아요. 아파트 사람들은 많이들 직장에 나가니까 바쁘게 살아서 서로 어떻게 사는지 몰라요. 옆집에 누가 사는지도 모르고. …… 여기도 일들은 하지만 다 동네 안에서 하니까. 서로 왕래는 없어도 같은 층에 사는 사람은 알아요. 길에서 만나면 인사도 하고. …… 이 동네는 도시 같지가 않아요. 서울 같지 않은 서울이죠. 시골이라고 해도 될 거예요. …… 살고 싶은 데요? 환경이 깨끗하고 가까이에 시장도 있고 수영장도 있고 움직이기 편한 동네요. 나도 아파트로 가고 싶어요. 아파트는 편리하고 안락하고 깨끗하니까……넓기도 하고…… 자기 거잖아요. 근데 비싸요.

"이 건물은 단독주택 동네처럼 살아요"

●장 씨의 상황

시골의 한옥에서 50년 가까이 살던 장 씨는 1980년대 중반부터 아파트에 살고 있다. 아파트의 생활에 대한 그녀의 생각은 이렇다.

보통 아파트에 사는 사람들은 이웃이 누군지 몰라요. 개인생활이 너무 바쁘니까. 옆집에 누가 사는지 무슨 일이 있는지 …… 그게 그 사람들 사는 방식이에요. 단독주택에 살면 이웃을 잘 알죠…… 난 단독에 오래 살았으니까 옛날 식 그대로 살아요. 옆집에서 제사 지낸다고 하면 음식도 해다 주고…… 그렇게 친해지죠. 근데 이건 좀 특별한 경우지. 또 우리 라인엔 30명쯤 반상회에 오는데 그중에 13명이 계를 만들었어요. …… 이 건물은 단독주택 동네처럼 살아요. 단독주택 동네는 밖에서 이웃을 만나면 '요즘 어떻게 지내세요? 뭐 하세요? 어디 가세요?' 하고 인사를 하지. 옛날엔 한국이 대가족제도였는데…… 지금은 아파트에 핵가족이 사니까 사람들이 더 개인적이죠…… 처음 서울에 왔을 땐 이렇게 작은 집에 절대 못 살 거 같았는데 결국 마음을 바꿨어요. 아파트 생활이 편해요. 깨끗하고 시설이 잘 돼 있으니까.

박 씨와 장 씨의 이야기에서는 모든 응답자의 이야기에서 나타나는 두 개의 단순한 형용사를 다시금 찾아볼 수 있다. '아파트가 좋다', '아파트가 편하다'라는 단정은 다양한 형태의 문장을 통해서 반복적으로 언급됐다. '좋다'라는 말은 상당히 평범하면서 아파트가 가치 있는 주택이라는 사실을 확인해 준다. '편하다'는 말은 설명하기가 좀 애매한 말이다. '아파트가 편하다'를 해석하려면, 프랑스어로는 생활의 용이함과 주택의 안락함을 설명하는 두 개의 형용사가 필요하다. '편하다'라는 말이 갖는 다른 의미는 풍족하고 걱정이 없는 생활을 떠올릴 수 있다.

또한 박 씨와 장 씨는 모두 '깨끗하다'라는 말로 아파트 혹은 아파트 단지의 장점을 설명한다. '현재 살고 있는 집을 떠나고 싶다'고 털어놓은 박 씨는, '아파트가 편하고 깨끗하다'고 말한다. 또한 재개발단지가 들어서면 '환경이 깨끗해질 것'이라고 한다. 장 씨는 '깨끗하고 시설이 잘 되어있으니까 아파트 생활이 쾌적하다'고 덧붙인다. 이 두 사람이 떠올린 '깨끗함'은 아파트 자체뿐 아니라 동네에도 해당된다. 이는 박 씨의 이야기에서 자신의 동네가 '시내에서 공해가 제일 없고', '공기가 깨끗한' 곳

오래된 단독주택가와 재개발 아파트가 극명한 대비를 이루는 신공덕동 재개발지구의 모습(1995년).

이지만 '지저분하고 어수선하다'고 말한 것에서 볼 수 있듯이, '오염되지 않았다'는 의미의 깨끗함이 아니다. '편하다'라는 말처럼 '깨끗하다'는 말은 사전에 나오는 '정결한, 순수한, 명확한, 맑은' 등의 일차적 의미보다 복합적이다. 박 씨에게 아파트의 '깨끗함'은 '지저분하고 어수선하며' '옛날 골목'과 '허름한' 집들이 있는 신공덕동과 대조를 이룬다. 아파트와 그 동네가 '깨끗하다'는 말은 '더럽다'는 말과 상반되기보다는 오래되어서 낡고 값어치가 떨어졌다는 의미와 상반되는 것이다. 따라서 이러한 맥락에서 '깨끗하다'는 오히려 '최근의, 새롭다'를 의미한다. 동시에 이 말은 아직 사용하지 않은 사물에 관련되는 청결함과 깨끗함의 특성을 암시하는 '새롭다'보다 그 의미가 더욱 풍부하다.[1] '깨끗하다'는 더 일반적으로 정결하며 바르고, 플라톤적 의미로 확장하게 되면 '정당하다, 진실하다, 좋다'를 뜻한다. 결국 "아파트는 좋다. 아파트는 좋은 주택이고 21세기 초반에 어울리는 주택이다"라는 것이 '깨끗하다'라는 형용사가 암시하는 것이다.

아파트에 대한 가치 부여는, 한국인들이 '새로운 것'에 부여하는 의미를 드러낸다. 박 씨의 이야기에서 재개발된 아파트단지와 자신이 살고 있는 동네 간에 놓인 대조는 물질적인 차원에만 머물지 않는다. 재개발은 산업화 이전의 농촌사회와 낡은 생활양식으로부터 해방된 도시산업사회의 이상을 상징한다.

아파트, 도시 사람의 주택

박 씨와 장 씨의 아파트형 생활양식에 대한 견해는 놀랍게도 유사하다. '이웃사람을 모르는' 주민들은 '바쁜 생활을 하는' 사람들이고, '가족끼리만 산다.' 아파트단지 생활의 부정적인 측면은, 서로 인사도 하고 이웃을 알며 식사와 커피를 나누는 시간을 함께 하는 단독주택 동네의 생활과 대비된다. 근본적으로 다른 이 두 사회는 생활양식에서도 대조를 이룬다.

---

1 | 렛은 "깨끗함 자체가 아파트의 건물과 더불어 현대성과 연결된다"고 언급한다(Lett 1998, 116).

두 사람 모두 아파트 거주자들은 거주지와 직장이 떨어져 있어 언제나 바쁘고 여유가 없는 도시의 스트레스에 사로잡혀 직업적 의무에 시달리는 핵가족 시대의 개인주의자들로 묘사한다. 정반대로 단독주택 거주자들은 직장과 인접한 지역에 살며 견고한 소공동체를 형성하는 '삶의 여유'가 있는 사람들로 이야기한다. 장 씨의 경우 이웃 제사에 대한 배려나, 박 씨가 '서로 도우며 산다'고 한 말은 그 한 예다. 상부상조는 돈이나 연장, 일손 등을 빌리는 물질적인 것이면서, 정신적·정서적이기도 하다.

여기서, 지방 혹은 농촌의 생활방식과 반대되는 현대 대도시 생활방식의 보편적이고 대표적인 모티브들을 다시 만나게 된다. 예를 들면 박 씨의 이야기 속에서 서울은 '지방'과 '시골', '전통 마을'과는 대조적이다. 그녀는 이 점을 일컬어, "여기는 서울 같지 않은 서울 같아요"라며 함축적으로 명시한다. 다시 말해 이 동네는 서울에 있지만 일종의 도시적 절대성을 대표하는 서울과는 반대이다. 아파트는 도시성의 절정을 이룬다. '도시 사람'의 주택인 아파트는 시골 사람, 즉 촌사람들의 '촌스러운' 집, 단독주택과 반대되는 것이다.

건축가 부르디에는 일본에 대해 "도시와 그 주변 대단지들은 국가계획에 의해 그 특성이 만들어지는데, 그것은 대도시에 이주해 온 노동자들에게 농촌에 대한 애착을 버리게 하는 결과를 낳는다"고 말한 바 있다(Bourdier 1989, 129). 우리는 이러한 해석을 고스란히 한국으로 옮겨올 수 있다. 부분적으로 도시/농촌의 상반되는 대조에 기초하는 장 씨와 박 씨의 이야기는 어찌 됐건 '주택을 통한 시골 사람들의 도시화'가 한국인들 스스로에게 동화되고 수용됐음을 보여 준다. 동시에 서울 사람들 혹은 도시 사람들의 정체성의 기준은 지방 혹은 시골의 고향에 있다. 박 씨처럼 장 씨도 한 달에 한두 번 지방에 거주하는 가족을 방문한다고 했다. 사람들이 부자가 되려고('잘 살아 보려고') 도시로 올라온 만큼 서울에서 자신이 사는 주택의 형태는 별로 중요하지 않다. 아마도 그런 이유로 서울 사람들이 극도로 진부한 아파트단지의 생활양식에 대해 무관심하게 됐는지도 모른다. 40세 이상 서울 사람들의 대부분에게는 농촌 또는 시골의 뿌리가 아직까지 너무 강하기에, 이 정체성이 약화되는 것에 어떤 두려움도 없어 보인다.

2. 서구성과 현대성: 장르의 혼합

주민들의 이야기에서 암묵적 혹은 명시적으로 전통=한국성, 현대성=서구성이라는 두 개의 결합을 발견할 수 있으며, 이는 서구식의 아파트와 한옥을 서로 대립시킨다. 이제 한옥과 아파트의 구조에 대하여 살펴보자.

서구성: 주택의 구조와 설비

한국의 모든 아파트에서 특징적인 LDK 모델[2]은 한옥 구성의 원리와는 근본적으로 다른 공간 조직의 원리에 기초한다(〈그림 17〉, 〈그림 18〉). 전형적인 아파트 구조를 보여 주는 〈그림 17〉의 설계도는 LDK의 구조에 덧붙여 기능은 다르고 서로 개방되어 있는 방들로 구성된다. 침실은 대개 두

---

[2] Living, Dining, Kitchen의 약자로 거실-식당-부엌을 연결하는 열린 공간. 앞의 6장 참조.

그림 17_한국의 아파트 평면도(43평형)

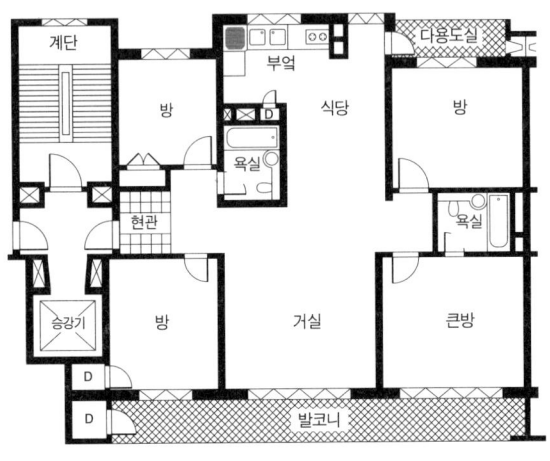

그림 18_한옥의 평면도

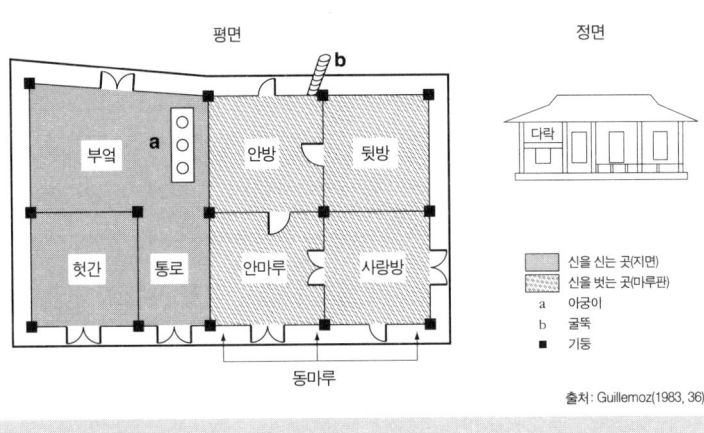

출처: Guillemoz(1983, 36)

개에서 네 개로 중앙의 LDK 공간을 향해 있다. 기능에 따라 공간을 구분하는 한편, 침실을 개인에 따라 배당한 것이 LDK의 기본 원리이다. 한옥의 구조는 이와는 매우 다르다. 한옥에서는 창고로 쓰는 공간과 음식 준비에 쓰이는 공간을 제외하면 모든 공간은 기능에 따라 분화되는 것이 아니라 한 공간이 다기능성을 갖는 것을 그 특징으로 한다. 미닫이문으로 나뉘는 여러 개의 방은 시간과 분위기에 따라 여러 기능을 갖는다. 한옥에서 방의 기능은 근본적으로 공동체적 필요에 따른다. 주민들은 한옥의 불편함에 반대되는 안락함과 설비 면의 장점을 들어 자신들의 아파트를 '서구식 주택'으로 규정한다.

> 한국 사람들은 압도적으로 아파트를 선호합니다. 왜 그런지 이해하려면 단독주택이 어떤 모습인지 알아야 하죠. 단독주택은 겨울에 춥고 난방이 편리하지 않아요. 수세식 화장실도 없고 부엌에 가스 시설도 없죠(압구정 현대단지 주민의 말).

> 단독주택은 불을 많이 때도 겨울에 춥고 비용도 많이 들죠. 게다가 추워서 수도가 얼어 터져요. …… 재래식 부엌은 불편하구요(잠실단지 주민의 말).

한국인들에게 아파트의 현대성이란 1960년대의 단독주택과 20세기 말의 주택을 대표하는 아파트 사이의 비교를 의미한다. 응답자들이 자동적으로 아파트와 비교하는 단독주택은 이처럼 욕실이 없고 화장실은 따로 떨어져 있으며 연탄 난방에, 바닥을 흙으로 다진 부엌이 다른 공간과는 분리되어 있는 한옥이다. 이는 마당이 있는 시골집의 원형을 따른 것으로 그 주요 특성 중의 하나가 방들과 부엌의 분리인데, 방과 부엌은 직접 통하지 않고 서로 다른 높이에 있다.

그림 19_한옥의 온돌구조

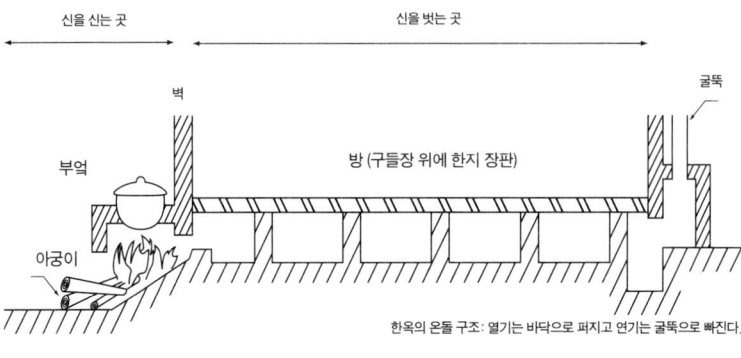

한옥의 온돌 구조: 열기는 바닥으로 퍼지고 연기는 굴뚝으로 빠진다.

　한옥의 독창적인 특성이자 특이한 구성으로 꼽히는, 가마솥이 걸려 있는 아궁이는 집 전체를 데우는 온돌의 출발점이다(〈그림 19〉). 아궁이는 지면과 같은 높이에 있어 음식을 만드는 사람이 쪼그린 자세를 취해야만 한다.[3] 한 응답자는 "전통 부엌에선 주저앉아서 일하는데 아파트엔 서구식 입식 부엌이지"라고 지적한다. 이러한 한옥 형태는 주민들에게 생활의 제약을 가져왔다. 과거에 한옥에 살았던 경험이 있는 한 응답자의 말은 이런 점에서 대표적이다. "한옥에서는 음식을 만드는 게 힘들어요. 부엌에서 식사 준비를 해서 상을 차리고 그걸 들고 마당으로 나와서 신발

---

[3] 아궁이, 쪼그리거나 앉은 자세는 어느 나라든 근대 이전의 부엌에 공통된 특징이다(Grimaud 1986, 110-118; Goody 1984).

을 벗고 마루로 올라가야죠. 식사가 끝나면 또 똑같이 그 반대로 하는 거예요. 끊임없이 신발을 신었다 벗었다 해야 하죠."

이 경우는 응답자들에게 '서구적' 성격이 주택의 물질적 설비로 결정된다는 사실을 알려 준다. 이렇게 부엌/욕실(목욕탕, 샤워실, 화장실)/난방 시설은 자동적으로 아파트의 현대성, 안락함과 '서구적' 성격으로 직결된다. 예를 들어 한 응답자는 부엌과 목욕탕이 '서구식이며 한옥과는 아주 다르다'고 단정한다. 주민들 대부분은 전통 부엌, 전통 화장실, 온돌로 대표되는 한국식을 입식 부엌, 수세식 화장실, 난방을 갖춘 서구식에 대립시킨다. 과연 그럴까?

아파트, 편리함의 집단적 경험

아파트의 부엌, 화장실, 욕실과 난방 방식이 서구 모델의 고유한 특징이라기보다는, 기술 진보로 인한 결과라는 측면에 인과적으로 더 관계가 깊다는 사실을 생각해 볼 필요가 있다. 사람들은 연탄에서 가스로 바뀐 난방의 변화가 한국식 온돌 모델의 기술적인 완성이며 이는 한국인들의 특별한 주거양식, 즉 좌식 생활의 바탕이 되고 있다는 사실에 주목하지 않는다. 한국 이외의 곳에서 이런 난방 방식을 취하는 아파트가 있다면, 그것은 '한국화된' 아파트라 하겠다. 사람들은 단지 이 사실을 의식하지 못하고 있을 뿐이다. 중앙난방이기는 하나, 바닥을 데우는 전통적 방식을 적용한 난방 형태임에도 불구하고 그것을 '서구식'이라고 생각하는 것은 역설적이게도 한국인들이다.

기술의 발전에 연결되어 있는 주택의 물질적 개선을 '서구성'으로 혼돈하는 것은 한국인들 사이에서 뿌리가 깊다. 서울의 도시 형태의 진화를 다루고 있는 한 책은 다음과 같이 결론을 내리고 있다. "서구식의 중앙난방과 욕실 같은 편리한 요소들이 현대 주택의 규범으로 받아들여지는 한, 아파트 건물은 대부분의 서울 사람들에게 중요한 주택 형태로 남아 있게 될 것이다"(Kim et Choe 1997, 199). 이러한 주장에 대해 우선 다음과 같이 반박할 수 있을 것이다. 겨울철에는 기온이 영하로 뚝 떨어지는 나라에서 중앙난방은 '받아들여야 하는 규범'이 아니라 모든 주민들의 정당한 욕구다. 아울러 아파트만이 아니라 근래 대부분의 주택들도 이렇게 편리한 시설들을 갖추고 있다. 1980년대 혹은 1990년대 이전의 단독주택들도 개량되어 이제는 매우 현대적인 설비를 갖추고 있다. 서울에 지어진 단독주택이나 연립주택 어디라도 이제는 화장실이나 수도 등 최소한의 편의시설이 실내에 있다. 새로 짓는 집들은 연탄 난방이 아닌 가스보일러를 설치한다. 이러한 변화는 잠실단지에서도 찾아볼 수 있어서, 1996년에는 이미 13평에서 15평의 주택에 사는 주민의 80퍼센트가 연탄 난방을 가스보일러로 교체했다. 따라서 한국에서 아파트의 성공 요인은 현실로서의 아파트가 인기를 끌었다기보다는 한국인들이 '현대적 주택'에 대해 만들어 낸 이미지가 인기를 끈 결과라고 보는 것이 더 정확하다. 기술의 진보는 순수하게 한국적인 산물이었음에도 서구적인 것으로 이미지화된 것이다. 이렇게 단순한 도식 안에서 '서구식 모델'이 누리는 권위는 아파트를 현대성의 유일한 상징으로 만드는 경향이 있다.

    아파트의 현대성은, 후진국 시대, 가난한 시대를 상징하는 불편한 한옥과의 비교를 통해 정의된다. 30세 이상 성인의 대부분이 1960년대와 1970년대에 자신들이 살았던 집에 대해 이야기하며, 가난에서 벗어나기 위해 '저축하고', '열심히 일해야 했던' 희생과 발전의 시대를 회상한다. 이 말들은 수도 없이 반복됐다. 40대 이상의 응답자들은 자신의 경험

답을 이야기했다. 40세 이하의 응답자들의 경우는 자신의 경험을 얘기하기보다는 부모들의 말을 빌려 왔다. 부모들의 말을 빌리든 개인의 기억으로 말하든, 1960년대 1970년대를 가리키는 '발전되기 이전'의 '옛날 생활'은 집단적 기억에 속한다. 30세 이상의 한국인들이라면 부자건 가난하건, 시골 사람이건 서울 사람이건, 은퇴한 노인이건 신혼부부건 모두 여기에 관련되어 있다고 느낀다. 급성장을 경험한 사회의 특징인 새 것을 숭배하고 낡은 것을 배척하는 경향으로부터 생겨난 아파트에 결부된 표상은, 이렇게 한옥이 상징하는 '발전되기 이전'의 생활방식을 하향 평가하는 것으로 이어졌다. '아파트가 반드시 현대적이라고 정의된다면' 이는 '전통'과 '현대성'의 대비가 주민들에게도 비현실적인 방식으로 받아들여지고 있다는 증거가 된다. 이런 의미에서 아파트에 대조되는 개념은 그들의 부모들이 20~30년 전 직접 살았던 현실적인 집인 동시에 발전의 집단적인 경험과 결부된 상징적인 집이기도 하다.

주민들 자신이 아파트를 통해 만들어 낸 표상은, 1960년대 중반 박정희 대통령이 구식의 농경 한국과 단절하여 산업화·도시화된 현대적 한국을 추구했던 공동주택 모델의 확산 계획이 성공한 결과라 할 수 있다.

이제, 방과 집기의 사용, 식사와 취침 방법 등 가족 공간의 실제적 분석을 통해 '전통'과 '현대성', '서구성'과 '한국성'의 대립적 관점이 갖는 문제를 좀 더 자세히 살펴보자.

3. 현대식 아파트에서의 전통 공간의 재구성

마당과 바깥/안의 구조

전통적인 농촌 가옥을 대표하는 한옥은 식료품의 준비나 저장에 쓰이는 장소들의 존재를 큰 특성으로 한다. 생활공간의 많은 부분이 여기에 할애되었고, 넓은 부엌으로 통하는 헛간인 '봉당'과 '다락'은 저장 공간으로 쓰였다. 여기에다가 '마당'에는 음식을 만드는 데 필요한 여러 가지 양념, 간장, 된장, 고추장과 김치 등을 담은 갈색 항아리가 줄지어 늘어선 장독대가 있었다. 효과적인 저장을 위해서, 어떤 항아리는 마당 한 켠에 땅을 파고 묻기도 했는데 이 역시 저장 공간으로 생각할 수 있다. 이런 공간들은 현대적인 아파트에서는 모두 사라져 버렸다. 수납장이나 창고가 있지만, 아파트에서 이런 공간들은 부엌과 떨어져 있고 애당초 식료품 저장고로 구상되지 않았다. 작은 평수의 아파트에서는 이 모든 것이 부엌에 면해 있는 한 공간에 집중되어 글자 그대로 '다용도실'이라고 이름 붙여졌다. 미닫이문으로 분리된 이 공간은 타일을 붙였고 난방이 되지 않는다.

조사를 위해 방문했던 모든 곳에서, 다용도실에는 세탁기가 놓이고 가정생활 기본 물품이 선반마다 저장되어, 야채, 과일 등 부패하기 쉬운 식료품과 쌀, 국수, 김, 미역, 말린 새우, 건과류 등과 각종 김치를 담은 플라스틱통, 대량으로 구입한 세제나 비누 등이 놓여 있었다. 이런 소비 물품 외에도 불고기를 굽는 불판 등 부피가 커서 부엌 싱크대에는 들어가지 않는 각종 살림살이, 냄비류도 놓여 있었다. 모든 아파트에는 발코니가 있는데, 그 기능을 설명하는 다용도실이라는 이름과는 대조적으로,

그냥 영어식 외래어인 '발코니' 또는 '베란다'라고 부른다. 여기도 다용도실처럼 타일을 붙였고 난방이 되지 않는다. 대부분의 경우, 시공 당시 기본 옵션으로 개방되어 있는 발코니에 창을 달아 실내 공간으로 만들고, 방충망으로 된 덧창을 달기도 한다. 이곳에 화초를 키우는 경우는 아주 흔하다. 빨래를 너는 곳도 여기다. 어떤 응답자는 과일과 장독들을 놓아뒀다. 어떤 아파트에서는 김장 준비를 위해 사 둔 배추를 저장해 놓기도 했다. 기본적으로 발코니와 다용도실은 한옥 마당의 기능을 아파트로 들여온 것이다(Fabre 1993).

아파트 구조에서 넓은 저장 공간의 존재는 식료품을 대량으로 저장하는 관습과 연관된다. 아파트 내의 저장 공간을 통해서 우리는 반세기 전만 해도 상당히 농촌적이었던 사회에서 물려받은 유산의 지속성을 발견할 수 있다. 그러나 이렇듯 변화하지 않는 저장 양식을 설명하는 주요인은 한국 음식의 특성이다. 실로, 밥과 김치는 한국인들의 기본적인 식품이다. 주부들은 가격이 가장 저렴한 시장을 찾아 10킬로그램 내지 20킬로그램 짜리 부대로 쌀을 산다. 초겨울에는 김장을 해서 겨우내 먹을 각종 김치를 저장해 둔다. 따라서 저장 공간은 넓고 드나들기 편해야 하며 양념의 강한 냄새 때문에 '밖'에 있어야 한다. 한국형 냉장고는 김치 보관용으로 고안됐으나 그래도 여전히 비좁다는 것이 주부들의 생각이다. 어떤 주부들은 장독과 플라스틱 김치통을 발코니나 다용도실에 놓아두는데, 그 이유는 "냄새 때문에 김치통이 밖에 있으면 더 좋아서"라고 말하기도 했다.

주택의 형태와 크기에 따라 저장과 보관의 유형은 다양하다. 신공덕동을 예로 들면, 옥상에는 서로 다른 크기의 항아리가 배불뚝이 러시아 전통 인형처럼 줄지어 있고 그 곁에는 하얀 플라스틱 빨래 건조대가 보

소형 아파트에서 흔히 볼 수 있는 창문 바깥의 철제선반은 중요한 저장공간으로 이용된다(잠실 2단지 95년).

인다. 발코니도 다용도실도 없는 더 작은 주택에서는, 부엌 창문 바깥쪽에 고정시켜 매단 철제 선반에 한국 음식에 꼭 필요한 장항아리를 보관한다. 이는 잠실단지에서 관찰된 경우다. 때로는 압구정 현대단지에서처럼 항아리를 계단에 놓아두기도 한다. 압구정이나 잠실단지 대부분 아파트의 복도에서 빈 상자, 화분, 항아리 등을 볼 수 있었다.

이처럼 한옥 마당의 '재구성'은 1990년대 말 도시 가옥 전체에 걸쳐 계속되고 있다. 한국 아파트에서 마당은 처음에 다용도실로 재구성되었다. 아파트가 너무 작아 다용도실을 갖추기 어려운 경우에는 발코니나 복도, 층계 등이 옛 마당의 구실을 한다. 그러므로 한국 아파트의 발코니나 다용도실은, 밖으로 개방되어 있어서 밖을 내다볼 수도 있고 밖에서 들여다보기도 하는 서구의 발코니, 테라스, 베란다와는 아주 다르다. 전자는 착색유리나 방충 덧창으로 외부와 단절되어 있고 바깥의 시선을 완전히 차단시킬 만큼 잡동사니로 가득하다. 동시에 이곳은 언제나 '바깥'으로 간주된다. 첨부된 그림에서

그림 20_한옥의 안과 밖

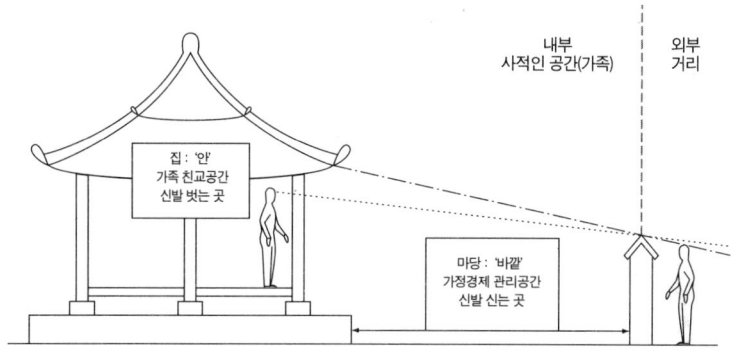

● 벽은 가족 공간을 보호한다: 행인은 집의 내부를 들여다볼 수 없고 지붕의 곡선만 감상할 수 있다.
  가족 공간인 내부는 외부의 거리와 대립된다.
● 가족 공간은 다음과 같이 구분된다.
  - 신을 신고 다니는 가정경제 관리 공간인 '바깥' (마당)
  - 신을 벗고 생활하는 가족 모임 공간인 '안' (집)

출처: Kim Sung-kyun(1998)

볼 수 있듯이, 전통 한옥에서 마당은 '안'과 '밖'으로 구분되어 있는 가족 공간에서 신발을 벗고 내려가야 하는 '바깥'에 위치해 있지만, 가족 단위에 속하지 않는 타인에게는 폐쇄적인 공간 안에 포함되어 있다. 담의 존재와 높이가 그 역할을 한다(〈그림 20〉). 발코니와 다용도실이 외부에 굳게 닫혀 있는 것은 아파트의 다른 방들의 특성으로도 이어졌다. 방 창문은 중간보다 조금 높은 위치에 수평적으로 나 있다. 미닫이 창문의 경우 쉽게 열리지 않는다. 이렇게 해서 담이 없는 아파트에서도 주민 대부분이 좌식 생활을 하기 때문에 밖이 거의 보이지 않는다.

가족 공간 내에서 신발의 활발한 움직임

외부에 폐쇄적인 한국의 아파트는 거실을 중심으로 구성돼 있고, 그 주변에 다른 방들과, 부부가 사용하는 '안방'이 위치한다. 이미 1970년대 모델의 특징이었던 이런 구조는 거의 변하지 않았다. 거실은 또한 많은 응답자들의 말처럼 '제사 지내는 곳, 사람들이 모이는 곳'이다. 제사를 아파트에서 지내는 응답자의 경우 모두 거실을 사용한다고 했다. 즉 거실은 가족 친교의 장소이자 조상의 제사를 모셨던 한옥 마루를 다른 형식으로 재구성한 것이다.

현대적인 아파트에서는 어느 정도 마루와 방 사이의 구분이 사라졌다. 한옥에서 마루는 온돌 난방이 들어오는 바닥에 콩기름을 입힌 한지를 바른 다른 방들과 달리 나무판을 깔고 난방이 되지 않는다. 아파트에서 전통적 의미의 방과 마루의 구분은 사라졌으나 어떤 이들은 되살리려 하기도 한다. 방바닥은 전통 한지 장판의 실오라기 문양과 황토색을 모조한 리놀륨 장판을 깔고 거실에는 원목 마루판을 깐 집도 있었다. 아파트에서 한옥의 공간 분리는 단순화되어, 마당의 기능을 대신하는 다용도실, 발코니, 현관 등과 나머지 공간들 사이의 대비로 요약된다. 이 대비는 높이를 달리 한다든가 바닥재의 차이 등으로 구체화된다. 현관은 다른 공간의 높이보다 10여 센티미터 바닥을 낮추고 타일을 깐다. 다용도실과 발코니도 타일을 깔며 높이는 다른 공간과 차이는 없으나, 문턱이 있어 다른 공간과 분리된다. 바닥재의 차이에 따라 신발 사용 습관이 생겨난다. 아파트에 들어올 때는 거리의 먼지로 덮인 외출용 신발을 벗고 아파트 안에서는 양말이나 실내화를 신는다. 다용도실이나 발코니로 나갈 때는 플라스틱 슬리퍼를 신는다. 신발들의 활발한 움직임은 이렇게, 안

그림 21_한국의 아파트 내에서의 신발 사용 습관 (약 43평)

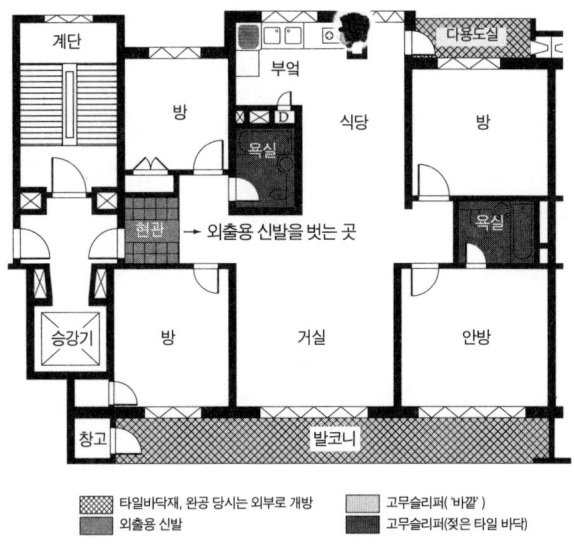

과 바깥 사이에 놓인 전환적 장소로서 한옥이 갖고 있는 한국 고유의 가정 공간 구조를 보여 준다(〈그림 21〉). 이처럼 한국 아파트의 특별한 구성은 많은 사람들이 불편함을 토로했던 한옥의 특징과 그리 멀리 떨어져 있지 않다. 전통적인 움직임(특히 음식을 준비할 때 신을 끊임없이 벗고 신는 것)을 그대로 고수하고 있는 것이다.

아파트의 공간 구성과 각 장소의 용도는 한옥 구조를 재구성한 것임을 확인시킨다. 넉넉한 저장 공간을 갖춘 가정 공간은 구심성을 띠며 마루를 향해 열려 있다. 반면 늘 안주인이 차지하는 큰방은 은밀하고 엄숙한

7장 • 아파트는 정말 '현대적'이고 '서구적'인가? 197

'중심'으로 남는다. 외부 세계에 대해서 굳게 닫혀 있기는 하나, 아파트는 '바깥'과 '안'으로 명확히 구분되는 두 가지 형태의 공간을 갖는다. 이 차이는, 바깥은 가정경제 관리의 공간, 안은 일상생활 공간이라는 기능적 구분과 부분적으로 일치하며, 신발을 신고 벗는 특별한 통행 방법으로 나타난다. 한옥의 트집거리가 되는 이 통행 방법은 아파트 구조 안에 체계적으로 옮겨졌다. 이는 한국 사회에서 '현대' 혹은 '전통' 가옥을 규정하는 문제와 관련해 중요한 것은, 실제의 공간 구조와 생활양식이 아니라 한국인들 자신이 그에 대해 부여하는 의미나 가치라는 사실을 입증한다.

4. 아파트, '관습 변환의 실험실'[4]

식사하기: 고정된 가구와 이동식 가구

LDK의 대혁신으로 이제까지는 언급되지 않았던 새로운 공간인 식당이 도입됐다. 지칭하는 용어 그대로 특정의 기능을 갖는 이 식당 공간은 한옥에서 공간이 갖는 다기능성을 단절시켰다. 식당은 모든 아파트에서 서구식으로 장식되어, 직간접적으로 새로운 식사 방법을 가져왔다. 한옥의 낮은 상과 방석, 낮은 가구들은 높은 탁자와 의자로 대체됐다. 그러나 식당의 고정된 가구 설비는 아래에서 소개할 사례가 보여 주듯이, 이동식

---

4 | 현대 인도주택의 LDK에 관한 그리모의 표현(Grimaud 1986).

가구의 사용을 없애지는 못했다.

● 장모 씨의 식당 사용법

장 씨의 자녀들은 아침 시간표가 서로 많이 다르다. 함께 하지 못하는 아침 식사는 식당의 탁자를 이용한다. 아침식사로는 주로 밥과 국, 김치 등 한식으로 먹는다. 점심에는 장 씨 혼자서 간단히 먹거나 외식을 한다. 저녁 식사만 가끔씩 가족이 모두 모여 먹는데, 밥과 국, 반찬의 한식으로 식당의 탁자에서 먹는다. 손님이 있을 때나, 가끔은 평소에도 과일이나 커피를 식당에서 들고, 식당의 탁자를 다 치웠을 때는 낮은 상을 꺼내 커피와 껍질을 깎은 과일을 차리고 거실로 내온다. 손님들은 바닥이나 소파에 앉아 그것을 먹는다.

● 김모 씨의 식당 사용법

장 씨 가족과 마찬가지로 아침에는 가족들 각자의 시간표가 다르다. 모두들 차례로 식당의 탁자에서 아침을 먹는다. 점심에는 김 씨 혼자이기 때문에 음식을 새로 하지 않고 간단히 먹거나 밖에서 사 먹는다. 저녁에도 가족들의 식사 시간은 서로 달라, 막내아들은 저녁 7시나 8시쯤 귀가하고, 고등학생인 큰딸은 밤 10시나 11시까지 도서관에서 공부를 하며, 김 씨의 남편은 거의 매일 저녁 회식이 있어 집에서 저녁을 먹는 일이 아주 드물다. 김 씨는 막내아들과 식당의 탁자에서 저녁을 먹는다. 그 후 도서관에서 딸을 데리고 와서, 딸이 저녁을 아직 먹지 않은 날에는 식당에 저녁을 차려 준다. 저녁을 먹고 오는 날에는 과일, 요구르트, 아이스크림 등 후식을 작은 소반에 차려 방으로 가져다준다. 마찬가지로 남편이 저녁을 먹지 않고 들어오는 날은 한식을 상에 차려 거실이나 방으로 가져다준다. 아주 드물게 온 가족이 저녁을 함께 하는 날엔 식당에서 식사를 하고 후식은 상에 차려 거실에서 먹는다.

● 이모 씨의 식당 사용법

함께 사는 이 씨의 시아버지는 파트타임으로 일을 한다. 일이 있는 날엔 이 씨의 남편과 같은 시간에 일어나 세 식구가 함께 한식으로 식당의 탁자에서 아침을 먹는다. 아기가 있는 이 씨는 점심에 식사 준비를 하지 않는다. 거실에서 과일과 커피를 상에 차려 간단히 먹는다. 시아버지가 집에 있는 날엔 남편보다 늦게 일어나 가끔 방에다 상을 차려 달라고 한다. 좀 피곤한 저녁엔 방이나 거실에 상을 차려 먼저 저녁 식사를 한다. 특별한 날 손님을 초대했을 때, 식사는 거실에 상을 차려 대접한다.

세 가지 경우에서 상황의 다양성과 식당의 일관성 없는 사용에 놀라게 된다. 주민들의 습관은 서구식과 한국식이 혼재되어 있다. 어떤 때는 식사를 식당의 탁자에서 하고 어떤 때는 상에 차린다. 손님들은 의자에 앉거나 바닥에 앉으며, 이는 전통 가옥의 좌식 생활에 비하면 큰 변화다. 그러나 이렇게 두 가지 방법을 번갈아 사용하는 중에도 암암리에 어떤 규칙을 내포하기도 한다.

모든 사례에서 식사는 식당의 식탁에서 가장 자주한다. 장 씨 집에서 온 가족이 저녁을 먹는 경우, 김 씨가 아들과 함께 먹는 저녁, 이 씨 집에서 모든 식구가 아침을 함께 먹을 때 등이 그런 경우다. 외래의 가구에 맞춰진 식사 방법이 일상에 통합된 것이다. 그러나 이 방법은 부분적이고 상대적이다. 여러 가지 음식을 동시에 차리는 한국식 상차림은 한식이건 서구식이건 사용하는 가구에 따라 달라지지 않으며, 밥과 국, 김치와 더불어 빵이나 피자, 유제품 등 식단이 서구화됐을 때조차 달라지지 않는다. 대부분의 경우, 밥과 더운 음식 등 식사만 식당에 차린다. 과일이나 커피 등은 자주 거실에서 소반에 차려 먹는다. 다과상이라는 매우 특징적인 상의 형태가 자주 등장하기도 한다.

후식을 먹을 때만 거실에서 상을 사용하는 것은 아니다. 일상적인 것과는 약간 거리가 있는 경우에도 상을 사용한다. 보통 때는 각자 따로 먹던 커피나 후식을 거실에서 상을 놓고 둘러앉아 먹는 일은 손님이 왔다거나 오랜만에 가족이 모두 모였다거나 하는 경우이다. 때로는 LDK 이외의 공간에서 상을 사용할 때도 있다. 김 씨가 딸의 방으로 후식을 가져다줄 때나 남편이 방에서 저녁을 먹는 경우 등이다. 이 씨의 시아버지는 방에서 식사하는 것을 좋아한다. 평생 온돌방과 좌식 가구에 길들여진 노인들에게 깊이 뿌리박힌 습관의 하나임을 반영한다. 또한 설날이나 추석과 같은 명절 때, 잔치 분위기 때 자주 상을 사용하기도 한다.

이처럼 한옥의 특별한 구조에서 비롯된 상의 이동은 현대적인 아파트에서도 찾아볼 수 있다. 상을 사용하던 습관은 안주인이 상 앞에 주저앉아 음식을 준비하는 모습에서도 발견된다. 한식 부엌의 구조에서 비롯된 신체적인 동작이나 습관들은, 주택의 물질적 형태가 그것을 강요하지 않음에도 여전히 현대식 아파트에서 재발견되는 것이다.

잠자기: 여전히 모호한 개인 영역의 배당

침실의 도입 또한 한옥의 방이 갖는 다기능성을 변화시켰다(〈그림 22〉, 〈그림 23〉, 〈그림 24〉). 모든 아파트에 가장 넓은 면적으로 특별한 지위를 갖는 안방이 있다. 이러한 구성은 가정 공간의 '심장부'인 안방이 주인이나 안주인의 영역이 되는 한옥 형태와 연관되어 있음을 의미한다.

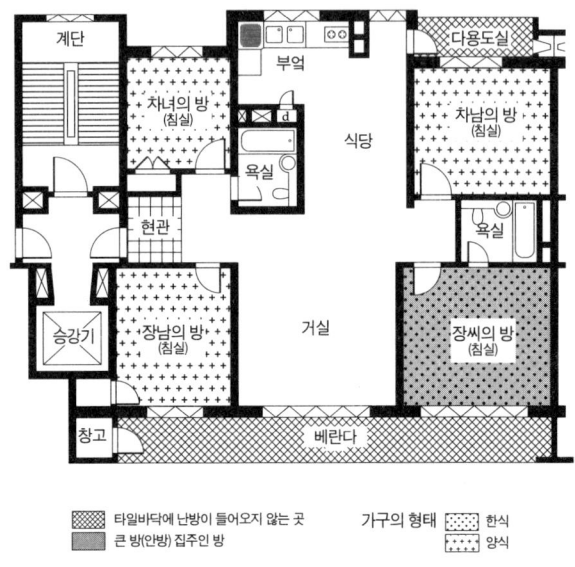

그림 22_장 씨의 아파트 평면도 (44평형)

●장모 씨 집의 방 배정

장 씨는 한식으로 꾸민 큰방을 쓴다. 자녀들이 사용하는 나머지 세 방은 침대, 책장, 서랍장, 정리장, 의자와 책상 등을 놓아 양식으로 꾸몄다.

●김모 씨 집의 방 배정

김 씨 부부가 큰방을 쓴다. 이 방은 양식, 한식이 혼합되어 있다. 자녀들의 방 두 개는 침대, 책상, 의자를 놓은 양식이다. 나머지 방 하나는 창고나 손님용 방으로 쓴다.

그림 23_김 씨의 아파트 평면도 (50평형)

● 이모 씨 집의 방 배정

이 씨 부부는 양식과 한식이 혼합된 큰방을 쓴다. 아기의 방은 옷이 걸려 있는 옷걸이와 책이 가득 꽂혀 있는 책장으로 어지럽다. 아기 침대는 없다. 이 씨는 "지금은 애기가 너무 어려서 혼자 재우지 않고 우리와 함께 자요"라고 했다. 나머지 방은 이 씨의 시아버지가 쓰는데, 거의 비어 있고 작은 상과 TV가 있다. 시아버지는 온돌 위에 요를 펴고 잠을 잔다.

방에는 거실이나 식당에서도 볼 수 있었던 양식과 한식이 혼합된 가구들이 놓여 있다. 이런 혼합성은 한식 이불과 양식 침대 등의 침구와 서

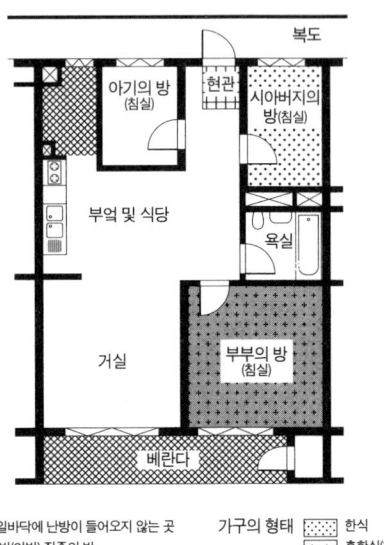

그림 24_이 씨의 아파트 평면도(30평형)

랍장, 책장, 정리장 옆에 놓여 있는 사방탁자와 낮은 한식 화장대 등에서 나타난다. 사무용 가구들만이 이러한 혼합성에서 벗어나, 공부하는 자녀들은 책상과 의자를 사용한다. 가구의 혼합성은 이렇게 사용자나 정황에 따라 다르게 나타난다. 일반적으로, 이 씨나 장 씨의 세 자녀, 김 씨의 자녀들 같은 30대 이하의 젊은 세대들은 양식 침구와 가구를 들여놓았고, 이와 반대로 장 씨나 이 씨의 시아버지 같은 노인 세대는 한식 침구와 낮은 가구를 사용하는 좌식 생활을 선호했다. 이는 어떤 하나의 법칙이라기보다는 경향의 문제다. 반대의 경우도 많다. 더구나 같은 사람이 상황에 따라 두 가지 형태의 가구를 함께 사용하기도 한 다. 예를 들면 김 씨 부부는 아주 추운 날에는 바닥의 온기를 느끼기 위해 방바닥에 요를 펴고 잔다.

주거양식에 드러나는 혼합성은 활동의 성격에 좌우된다. 음식을 먹고 잠을 자는 방식은, 세대에 따라 개인의 주거사에 따라, 개개인의 습관과 취향에 따라 매우 다양하다. 하지만 서울 전역에서 거의 일반적으로 업무와 학습시에 좌식 생활이 사라진 것은 아파트 때문이라기보다는 책상, 의자, 탁자 등이 반드시 필요한 학교나 기업체 사무실의 영향을 크게 받았다고 할 수 있다.

5. 독특하게 한국적인 아파트의 생활양식

식당과 같은 새로운 공간 구조와 서구식 가구(탁자와 의자, 양식 침대)의 도입으로 한국의 주거양식은 변화됐다. 이런 점에서 아파트는 산업화된 도시 공간과 한국인의 일상에서 '관습 변환의 실험실'과 같은 공간이라 할 수 있다. 그러나 아파트가 유일한 '실험실'은 아니다. 학교나 회사를 통해, 또는 개인주택의 진보에 의해 이 새로운 생활 방식들은 아파트 밖에서도 보급됐다. 생활 방식 변화의 주된 원인이 아파트 그 자체에 있다고 단정하는 것은 과도하고 성급한 일이다. 아파트는 한국인의 일상생활에서 일어난 변화가 가장 명백하게 드러난 유형 중의 하나일 뿐이다. 요컨대 아파트는 그러한 변화가 가장 선명히 나타나며, 이를 가장 쉽게 분석할 수 있는 장소 이상의 의미를 갖는 것은 아니다.

관습적 측면에서 이질 문화의 수용은 혼합성을 드러냈다. 주거양식과 이에 관련된 가구의 사용은 서구의 사용법에 가까우면서도 독특하게 한국적인 사용법을 낳았다. 다시 말해 주택의 서구화는 완전히 상대적인 의미를 갖는다는 것이다. 아파트가 서구적 주거 형태라는 것은 현실에 기초를 둔 것이지만 동시에 상당히 상징적인 차원의 변화이기도 하다. 따라서 아파트라는 새로운 건축양식에 의해 주거환경이 더욱 풍요로워진 것은 사실이지만 그로 인해 기존의 생활양식이 크게 제약된 것도 사실이다. 현관의 특징, 다용도실, 난방 방식 등에서 나타나듯이 말이다.

여전히 한국적 특성의 주거양식은 요지부동으로 남아 있다. 이러한 주거양식은 침대, 높은 탁자, 의자와 책상 등으로도 사라지지 않은 좌식 생활의 지속으로 나타나기도 한다. 각 방의 기능이 분명치 않은 공간 점유 또한 특징적이다. 아파트 안에서 가구와 사람들이 상호 작용하는 유형 역시 한국적 특성이며 이는 가족적인 아늑함을 경험하는 하나의 방법으로 자리 잡았다.

위의 사례들은 결국 주택의 물질적 변화와 여기에 부여되는 가치 내지 규범적 구조와 관련하여, 새로운 가옥과 주민의 생활양식 간의 관계가 얼마나 복잡하고 모호한가를 보여 준다. 주택의 위생과 편의시설의 개선을 넘어 전통과 현대성, 서구성과 한국성은 만들어진 하나의 이미지로 나타난다. 사람들은 스스로 현대적이라고 간주하는 아파트에서 생활하면서도 여전히 한옥을 트집 잡는 이유로 이야기했던 신을 신고 벗는 것, 상을 옮기는 일을 일상적으로 수행한다. 아파트가 시설이 잘 되어 있고 더 편하기 때문에 현대적이라고들 하나, 다른 형태의 주택들도 편하고 현대적일 수 있다는 당연한 사실을 한국인들은 별로 중시하지 않는다. 요컨대 한국의 아파트가 갖는 주민 생활의 서구화라는 것은 한편으로 부의 외형적 표식인 동시에, 현대적이고 도시적인 한국에 서구적인 것이 변형되어 동화되었음을 나타내는 것이기도 하다.

8장
단지 안에서의 사회적 관계

전통적 원형과는 매우 달라진 아파트단지라는 공간 조직과 주거 환경 안에서, 인간관계를 통해 나타나는 전통과 현대성의 문화적 구조는 어떤 변화를 경험하게 되었나? …… 전체적으로 볼 때 단지 내 가족의 사회성에 대한 분석은, 그 구조와 행동 면에서 사회가 현대화됐음을 확인시켜 주었다. 그러나 생활양식의 변화가 사적인 영역 안에서 개인 간의 관계(부모관계, 특히 남녀관계)를 특징짓는 기본적인 규범을 사라지게 하지는 않았다. 반면, 아파트단지 안에서 경비원이나 관리사무소를 매개로 행해지는 개인에 대한 통제는 전통적인 동네에서 행해지는 통제방식을 이어간 형태라고 결론짓기는 어렵다. 골목길과 같이 준사유지적 공간에서 공동체적 형태로 행해지는 전통적인 방식과는 달리 아파트단지는 공적인 통제를 그 핵심으로 삼고 있기 때문이다.

본 장에서는 아파트단지 안에서 개인과 개인, 개인과 집단 간의 관계에 주목한다. 전통적 원형과는 매우 달라진 공간 조직과 주거 환경 안에서, 인간관계를 통해 나타나는 전통과 현대성의 문화적 구조는 어떤 변화를 경험하게 되었는가?

1. 아파트, 노인과 젊은이들

주택과 가족 구조

현재 한국의 평균 가구당 인원수는 지난 30년간 계속 감소해, 1960년 가구당 여섯 명에서 2000년 약 세 명이 됐다(RPL 1960; 2000). 노령화가 진행 중인 한국은 서서히 평균 수명이 늘어나고 출생률이 감소해, 1995년과 2000년의 인구주택 총조사 결과, 결혼한 자녀와 부모의 동거로 이루어지는 대가족이 줄어든 것으로 드러났다. 핵가족(부부와 미혼의 자녀)이 증가하고, 단독 가구(노인이나 젊은 직장인의 1인 가정)가 급성장하여 1980년에는 전체 가구의 5퍼센트에 불과했으나 1995년 12퍼센트로 늘어났다. 하지만 북미와 유럽 등 선진국 형에 점점 가까워지고 있는 인구 구조의

표 4_7개 조사단지 내 가구원 수와 다세대 동거 비율

가구원 수와 성격	가구의 비율
1인	0%
2인	16%
3인	21%
4인	55%
5인	5%
5인 이상	3%
2세대 이상	0%

210가구에 대한 백분율

표5_7개 조사단지 내 세대주의 구성

연령 / 성별	세대주
20세까지	0%
21~30세	5%
31~40세	40%
41~50세	45%
51~60세	10%
61세 이상	0%
남자	85%
여자	15%

210가구에 대한 백분율

표6_7개 조사단지 내 막내자녀의 연령 분포

연령 / 성별	세대주
무자녀	10%
미취학	20%
초등학생	40%
중고생	15%
18세 이상	15%

210가구에 대한 백분율

변화에도 불구하고, 한국은 여전히 다세대 동거가 많은 것이 특징이다.

다세대 동거는 프랑스나 미국에 비해 한국에서는 흔한 현상이다. 다세대 동거는 도시보다는 농촌에 더 많고, 역으로 단독 가구의 비율은 도시에서 더 높았다. 서울의 단독 가구와 핵가족 수는 그 외의 지역보다 많다. 설문지의 분석에 따르면, 일곱 개 조사 아파트 단지 내의 세대 구조는 〈표 4〉와 같다.

조사 자료는 3~4인 가구가 가장 대표성을 띠고 있음을 보여 주며, 76퍼센트가 넘는 숫자가 이에 해당된다. 이런 결과는 조사방법의 특성과도 관련이 깊다. 낮 동안 이루어진 방문조사로, 부재중인 독신 직장인들이 표본에서 제외된 반면, 전업주부가 있는 3~4인의 '평균적인' 가구들은 모두 조사에 포함됐기 때문이다.

대신, 일곱 개 조사 아파트단지 내 5인 가구 비율은 국가 전체 평균치 13퍼센트(RPL 1995)보다 낮은 5퍼센트였고, 2세대 이상 가구 비율은 30퍼센트로 국가 전체 평균치의 절반 수준이었다. 조사과정 중 5인 가구 비율이 아파트 평수가 큰 압구정이나 반포보다 작은 평수의 잠실에서 강세를 보인 점은 특기할 만하다. 이러한 관찰을 통해, 이미 널리 알려져 있는 현상인 주택 크기와 가구원 수 간의 역상관관계를 확인할 수 있다.

가장의 성별 조사 결과는 1995년 인구주택 총조사의 통계자료와 훌륭하게 일치했다. 조사 가구 중 90퍼센트가 적어도 한 명의 자녀를 두었고, 85퍼센트의 세대주가 가족이 있는 남성 경제활동인구에 속했다.[1] 따라서 일곱 개 조사 아파트단지 내 가구들의 전형적인 모델은 부모와 자녀로 구성된 3~4인 가족으로 나타난다.

함께 살기: 전통적인 이주의 역현상

한국에서 집은 물질적이면서 정신적인 의미를 모두 갖는 가족의 상속재산이다(Choi 1977). 조상들이 물려준 재산과 정신을 보존하고 유지해야 한다는 부담과 이 유산을 남자 후손에게 물려주어야 하는 필요성은 집이 갖는 첫 번째 특징으로 그것은 전통적인 대가족의 항구성을 상징하고 있다. 결혼을 하면 여자는 시댁에 들어가 산다. 오늘날에도 '시집가다'라는 표현은 글자 그대로 '시집으로 가서 사는 것'을 의미하는 여자들의 '결혼'을 지칭한다. 20세기 후반 산업화와 도시화로 인한 급격한 이농 현상은 이 전통적인 도식을 무너뜨렸다. 특히 서울에 사는 지방 출신 주민들에게, 집은 자신이 지키며 살고 있는 가족들의 물질적·정신적 상속재산이 아니라 고향에 있는 집을 의미한다. 그리고 시골에 있는 '집'의 주인들은, 그곳에 살지 않고 도시에 나와 직업 활동을 한다. 따라서 친척

---

[1] 1995년 84퍼센트의 세대주가 남성이었다(RPL 1995).

들이 시골집을 관리해 주면서 자리를 지키는 경우가 많다. 이와 같이 경제활동인구의 이주는 한국인들이 전통적으로 집과 맺고 있는 강한 인연을 단절시키고 있다. 이은은 서울 인구 1/3이 매년 이사하는 사실을 일컬어 '도시 내 노마디즘(유목주의)'이라고 정의했는데, 이처럼 도시 내 잦은 이주 역시 같은 효과를 낳고 있다(Lee Eun 1997, 90).

그럼에도 불구하고 청·장년의 경제활동인구가 부모를 모시고 이주하는 일은 여전히 많다. 남편이 사망한 후 서울로 올라온 장 씨는 몇 년간 딸과 사위, 손자들과 아파트단지에서 살았다. 마찬가지로 이 씨의 시아버지는 부인을 여의고 아들의 집에 들어와 산다. 김 씨의 경우는 지금 비어 있는 방 하나를 시골집에서 사촌들과 살고 있는 시어머니께 드릴 계획이다.

부모에 대한 자녀들의 효심은, 아직까지 현대 한국 사회에서 세대 간의 관계를 잇는 가교 역할을 하고 있으며, 이는 두 세대 이상 동거하는 아파트의 비율이 전체의 1/3 가량을 차지하는 것으로 나타난다. 다만 이 과정에서 이주의 의미는 전도되었다. 옛날엔 조상 대대로 장자에게 물려주는 집에 결혼한 아들이 가정을 꾸리며 살게 되는 형태였지만 오늘날에는 부모가 시골의 '집'을 버리고 도시에 사는 자녀들의 집으로 이주한다. 노인 부부 중 한 사람이 사망하면 홀어버이가 자녀의 집에 와서 사는 것도 자연스럽게 여겨진다.

가옥의 상속

아파트가 한국의 주거 모델로 자리 잡으면서, 가옥의 상속과 관련된 전통적 유형은 어떻게 달라졌을까? 대부분의 한국인들이 '전통적'이라고 생각하는 법칙에 따르면, 신랑 측이 부동산을 가져오고(외부), 신부 측이 가구 등 살림살이(내부)를 가져온다. 이 법칙은 신혼부부가 신랑 집에 들어가 사는 경우에도 관련된다. 인터뷰 과정에서 이 씨만이 자신들은 아파트의 전세금을 나누어 부담한 '특별한 경우'라는 사실을 주장했다.

"우린 특별한 케이스입니다. 양쪽에서 공동출자 …… 그것 때문입니다 …… 보통 남편이 아파트를 사 오고 …… 나는 안에 채워 넣을 것을 사 오고 …… 확실하게 잘 모르겠지만 …… 그런데 대부분 친구들 같은 경우에 보면 남자 쪽에서 아파트를 사고 여자가 안에 가족이 쓸 걸 가져오고 …… 전통적인 제도예요."

그 밖의 다른 응답자들의 경우도 '전통적'이라고 생각하는 것과 차이가 있다. 외국에 체류하는 동안 초기 자본을 형성했던 최 씨나 김 씨의 사례도 전통적인 경로와는 다르다. 마찬가지로 장 씨의 경우 사위가 아니라 딸이 신혼살림을 시작하는 아파트를 구입했다. 물론 이 '전통적인' 법칙의 지속성이나 변화에 관해 아직은 분명한 결론을 내리기 어렵다.

한편 대개의 경우 결혼한 자녀나 독립해 정착하는 자녀가 주택을 마련할 때 부모의 재정적 지원은 자동적으로 이루어진다. 설문지에서, 아파트 구입이나 전세금 지불 방식으로, 저축이나 융자 이외에 부모의 출자라고 응답한 사람이 30퍼센트였다. 그 밖에도 모든 응답자들이 부모들의 재정적인 노력에 대해 장황하게 설명했다.

"부모님께서 첫 번째 전세금 2,500만 원을 주셨어요. 부모들은 아이들을 위해서 언제나 저축을 합니다. 저는 많은 것을 받았고 그 점에 감사드려요. 처음에는 그것이 거의 짐스러웠죠. '이 빚을 다 어떻게 갚나' 하고요. 물론 그건 무상으로 도와주신 거지만 부모님이 안 계셨으면 아파트에 살지 못했을 거예요."(마포 현대단지의 한 주민).

"여기 전세금은 부모님이 내 주셨어요. 아니면 잠실아파트에 살지 못했을 거예요. 결국 갚을 수 없는 빚이죠"(잠실단지의 한 주민).

응답자들은 이 무상의 도움을 '갚을 수 없는 빚'으로 생각한다. 이들 중 많은 사람이 이 문제를 부모에 대한 감사와 효도라는 주제로 바꿔 말했다. 한 젊은 응답자는 "부모님이 주신 걸 다 못 갚아요. 그러니까 부모님은 자식한테 하고 나는 내 자식한테 하고…… 이렇게 계속되는 거예요"라고 말했다. 이어서 나이가 좀 더 많은 응답자는 부모의 입장을 이야기했다. "한국 사람들은 효도를 잘 해요. 부모는 자식한테 많이 주시고…… 인제 나이가 들어서 자기가 해 준 만큼 받으려고 해요."

이러한 생각은 이른바 유교주의 사회가 어쩌면 드러내지 않고 싶어 하는 효도의 경제적인 양상을 드러낸다. 자녀들이 부모에게 신세를 졌다고 느끼게 하는 이 빚은 정신적인 동시에 물질적인 것이다. 부모의 입장에서는, 아들이 살 아파트의 구입비용이나 전세금을 지불하면서 차후에 그곳에서 함께 살 생각을 배제하지 않는다. 더구나 여기에는 한국 퇴직제도의 특성도 관련되어 있다. 퇴직시에는 근무 연차나 월급 수준에 따른 퇴직금을 받는데, 이것은 자녀들의 주택자금 일부나 전체를 도울 수 있는 기금을 형성한다. 이 씨의 시아버지는 현재 아들 내외와 살고 있는 현대단지의 전세금 일부를 부담하는 데 퇴직금을 사용했다. 결국 프랑스의 퇴직연금제와 같은 사회보장제도가 취약한 한국 사회는 퇴직자들로 하여금 개인 저축이나 자녀들의 물질적인 도움에 의존하게 만든다.

결혼이나 퇴직 등 인생의 특정한 단계에서 부모와 자녀 간에 이루어지는 상호 경제 지원은, 한국 사회에서 발전된 가족적 연대감의 표현이며 주택 구조의 현대화도 이런 기능을 무너뜨리기에는 아직 역부족이다. 한국에서 전통적으로 부모·자녀 관계를 형성해 온 가치들은 아직도 건재한 것이다.

2. 아파트단지, 여성의 영역

한국의 여성, 가정 내에서의 제약과 권력 사이

전통적으로 한국 사회에서 부인은, 아직까지 많은 한국 남성들이 자신의 아내를 지칭하여 사용하는 표현대로 '집사람', 즉 글자 그대로 하면 '집에 있는 사람'이다. 남성과 여성의 역할 구분은 양반 가옥의 주거 구역 분리에서도 나타난다. 안채에는 안마루가 달려 있고 외부와 직접 통하지 않는다. 이와는 반대로 사랑채는 안마루와 바깥 마루로 동시에 열려 있다. 요컨대 남성의 구역은 마당의 문을 통해 마루로 직접 연결된다. 집 주변을 두른 담에서, 즉 외부에서 가까운 남성 구역은 친구들과 과객들을 맞아들이고, 여성 구역과는 떨어져 있다. 종종 남성 구역 쪽의 마당은 가계 수입의 일부를 형성하는 밭일의 대가인 농산물의 저장소로 쓰인다. 그러나 여성 구역은 더 안쪽에 장독을 놓아두거나 가족의 빨래를 너는 등 가정생활 관리에 쓰이는 뒷마당에 면해 있다. 양반가의 한옥에서 볼 수 있는 성에 따른 주거구역 분리가 현대의 아파트에는 남아 있지 않다. 그럼에도 불구하고 가정생활 관리는 여전히 여성들의 점유물로 남아 있다. 여성 응답자 전체가 살림과 식사 준비를 혼자 맡고 있다고 털어놓았다.

김 씨의 하루: 김 씨는 다섯 시 반에 일어나 아침을 준비한다. 여섯 시에 남편과 아들을 깨우면 일어나 씻는다. 세 사람이 함께 아침식사를 한다. 남편은 일곱 시 15분 전쯤 집을 나서고 이 무렵 김 씨는 딸을 깨운다. 딸이 세수를 하고 부엌으로 와 아침을 먹는 시간은 대략 일곱 시. 이때 아들을 차에 태워 학교까지 데려다 준다. 돌아오는 시간이 여덟 시, 이때부터 아홉 시 반이나 열 시까지 가사 일을 한다. 대형

쇼핑센터의 스포츠센터에서 친구들을 만나 수영과 사우나를 마치면 점심을 같이 먹고 약간의 쇼핑을 하기도 한다. 그 후 김 씨는 귀가한다. 친척, 친지들에게 전화를 하기도 하고 손님이 오거나 김 씨가 다른 집을 방문하기도 한다. 오후 늦게 집 앞에 있는 시장에서 장을 본다. 여섯 시경 중학생 아들을 데려와 저녁을 준비한다. 일곱 시 반에 아들을 학원에 데려다 준다. 가끔 돌아오는 길에 밤 10~11시까지 독서실에서 공부하는 딸에게 도시락을 전해 주기도 한다. 아이들이 돌아오는 11시 반경까지 김 씨는 텔레비전을 보고 독서를 하거나 전화를 한다. 아이들이 오면 간식이나 밥을 챙겨 준다. 김 씨의 남편은 종종 자정이 넘어 귀가한다. 남편이 저녁을 안 먹었을 때는 식사를 상에 차려 방으로 가져다준다.

응답자가 이야기한 이런 보통의 하루 일과는 우선적으로 가사·가족 생활을 중심으로 이루어진다. 제일 먼저 일어나는 김 씨는 남편과 아이들을 깨우면서 그들의 하루에 시동을 건다. 아침에 가사 일을 하는 것도 오후에 식료품, 기본 생활 용품 등의 장을 보는 것도 김 씨다. 인터뷰 도중, 자신의 역할 중 '밥해 주는' 일에 대해 힘주어 말했던 김 씨의 생각에는 요리사의 역할이 가장 중요한 것 같았다. 식사 준비는 언제나 자신의 시간표에 따르지 않고 가족들의 시간표를 따랐다. 김 씨는 또한 자녀들의 교육에 직접적인 책임자로 보인다. 아들의 학원을 선택하고, 토요일과 일요일에는 딸의 가정교사 노릇을 한다. 숙제를 체크하고 학교에서 학부모 회의 때 선생님을 만나는 것도 김 씨의 일이다. 인터뷰 도중 김 씨는 고등학생 딸이 벌써부터 견뎌내야 하는 대입 시험 준비의 스트레스에 대해 불평을 늘어놓았다.

김 씨의 가족생활은 결국 두 가지 주요소에 따른다. 첫 번째, 두 자녀는 한국 사람들이 '입시지옥'이라고 부르는 중고등학교에 재학 중이며 교육 성취도는 한국 도시 중산층 자녀들의 삶에서 중요 목표가 된다(Lett 1998, 170). 자녀들의 교육 과정에서 중요한 이 단계에는 엄청난 금전적(아들의 학원비는 한 달에 60만 원, 딸의 과외비도 그 정도), 시간적(이동에 드는 시간, 수시로 준비하는 식사) 투자가 이루어진다. 두 번째, 남편이 맡고 있는 재벌기업 계열사의 중책은 그에 따른 직업적 사교가 요구되기 때문에 '가족끼리'의 시간을 막대하게 단축시킨다.

돈과 비공식 분야의 여성 조직

김 씨의 두 번째 활동 중심은 거의 단체로 이루어지는 친구나 이웃들과의 활동이다. 이러한 활동들 중에서 돈이 오가는 비공식 조직에 대한 참여는 주목할 만하다. 김 씨가 '보통 날'에 대해 말할 때에는 언급하지 않았으나, 그녀는 인터뷰 도중 자신이 몇 개의 계 모임에 나간다고 했다. 이처럼 몇 개의 계를 들어 모은 돈을 잘 관리하면 이익이 생긴다. 김 씨는 또한 친구나 가족 등 개인적인 관계로 형성된 조직 안에서 서로 수백만 원 단위의 돈을 빌리거나 빌려 주는 경우도 종종 생긴다고 설명했다. 물론 김 씨의 경우가 특별한 것은 아니다. 렛은 "중간계급 이상에 속하는 여성들의 대부분이 공식적인 분야의 직장인들은 아니나, 비공식적인 조직의 활동으로 가계 수입에 적지 않게 기여한다"고 확인한 바 있다(Lett 1998, 209). 이러한 활동들은 아직까지 많은 여성들이 가정 경제 관리자로 남아 있다는 사실과 연관된다(Moon 1990, 34). 가정 경제의 관리 방법이 어떠한 것이든, 여성들이 통상적인 결정의 주체가 되는 것이다. 그래도 응답자들 모두 특히 주택의 구입 등 대규모 투자에 대해서는 남편의 의사를 고려한다고 답변했다. 어쨌든 돈이 순환되는 비공식적 조직의 활동에 참여하는 방법으로 여성들은 재정적인 자율성을 향유하는 경우가 많다.

여가와 단체 생활

수영 강습을 받고 사우나를 즐기며 '쇼핑을 하는 것'은 김 씨의 일상적인 활동이다. 개인적인 즐거움을 얻는 쇼핑은 집안 식구들이 필요한 물건을 사러 '시장에 가는 일'과는 구분된다. 자녀들이 컸기 때문에 가족적인 의무감에서 어느 정도 해방된 한 응답자는 자신의 취미 생활을 강조했다.

"전 즐겁게 지내요. …… 일주일에 세 번 가야금을 배우고, 두 번은 한국무용을 배워요. 그리고 또 일주일에 한 번은 단지 안에 있는 판소리 교실에서 판소리를 배우고 …… 단지 안에 사는 여자들은 즐겁게 살아요. 애들은 집에 없고, 꼬마들은 유치원이나 놀이방에 맡기고, 남편들은 회사에 가서 돈 벌어오고, 여자들은 기분 전환하는 거죠."

여가생활이 공식적인 조직을 통하건 비공식적인 조직에 속하건, 주로 여성들의 단체로 이루어진다. 모든 종류의 종교 단체에서도 단체적인 성격을 띠는 여러 활동이 여성들의 참여로 이루어진다. 잠실동과 역삼동 단지 주민 200명을 대상으로 실시한 조사에서 사회학자 김광옥은 해당 지역 교회의 밀집도가 보여 주듯이, 도시 중산층 여성들의 사회생활에서 개신교회의 중요성을 강조한다(Kim Kwang-ok 1994). 이에 따르면, 교회나 절의 선택 여하가 사회적 지위를 결정하는 기준이 된다. 예를 들면, 아파트 대문에 붙은 교회의 명패가 주인의 이름을 대신하는 기능을 한다. 특히, 도시 중산층이 다니는 교회나 절의 사회적 통합 기능을 주로 40세 이상의 여성들이 담당하여, 여성의 개종은 흔히 자녀들과 남편, 불교신자인 연로한 부모들의 개종으로 연결되는 것이다.[2]

아파트단지 내 여성들의 친교

여성들은 결국 아파트단지의 기능을 원활히 하는 각종 모임에 가장 능동적으로 참여하는 사람들이다.

압구정 현대단지와 삼익, 우성단지의 관리소에 따르면 매달 25일에 열리는 반상회에 50퍼센트 정도의 세대가 참석한다. 장시간의 인터뷰에 응해 주었던 응답자들은 자신들 모두 반상회에 참석하며, 대개 남성들은 참석하지 않는다고 이야기했다. 장 씨가 사는 동에는 한 층 전체가 한 반을 이룬다. 장 씨는 반상회에 참석하지 않는 사람들은 상징적인 벌금 1,000원을 내야 한다고 했다.

"반상회는 이웃 간의 문제를 해결하라고, 정부 시책으로 만들어졌어요. 우리 반은 30명 중에 17명이 빠지지 않고 참석하죠. 모임은 각 집에서 돌아가며 모여요. 다른 사람들은 다과나 음료수를 준비해 오고. 주로 아파트 건물 관리 문제를 의논해요. 누가 돌아가셨느니, 결혼을 했느니 아이들은 어떻게 지내는지, 누가 무슨 대학에 갔는지 등 최근 소식들을 알 수 있어요. 반상회에 안 가면 이웃을 모르죠."

건물의 관리는 분명 반상회의 공식적인 주제다. 그러나 김 씨는 이 문제에 대해서는 별다른 언급이나 구체적인 내용을 말하지 않았다. 이어지는 인터뷰에서 그녀는 "이 줄은 문제 거의 없어요. 자기 쓰레기 제대로

---

2 | 김광옥의 연구 표본에서 각 종교별 분포는 다음과 같다. 개신교 30퍼센트, 천주교 22퍼센트(서울 13퍼센트), 유교 22퍼센트, 불교 21퍼센트(서울 25퍼센트), 무종교 59퍼센트. 총계가 100퍼센트를 넘는 것은, 예를 들어 한 사람이 동시에 개신교와 유교에 응답한 경우가 종종 있었기 때문이다. 김광옥은 오늘날 유교는 하나의 종교라기보다는 전통으로 간주되고 있음을 확인해 주고 있다(Kim Kwang-ok 1994).

안 버리는 사람들밖에 …… 문제없어요"라고 덧붙였다. 반면 음료와 다과를 나누거나 이웃의 소식을 전하는 등 반상회의 좋은 분위기에 대해서는 오랫동안 이야기했다. 이런 분위기는 단지의 관리라는 공식적인 기능보다 훨씬 우세한 측면으로 보인다. 또 다른 응답자 역시 "서울 아파트단지에 살고 있을 땐 반상회에서 다른 주민들을 만났어요. 그런데 여기로 이사 오면서는 반상회에 못 가서 이웃사람을 몰라요"라고 하며 반상회를 단지 내 친목의 장으로 생각했다. 거의 모든 아파트단지에서 운영되는 부녀회는, 아파트단지 생활에서 여성들의 역할이 공식적인 정당성을 부여받으며 제도화됐음을 보여 준다. 일곱 개 조사 대상 아파트단지의 부녀회는 불규칙하게 열렸다. 우성단지의 부녀회는 두 달에 한 번 열렸다. 잠실과 삼익단지에서는 한 달에 한 번 꼴로 모임을 가졌다. 부녀회의 기능은 반상회와 유사하여, 건물에서 일어나는 문제 해결을 위한 실용적 기능과 이웃을 만나 소식을 듣는 친목적인 기능도 담당했다.

또한 여성들이 주도한 다른 형태의 모임들도 아파트단지 내 친목을 제도화하고 있었다. 김 씨가 13명의 이웃과 만든 계모임이 그러하다. "친목계예요. 간단한 음식 먹고, 얘기하는데, 곗돈 조금씩 모아 가지고 어떤 집에 결혼식 있으면 교대로 주고 …… 초상이 나도 똑같구요." 이 계는 김 씨의 다른 계와는 달리 투기적 목적을 갖지 않는다. 반상회나 부녀회 같이 여성들에 의해, 여성들을 위하여 조직된 이런 형태의 계는 아파트의 건물에서 펼쳐지는 친목의 성격을 띤다.

면접 조사를 통해 얻은 사실들은 아파트단지의 일상적인 기능과 그 특징을 훌륭하게 반영하고 있다. 녹취한 인터뷰는 80퍼센트 이상이 여성이었다. 가장의 85퍼센트 이상이 남성이었으나, 배포된 설문지는 거의 여성들이 응답했다. 건물 경비원, 정원사 등 관리소 직원들을 제외하고는 아파트단지 내 남성 활동 인구는 거의 전무하다. 아파트단지는 마치 여성 위주의 영역으로 보이는 것이다. 이는 오래전 이효재가 서울의 주택가에 대하여 이미 지적했던 사실을 상기시킨다. "동네에서 떨어진 회사에서 일을 하는 남편들은 보통 이웃과 개인적인 관계를 맺지 않는다. 그들의 사회생활은 직장동료들 사이에서 이루어진다. 영화를 보거나 차를 마시고 당구장이나 술집에서 저녁 시간을 함께 보낸다"(Lee Hyo-jae 1971, 27). 이미 1970년대 초반 이 사회학자가 강조했듯이, 월급 생활자들이 늘고 주거 공간과 노동 공간이 분리되면서 여성적 분야와 남성적 분야의 구분이 만들어졌고 이후에도 크게 바뀌지 않은 것이다. 아파트단지 안에서 여성적 분야는 가정공간과 그의 확장적인 공간(대중목욕탕 또는 그것이 현대적으로 바뀐 헬스클럽과 사우나 등)으로, 여기에서 여성들은 관리와 결정에 강력한 권한을 가지고 있다.

3. 아파트단지 혹은 감시 받는 주택의 안락함

공용공간 사용의 합리화

신공덕동의 한 동네와 아파트단지에 대한 관찰 결과를 비교해 보면, 전통적인 도시의 골목과 놀이터, 잔디밭 등 단지 내 공용 공간이 다른 점을 알 수 있다. 전통적인 도시 원형에서 골목과 막다른 길들은 대로의 뒤쪽에 위치한다. 이는 통행을 위한 통로라기보다는 지역 주민들이 반(半)사유지처럼 사용하는 공간이다(Gelézeau 1997). 신공덕동을 예로 들면, 노인들은 보통 식료품점이나 버스 정류장이 가까운 동네 어귀에 모여든다. 노인들은 간단한 음식과 술을 마시거나, 의자나 벤치에 앉아 이야기를 나누거나, 때로는 화투나 바둑을 즐긴다. 그들 앞을 지나지 않고는 동네 안으로 들어갈 수가 없다. 아니면 좀 더 위쪽으로 난 다른 입구까지 돌아가야 한다. 날씨가 좋은 계절엔 동네 안쪽의 골목길은 여인들이 차지하는데, 넓은 평상이나 때로는 바닥에 자리를 펴고 앉기도 한다. 언제나 그런 것은 아니지만 바느질이나 야채를 다듬는 등 잡다한 일들을 가지고 나와 하기도 한다. 가을에는 함께 모여 골목길에서 말린 고추를 다듬기도 한다. 어떤 이들은 흙바닥에 선홍빛 고추 양념을 튀겨 가며 김치를 버무리기도 한다. 신공덕동의 골목길은 자전거를 타고 공놀이를 하며, 쪼그리고 앉아 딱지놀이나 구슬치기를 하는 아이들의 놀이터이기도 하다.

이런 도시 소구역 내의 주민들은 서로 왕래는 없더라도 모두 알고 지내는 하나의 공동체를 형성한다. 거리 인터뷰를 할 때 사람들의 이름이나 정확한 주소를 받을 필요가 없었다. 그들은 자신들을 '아무개 엄마'라고 소개했다. 그들 중의 한 사람은 "날 만나고 싶으면 우미 엄마를 찾으세요. 사람들이 어디 있는지 알려 줄 거예요"라고 말했다. 언제나 그런 식으로 그 부인을 모두 다섯 차례 만났고 결국에는 자신의 성을 알려 주었다. 이러한 전통적인 도시 소구역은 '아무개 어머니', '아무개 아버지' 등 사람의 호칭이 집단 내 위치에 따라 결정되는 테크노니미[3] 공간을 만들어 낸다. 이러한 테크노니미 공간에서는 서로가 서로를 알며, 각자

---

3 | 테크노니미 용법(l' usage teknonymique)은 '아무개 어머니 혹은 아무개 아버지'처럼 장남이나 장녀의 이름으로 부모를 호칭하는 것이다. 에번스 프리처드(E. Evans-Pritchard)는 수단의 뉴어인들의 호칭을 통해 이 이론을 설명하고 있다. 기어츠는 발리 사회를 대상으로 이 이론을 분석하였다(Geertz 1983, 126~).

의 지위나 직업을 안다. 필자 자신도 신공덕동 체류기간 내내 '불란서 학생'으로 불렸고 한 집에 사는 내 친구는 '불란서 학생 친구'로 불렸다.

이와는 달리 아파트단지에서는 골목이 사라지고 세대에 따른 공간들이 생겨났다. 노인정에는 노인들이 모이고, 유치원에는 유아들이, 놀이터는 하교 길의 어린이들로 붐빈다. 주거 공간의 합리화는 아파트단지 안에서 각자에게 주어진 공간에 격리되는 세대 간의 분리로 나타나는 반면, 신공덕동의 골목길에서는 여러 세대들이 함께 모이는 차이가 있다.

복도식 건물의 외부 복도는 때로 골목길을 연상시키는 용도로 사용되어 계단식 건물과 구별되기도 한다. 현대단지에서는 놀이터로 가기 위해 십여 층 아래로 내려가기가 귀찮아 복도에서 자전거를 타거나 공놀이를 하는 아이들을 볼 수 있었다. 마찬가지로 삼익과 우성단지에서는 복도식 건물이 아이들과 세발자전거, 페달로 가는 자동차 등 장난감으로 가득했다. 주민들의 말에 따르면, 이미 살펴본 대로 생활수준의 차이와도 관련이 있는 복도식과 계단식의 차이는, 주민들 간의 친교에도 영향을 미친다. 한 응답자는 "계단식은 사실 이웃을 더 몰라요. 큰 아파트는 전부 계단식이라 …… 큰 아파트에 사는 사람들은 자기 생활이 바쁘니까 이웃사람을 잘 안 만나요"라고 했다. 또 다른 응답자는 "복도식 건물에서 단독주택처럼 이웃을 잘 알고 …… 복도에 나가면 이웃사람들과 인사하고 잘 알게 되요"라 덧붙인다. 그럼에도 생활양식의 차이는 반드시 건물의 형태로 결정되기보다는 건물에 사는 사람들에서 비롯되는 것으로 보인다. 압구정이나 삼익단지와 마찬가지로 잠실단지도 대부분의 세대가 계단식이지만 복도식 아파트단지와 같이 이웃과의 교류가 활발했다. 이처럼 사례와 상황이 다양하여 모든 아파트단지들은 각각 나름대로 "관습 변환의 실험실"이라는 특징을 갖는 것 같다.

표 7_ 7개 조사단지 내 관리소 직원과 경비원 수

단지	관리소 직원(명)	경비원(명)	총 세대	관리소 직원 / 세대 수	경비원 / 세대 수
주공 (반포)	95	40	4,053	1 / 42	1 / 110
주공 (잠실)	78	37	4,450	1 / 57	1 / 121
현대 (압구정)	180	111	3,074	1 / 17	1 / 27
삼익	30	19	308	1 / 10	1 / 16
우성	58	41	1,080	1 / 18	1 / 26
현대(도화)	66	48	1,021	1 / 15	1 / 21
삼성	49	34	982	1 / 20	1 / 29

관리 사무소와 아파트 경비원들: 저임금의 하인

모든 아파트단지에는 아파트 주민들로 구성된 입주자 대표회의가 1년에 한 번 열려 아파트의 관리를 맡는 관리 사무소를 선정한다.[4] 관리 사무소는 또한 아파트단지 공동체와 공공 기관을 연결시켜, 동사무소나 구청과 손잡고 아파트단지의 쓰레기 분리수거, 반상회 유지 등 서울시의 시행령이나 법규를 실천한다.

반포와 잠실 같은 1970년대 초반의 아파트단지에는 관리소 직원의 숫자가 대략 주택 50호당 한 명, 그리고 경비원은 주택 100호 이상에 한 명이 배치되어 있다. 압구정단지는 15호에서 20호당 직원 한 명, 15호에서 30호당 경비원 한 명 꼴이었다. 관리 인력의 증가는 물론 관리비에 비

---

[4] 아파트단지 관리에는 크게 두 가지 방식이 있다. 첫째는 잠실, 반포, 압구정과 삼익단지에서 실행되고 있는 자치 관리로, 주민들의 능동적인 참여를 전제로 한다. 주민들은 각 동마다 동 대표를 선출, 단지 관리에 관한 주요 문제들을 해결하고 특히 관리 소장을 선임한다. 두 번째 방법은 위탁 관리로, 단지 관리를 외부 회사에 위탁하고 이 회사가 자체적으로 소장과 관리인들을 고용한다. 새로 지은 아파트단지에서는 건설 회사가 1년 동안 관리를 맡으며, 이는 건설 회사의 애프터서비스에 속한다.

례한다. 이런 면에서 가장 조건이 좋은 삼익단지는 관리비가 가장 비싸다. 주민들의 입장에서 아파트 관리에 필요한 인력을 고용하는 것은 단독주택보다 아파트 생활을 선호하는 중요한 하나의 요인이 된다.

"공공으로 관리 해 주니까 신경 안 써요 …… 난방 다 해 주고 청소도 소독도 해 주고 …… 그게 제일 편리한 점이에요"(우성단지의 한 여성 주민).

"아파트 공공 관리 편리해요. 집에 문제가 생기면 관리 사무소는 바로 보수 아저씨 보내요. 보수 아저씨가 다 할 수 있어요"(삼익단지의 한 여성 주민).

"여긴 경비 아저씨가 주민들의 잡다한 일을 다 해 줘요. 사람들을 도와주죠. 예를 들어 무거운 짐을 옮길 때 도와달라고 부탁하고, 남편이 퇴근하기 전에 외출할 일이 생기면 열쇠도 맡기고. 단독주택에서는 혼자뿐이니까 도와줄 사람이 없잖아요"(잠실단지의 한 여성 주민).

관리 사무소의 업무는 단지의 관리에만 국한되지 않는다. 인부, 경비원, 정원사 등 직원들은 주민의 일상사를 돕는다. 그중 특히 '경비 아저씨'들의 중대한 역할은 강조할 만하다. 잠실, 삼익, 현대, 우성단지의 20명의 경비원을 대상으로 한 인터뷰에 비추어 볼 때, 그들은 모두 55세 이상의 퇴직자들이었다. 거의 대부분 전직 목수나 택시 기사 등 기능직 종사자들이었다. 몇 사람은 동사무소에서 근무하기도 했다. 5장에서 살펴본 전 씨의 경우에서처럼, 한 달 수입은 수당과 상여금을 합쳐 약 100만 원 이하였다. 이들은 한 초소에서 한두 명의 동료와 24시간 교대로 근무한다. 다음은 몇몇 경비원들이 자신들의 업무 성격을 묘사한 것이다.

"24시간 연속 근무는 그다지 힘들지 않습니다. 그 다음 24시간을 쉬니까요. 아무 일도 하지 않으면서 하루를 보낸다고 할 순 없죠. 끊임없이 부탁을 하는 사람들을 위해 언제나 대기 상태에 있어야 하니까"(현대단지의 한 경비원).

"건물 주민 모두를 알고 있습니다. 사람들하고 이야기도 하고 심심 치 않아요. 전구를 갈아 달라, 수도꼭지를 고쳐 달라, 언제나 할 일이 있 어요"(현대단지의 경비원).

"일이 어렵지는 않지만 언제나 대기를 하고 있어야 해요. 다른 경비 는 전혀 몰라요. 각자 자기 동을 지켜야 하니까"(우성단지 경비원).

"사람들은 끊임없이 관리소 직원과 경비원을 불러대죠. 하수구가 막히고 수도가 안 나올 때, 전기가 고장 났을 때, 발코니 타일이 떨어졌을 때 등등. 직원은 모자라는데 이런 문제를 다 해결하기가 어려워요"(우성단 지 관리 소장).

실로, 경비원들과의 인터뷰는 거의 대부분, 도중에 주민들의 갑작스 런 출현으로 중단되기 일쑤였다. 전기가 고장 났다고 알리거나, 시장에 서 돌아와 무거운 짐을 옮겨달라고 부탁하거나, 열쇠를 맡기며 전달해 줄 사람에 대해 설명을 하는 등의 일 때문이었다. 따라서 경비원의 업무 는 건물의 공용공간 관리나 유지 등에 한정되지 않았다. 모두 주민들의 개인적인 여러 가지 일을 돕거나 집안의 설비를 고치는 일들이었다. 렛 은 유사한 관찰 끝에 건물의 경비원이 더도 덜도 아닌 하인과 같은 존재 라고 결론짓는다.

"이 사람들이 장바구니를 날라주고, 화분을 옮기며, 아이를 봐주고, 손가락을 다친 아이에게 반창고를 붙여 주고, 자전거를 옮기는 아이를 도와주고, 메시지를 전달하고 불평과 험담을 친절하게 들어주는 것을 직 접 목격했다. …… 간단히 말해 이들은 경비원 이상이었다. 그들은 봉사를 의무로 저임금에 고용된 하인들이다"(Lett 1998, 115).

사회적 통제의 새로운 형태와 안전 강박증

만능 인간인 경비원들은 아파트단지 내 안전을 확보하기 위해 경비 업무를 담당한다.

"경비원은 건물에서 일어나는 모든 안전사고를 책임집니다. 주민들의 생활을 보호하기 위해 건물 안에 외판원과 행상인의 출입을 금지시킵니다. 도난 사고를 예방하는 거죠"(현대단지 경비원).

"경비일은 우선, 예를 들면 도둑으로부터 주민들을 보호하는 겁니다"(반포단지 경비원).

"주요 업무는 주민들의 안전을 지키는 것입니다"(삼익단지 경비원).

여러 장소의 감시와 출입구의 통제로 이루어지는 경비 시스템은, 주민들로서는 단독주택보다 아파트를 선호하는 주요 원인 중의 하나이다. 인터뷰 당시 모든 응답자들은 경비원들 덕분에 낯선 사람이 건물 안으로 들어오지 못하고 주민들이 도둑이나 거지로부터 보호된다는 사실을 역설했다. 한 여성 주민은 "단지에서는 외출할 때 안전해요. 신경 안 쓰고 편리해요"라고 말했다. 아파트로 이사하기 전, 단독주택에서 살았던 많은 주민들이 "단독주택에 살았을 때 무서웠어요. 여자 혼자서 낮에는 불안해요"라고 답한 한 응답자의 말처럼 전에는 안전함을 느끼지 못했다고 토로했다. 다른 나라 대도시에 비해 범죄율이 특히 낮은 서울에서 이러한 안전 강박증은 놀랄 만한 일이다.

그러나 엄밀히 말해 경비원의 역할은 범죄 그 자체의 예방보다는 감시기능을 전담하는 데 있다. 신공덕동의 동네어귀에서 오가는 이들을 쳐다보던 노인들과 유사한 통제 기능을 수행하는 것이다. 이 점에 관련해 한 응답자의 말은 시사적이다.

"옛날에 단독주택에서는 젊은 사람들이 밖으로 일을 나가고 노인들과 여자들이 함께 집에 남았죠. 언제나 집을 보는 사람이 있었어요. 지금은 핵가족이 발달되어서 낮에는 집에 아무도 없잖아요. 그러니까 아파트가 더 편한 것이, 경비원이 있어서 낯선 사람은 들어올 수 없으니까."

대다수 아파트단지 주민들과 같은 생각을 갖고 있는 이 응답자가 단독주택을 떠난 것은, 도시의 생활과 현대사회가 지역공동체와 가정 내에서 가족들의 보호를 보장해 주는 사회적 유대와 가족적 연대감을 해체시켰기 때문이다. 결론적으로 이 응답자는 결국 아파트가 개인주의적으로 분열된 사회에 더 적합하다고 생각한다. 이 사람의 판단은 어느 정도 현대 한국 사회의 변천, 즉 핵가족 수의 증가, 노동 공간과 주거 공간의 분리와 같은 변화를 반영한다.

물론 신공덕동의 예에서 볼 수 있듯이 1990년대 중반에도 주택가에서 골목길은 '필터'나 '체'로 거르듯이 동네의 출입을 통제하는 기능을 가지고 있었다. 하지만 신공덕동 단독주택 동네와 같은 도시 소구역 공동체와 아파트단지의 사회적 통제 방법은 근본적으로 다르다. 신공덕동과 같은 도시 소구역에서 개인을 보호하고 이방인을 통제하는 것은 역사적으로 오래 누적된 장소의 배열 구조(주소 체계, 골목, 막다른 길)와 거주자들의 인습적이고 집단적인 감시(골목의 주민들)로 이루어진다. 이와 반대로 아파트단지는 '투명하고' 합리적으로 조직화된 장소(호수체계, 골목의 부재), 관리 사무소의 지휘 아래 집단의 외부에 속하는 한 개인(경비원)이 담당하는 통제(공식적 기능)가 특징적이다.

두 가지 경우 모두 감시와 통제는, 그것이 동네 입구이건 아파트단지이건, 공동체의 공간에 들어가는 모든 개인에 대해 이루어진다. 이는 감시의 일상화라고 하는 현대 도시 사회의 특징적 경향을 내포하는데,

아파트단지 안에서 특히 엄격한 형태를 띤다. 경비원과 관리 사무소 직원의 감시 및 통제 업무는 이와 같이 공동주택의 관리에 대한 규정 안에서 점진적으로 강화되었다.

> 아파트 등 경비원 방범교육자료: 공동주택 관련 법령 개정으로 아파트 경비 근무원에 대하여 아파트단지 등 일정 구역 내에서 발생 또는 예상되는 범죄를 예방하고, 발생 사건에 대한 신속 적절한 대처 요령들을 교육하여 자위 방범 역량을 강화하고자 함(방배경찰서 1997년 11월).

우성단지 경비원들에게 배포된 이 자료에는 화재나 홍수가 났을 때 취해야 할 행동이 명시되어 있으나, 내용의 대부분은 사람들의 감시에 할애되어 있다. 그중에서 경비원들은 밤낮으로 건물에 출입하는 배달인, 판매원, 떠돌이나 청년들의 신분을 검사해야 한다. 또한 수상한 사람은 중앙관리사무소에 신고하도록 되어 있다. 주민들이 취해야 할 행동 요령에 관한 부분에서는, 저녁 귀가길 건물 주차장에서 여성들에게 일어날 수 있는 경우를 서술하고 있다. 근처에 낯선 남자가 있을 때는 차 안에 들어가 문을 잠그고 경비원이 비디오 감시 장치를 통해 경보를 울려 도와줄 때까지 기다릴 것을 권유한다. 반포단지에서는 1980년대 초반에 여덟 개의 방범초소를 설치하면서 공용 공간의 통제가 확대됐다. 야간에 붉은 할로겐 불빛을 내뿜는 비상등을 설치한 초소는 군대의 경비초소를 연상케 한다.

최근의 아파트단지에는 관리 사무소와 연결되어 있는 스피커로 집 안에까지 개인의 감시와 통제가 이루어진다. 관리 사무소의 열성에 따라 안내 방송의 성격과 횟수는 다양해진다. 이 안내방송은 잠실, 삼익 등 옥외 스피커를 갖춘 오래된 아파트단지에서는 그 횟수가 훨씬 적어서, 특별한 경우를 제외하고는 거의 방송되지 않는다. 반면, 최근의 아파트단지에서는 주민들이 적어도 하루에 한 번은 방해를 받는다. 예를 들면, 전기요금을 내일까지 납부하라거나, 쓰레기를 정해진 곳에 분리·배출하라거나, 오늘 저녁 반상회가 열림을 알리며, 잘못 주차한 차를 옮겨 달라거나, 물탱크를 청소하는 날이니 청소 과정을 참관하라, 혹은 단전·단수 등을 방송한다.

이렇게 사적인 영역에 공공 행정이 개입되어 집단적인 질서와 규율을 장려하는 공지사항을 방송하는데 이에 대한 관리 소장들의 이야기는 무궁무진하다.

"제일 문제는 공동주택에 사는 모든 주민들이 공동 질서를 잘 지켜야 되는데 개중에는 공동 질서를 지키지 못하는 그런 주민들이 계시거든요. 그래서 주민 서로 간에 나쁜 일 생기는 게 많아요. 예를 들어서 애완견을 기르지 못하도록 금지하고 있는데 애완견을 기른다든지 또는 윗집에서 밤중에 피아노를 친다든지……" (반포단지 관리 소장).

"주민들이 질서를 잘 안 지키고 …… 쓰레기를 버리지 않고 …… 대부분 잘 하고 있는데 몇 세대는 협조가 잘 안돼요. 쓰레기 버리는 데도 약간 …… 쓰레기 전용 봉투 아닌 일반 봉투에 버려 가지고 문제가 돼요. 그런데 주민한테 홍보를 해도 몰래 살짝살짝 버리는 사람이 있어요. …… 그래서 관리 사무소에서 참 어려운 일이에요. …… 이처럼 자금을 쓰게 되고 공동으로 비용을 쓰게 돼요" (우성단지 관리 소장).

한국 사람들의 개인주의와 문란함, 무질서, 태만함 등에 대한 관리 소장들의 하소연은, 아시아 국가들의 경우 집단적 규율을 특징으로 한다고 알고 있는 서양인을 당황스럽게 한다.

단지의 주민들에게 행해지는 감시와 통제는 자넬리(Roger Janelli)와 임돈희가 『자본주의 형성』(Making Capitalism)에서 분석한 한국 재벌 기업에서 그 직원들에게 가하는 감시와 통제를 연상케 한다(Janelli et Yim 1993). 커밍스는 "한국 군대는(한국전쟁 이후) 전투는 없었으나 30년간 산업규율학교를 세웠다"라며(Cumings 1997, 303), 한국 기업 문화를 지배하는 규율은 군사주의의 결과라 생각한다. 결국 기업에서 월급쟁이 군단의 징집병들이 되는 것은 3년간의 군 생활로 '교육된' 남자들이다. 고지서의 납부 기한을 알리는 아파트단지의 스피커와 '수상한 사람'을 신고하도록 경비원들에게 전달되는 지침은 군사독재의 유산과 관련이 있다. 차단기가 군부대를 연상시키듯, 경제 발전을 추동한 권위주의 국가의 기초라 할 수 있는 군사주의로부터 오늘의 한국 사회는 크게 벗어나지 못했다. 이런 점에서 푸코의 『감시와 처벌』(Surveiller et punir)을 관통하고 있는 테마를 떠올리게 한다(Foucault 1975, 220-223). 그에 따르면 규율적인 방식에 따른 발전은 인구의 대폭적인 증가와 이윤 추구적 생산 체제의 확대라고 하는 역사적 과정과 깊은 관련을 갖는다. 한국에서 감시 체계의 발전 과정은 권위주의 국가에 의한 경제의 급성장과 불가분의 관계를 맺으며 현대 한국 사회를 특징짓고 있다.

전체적으로 볼 때 단지 내 가족의 사회성에 대한 분석은, 그 구조와 행동 면에서 사회가 현대화됐음을 확인시켜 주었다. 그러나 생활양식의 변화가 사적인 영역 안에서 개인 간의 관계(부모 관계, 특히 남녀 관계)를 특징짓는 기본적인 규범을 사라지게 하지는 않았다. 반면, 아파트단지 안에서 경비원이나 관리 사무소를 매개로 행해지는 개인에 대한 통제는 전통적인 동네에서 행해지는 통제 방식을 이어간 형태라고 결론짓기는 어렵다. 골목길과 같이 준사유지 공간에서 공동체적 형태로 행해지는 전통적인 방식과는 달리 아파트단지는 공적인 통제를 그 핵심으로 삼고 있기 때문이다.

아파트단지 내에서 통제 업무를 담당하는 직원이 다른 한편 그들이 감시하는 사람들의 하인이기도 하다는 사실은 전혀 모순되지 않는다. 경제성장의 주요 수혜자 집단들로 이루어진 아파트단지 주민은 그 결실을 맛보았다. 중류층이나 도시 중산층에 속하는 이들 아파트 주민들은 하인을 부리는 권리를 포함해 상층 사회계층의 권리를 요구한다. 경제 발전의 수혜자인 이들은 그 혜택이 지속되기를 바라면서, 그들의 직장과 다른 분야뿐 아니라 그들의 주택 안에까지 이어지는 여러 가지 형태의 통제와 감시를 기꺼이 인내하려 하는 것이다.

결론

대단지 아파트와 하루살이 도시

한국은 어떤 도시형태와 사회구조를 발전시키기를 원하나? 그리고 그 기초위에서 어떤 주택정책과 주거공간을 만들어가기를 바라는가? …… 대단지 아파트는 도처에서 대규모 도시문제뿐 아니라 정치적 초점들을 결집시키며, 여러 형태의 감시체제를 발전시키고 있다. 또한 대규모 공동주택이 가질 수밖에 없는 어려움은 장기적으로 대단지 아파트의 관리와 유지 문제를 더 복잡하게 만들고 필연적으로 그 비용을 더 증대시키는 결과를 낳는다. 이는 도시형태의 견고함을 취약하게 만들어 프랑스에서처럼 쇠락의 길로 접어들거나, 한국에서처럼 일상화된 재개발의 결과를 낳는다. 주택이 유행상품처럼 취급되는 것은 놀라운 일이다. 결론적으로 말해 대단지 아파트는 서울을 오래 지속될 수 없는 하루살이 도시를 만들고 있는 것이다

아파트의 성공 모델, 한국

한국의 아파트단지는 '한강의 기적'을 낳은 가장 효과적인 수단이자 한강의 기적이 만들어 낸 가장 분명한 결과이다. 아파트단지의 건설은 건설 산업 발전에 중요한 계기로 작동했으며 한국의 산업구조 안에서 그 중요성은 이미 잘 알려져 있다. 1971년에서 1996년 사이, 건설 산업의 생산은 국민 총생산보다 두 배나 빠른 속도로 증가했다(Kim Jaeyoung et al 1998). 건축, 도시계획, 국토 개발 등 이 분야의 산업은 중간계급에게 많은 일자리와 아파트라는 형태의 주택을 제공했다. 1998년까지 분양제도에 따른 가격 통제로 지불능력이 있는 계층에게 부의 축적을 가져다준 아파트는 한국의 중간계급을 형성시킨 진정한 공장이었다. 결국 아파트단지는 농촌공동체로부터 도시로의 이주와 급격한 산업화 과정에서 전통적 정체성의 기준들이 무너지는 가운데에도 이들 신흥 중간계급에게 사회적 인정이라는 상징을 제공했다.

1997년에서 1998년으로 넘어가는 겨울 이후, 경제 위기에 타격을 입은 건축 부문과, 주택 시장의 상황은 중대한 도전이었다. 2000년 11월 현대건설의 심각한 재정난이 야기한 충격과 한국 재벌기업을 대표하던 이 회사의 파산을 막기 위해 정부가 기울였던 노력이 이를 입증한다. 그러면서 주택 시장을 지원하는 대책들이 줄지어 강구됐다. 특히, 수입이 줄어들어 중도금을 지불할 수 없게 된 주택 취득자들을 위해, 저금리의 융자 제도가 마련되기도 했다(윤주현 1998; 2000).

주택 시장 위기에 뒤따른 사태와 결과는 역설적이게도, 한국에서 아파트의 성공을 재확인시켜 주었다. 1994년에서 1999년 사이, 주택 가격 지수의 변화를 분석한 바에 따르면, 전체 도시에서(1995년을 100으로 했을 때)

모든 형태의 주택을 포괄하는 주택가격지수는 1997년에서 1998년 103.5에서 91 이하로 하락했으나, 1999년과 2000년을 거치면서 곧바로 이전 수준을 회복했다. 이러한 상황의 호조는 서울과 중간 규모의 도시에서 가장 현저했다(대한주택공사 1999, 162). 이후 조사에 따르면, 건축 부문의 중소기업들이 잇달아 파산하면서 한국의 주택 구입자들이 중소기업에 대한 신뢰를 잃었음을 보여 준다. 그러므로 가장 믿을 만한 것은 대기업의 아파트 시장이라는 것이며 여기서 현대건설의 에피소드가 빚어졌다. 따라서 경제 위기는 건설 분야 대기업들이 건설한 아파트단지의 품위를 더욱 확고하게 유지시켜 주었다. 이러한 경향은 2000년과 2001년 주택정책의 목표를 통해 표현됐다. 50만 호 건설 목표 중 3/4이 아파트였고, 2002년 주택보급률 100퍼센트를 겨냥했다(장성수 2000).

미래의 아파트 문제

이제 독자들은, 이 아파트단지들의 미래에 대하여 자문해 볼 것이다. 1950년과 1960년대 대규모 주택정책의 비참한 결과를 잘 알고 있는 프랑스인 관찰자로서, 한국의 아파트단지에 끔찍한 이미지를 부여하면서 암울한 미래를 예언하는 것은 분명 구미가 당기는 일이다. 그러나 미래에 대한 예측은 현재를 이해하는 것으로도 벅찬 지리학자의 일이 아니다. 한국과 프랑스의 경우는 시간과 공간의 차이가 너무 커서 원인이 같다 해도 같은 결과를 낳을 것이라고 말할 수 없다. 도시의 형태에는 어떠한 필연성도 없다.

그럼에도 한국의 아파트단지는 머지않아 하나의 중요한 도시문제가 될 것이다. 건물 수명을 20~30년으로 볼 때, 1970년대 아파트단지의 개축과 재건축 문제가 이미 서울에서 시작되었다. 15년이나 20년 후엔, 1980년대 중반 이후 대건설 계획으로 탄생한 모든 아파트들에 같은 문제가 제기될 것이다. 이 건물들의 관리와 보수, 재건축 등을 어떻게 해 나갈 것인가? 도시의 관리자들은 이러한 도전에 어떻게 대응할 것인가? 분명 한국 도시 관리의 성공 여부는 아파트단지의 문제에 대응하는 방법에 달려 있다. 아파트단지는 이미 도시의 유산에 속하는 문제이자 당장 오늘의 도시문제가 되었다.

이러한 문제는 아시아의 다른 지역에서도 나타날 가능성이 있다. 한국의 예는 한국만의 문제가 아니기 때문이다. 상하이나 베이징에서 일고 있는 중국 아파트단지의 확장은 아파트단지가 한국, 그리고 홍콩, 싱가포르 등의 도시국가에 국한된 문제가 아니라는 사실을 입증한다. 권위주의적 자본주의를 강화하는 국가적 제도를 통해 급성장을 이룬 나라들이 높은 인구밀도를 갖는 도시환경을 가졌다면, 아파트단지 모델은 그 어떤 도시 형태와도 잘 결합되지 않을까 하는 생각이 들기까지 하다.

한국에서 아파트단지가 도시 현대성의 기본 요소라는 것은 당연한 사실이다. 그러나 아파트단지의 건설로 인한 주거 공간의 합리화는 서구화의 산물이면서 동시에, 한국적 특성을 가진 사회·정치·경제적 체제의 산물이기도 하다. 한국성과 서구성의 대립 그리고 그 필연적 귀결인 전통과 현대성의 대립은 현대 아시아에 대한 많은 논의에서 뜨거운 주제를 이룬다. 이 책 역시 그중의 하나가 될 것이다. 그런데 한국의 아파트단지는 이러한 이분법적 논술 구조를 혼란에 빠뜨린다. 외양과는 달리 아파트단지는 한국 사회가 현대화로 돌입하면서 쏟아 낸 가장 독창적인 산물이자 매개체이자 상징물이다. 아파트단지는 한국 현대성의 한 척도이자 전형인 것이다.

우리가 잊지 말아야 하는 것은 사고방식의 상대성이다. 이것은 과학적 연구에서만이 아니라 미학적 판단에도 적용되어야 한다. 도시의 형태에는 어떤 필연성도 존재하지 않는다. 과연 도시미에 대한 규범은 존재하는가. 도시의 미는 도시가 석조로 되어 있는가 콘크리트로 되어 있는가 하는 외형에만 존재하는 것이 아니다. 도시란 보기 위해 만들어진 것일 뿐 아니라 살기 위해 만들어진 것이기도 하기 때문이다. 도시는 연극의 무대 장식이 아니다. 도시의 경관은 주민들과 그들의 생활양식 사이에서 중요한 유기적 결합을 표현한다. 지난 30년에 걸쳐 한국의 도시에 세워진 아파트단지 관리 문제에 효과적으로 대응하려면 이 기본적인 관점을 염두에 두어야 할 것이다. 우리가 이 문제를 좀 더 깊이 성찰하는 데 있어서 프랑스의 경험은 많은 도움이 된다.

프랑스의 아파트단지 문제

2005년 가을, 프랑스 파리 근교에서 발생한 소요 사태는 전 세계의 주목을 받았다. 대형 화재, 경찰과 폭도들의 대치, 폐허가 된 주차장, 타다 남은 자동차의 잔해 등 텔레비전과 신문을 통해 보도된 충격적인 장면들의 배경에는 1960년대와 70년대에 세워진 대단지 아파트들이 자리하고 있었다. 이제 이 대단지 아파트는 폭력과 위험의 진원지로 여겨지고 있다. 프랑스 도시의 상징적 상흔이라 할 이러한 '도시근린지역' 문제는 20년 넘게 시행되었던 프랑스 도시 정책 내지 주택정책의 실패를 분명하게 드러내고 있다.

한국의 대단지 아파트 상황은 이와는 사뭇 다르다. 더 높은 건물을 짓기 위해 불도저들이 낡은 건물들을 끊임없이 허물고 있고, 기존 아파트의 재건축이 이루어지면서, 서울의 알짜배기 땅 곳곳에서 30층이 넘는 호화 아파트단지가 속속 모습을 드러내고 있다. 도시의 주택정책은 여전히 아파트라고 불리는 대규모 공동주택을 양산하고 있으며, 고층 아파트는 대다수 사람들이 선호하는 대표적 주거 형태로 자리 잡았다. 대단지 아파트에 대한 프랑스와 한국 모델의 비교는 가능한가? 가능하다면 어떤 의미가 있고, 프랑스의 앞선 경험이 한국에 주는 시사점은 무엇인가?

이미 이야기한 바와 같이 프랑스인들은 대단지 아파트에 흥미를 잃었다. 물론 1960년대 처음 대단지 아파트가 건설될 당시에는 중간 계층의 젊은 부부들에게 환영을 받았다. 그들은 자신들의 주거 환경이 진정으로 개선되었다고 생각했다. 당시의 아파트단지 입주자들과 건축가, 도시계획 전문가들에게 대단지 아파트는, 오늘날 한국에서와 마찬가지로 현대적인 삶의 상징이었다. 대단지 아파트의 지위가 실추되기 시작한 것은 1970년대(1974년 1차 오일쇼크)에 들어서면서였다. 결국 1960년대 그곳에 이주한 젊은 부부들에게 대단지의 장기임대아파트(HLM)는 개인 소유의 단독주택이라는 목표를 위해 거쳐가는 하나의 중간 단계에 지나지 않은 것이 되고 말았다.

1970년대 중반부터 중간계급이 대단지 아파트를 떠났고, 주로 이민자 출신의 하층민들이 유입되었다. 이 시기부터 도시근린지역의 대단지 아파트는 점점 주변화되었고 생활 시설이 낙후되고 잠재적인 사회문제를 안고 있는 지역으로 부각되었다. 이렇듯 2005년 가을 이 지역에서 발생한 폭력 사태는 이미 30여 년 전부터 싹트기 시작한 것이다.

이 책의 본문에서도 언급했지만, 프랑스의 모든 대단지 아파트들이 이러한 실추의 나락을 겪은 것은 아니다. 1970년대 초반에 건설되었고 매매가 가능한 파를리 2단지, 벨리지 2단지, 혹은 파리 근교의 지프-쉬르-이베트의 단지는 달랐다. 그러나 그 밖의 대다수 아파트단지들은 현재 여러 사회 지표에서 최하위를 나타내는 지역에 속한다. 가구당 평균수입은 전체 평균에 못 미치고, 실업률, 특히 청년 실업률이 전체 평균치의 2~3배에 달하며, 다른 곳에 비해 한부모 가정, 외국인, 이민자의 비율이 월등히 높다. 이들 대단지는 주택문제 해결을 위해 급조된 데에다 이제는 대부분의 시설이 매우 노후했고, 물질적인 측면에서 극도로 악화된 생활환경을 갖게 되었기 때문이다. 이미 20여 년 전부터 지속된 대단지 아파트의 암울한 상황은 이민자들에 대한 프랑스 통합주의 정책이 이제는 기능을 상실했음을 드러낸 징조가 아닐 수 없다. 근린지역의 대단지 아파트에 거주하는 젊은 청년들 중에는 실업문제와 인종차별에 노출된 이민자들이 많다. 그러나 그들의 상황이 개선되리라는 전망은 어디에도 없다.

1980년대 초반부터 프랑스의 대단지 아파트들은 프랑스 도시 정책에서 우선순위를 차지하는 문제의 하나였다. 그것은 1981년 여름에 있었던 특별한 상황에서 촉발되었다. 사회당의 미테랑이 대통령에 당선되었고, 특히 이민자들을 위한 의욕적인 사회계획이 강조되었음에도 불구하고 대도시의 근린지역 곳곳에서 소요 사태가 일어나, 짧은 여름 한 철 동안 250대의 차량이 불에 탔던 것이다. 프랑스 정부는 곧바로 제1차 계획인 지역사회개발(DSQ: Développement social des quartiers)을 발표하고 16개의 '우선개발지역'(quartiers prioritaires)을 선정하였다. 이후 1989년에는 도시사회개발(DSU: Développement social urbain), 1991년에는 도시개발계획법령(LOV: Loi d'orientation sur la ville), 1996년에는 도시활성화규약(PRV: Pacte de relance pour la ville), 2000년에는 연대의식 및 도시중흥 관련법(SRU: Loi relative a la solidarite et au renouvellement urbain)과 같은 계획과 법령이 뒤를 이으며 여러 정책 개념이 발전하고, 시행 계획 내용이 매우 다양해졌다. 그러나 이 과정에서 대상 지역의 수가 16개에서 750개 이상으로 증가했을 뿐, 근린지역의 대단지 아파트 문제는 개선되지 않았으며 여전히 사회문제이자 정치 문제로 폭발할 가능성을 내장하고 있는 것이 오늘날 프랑스의 현실이다.

프랑스에서와 마찬가지로 한국에서도 대단지 아파트는 도시 정책에서 중요한 자리를 차지하고 있다. 한국의 주택정책은 1990년대 중반 이후 질적인 측면을 많이 고려했음에도 불구하고 여전히 대규모 주택 양산의 형태를 벗어나지 못하고 있다. 최근 확정된 주택정책은, 2003년에서 2007년 사이 주택 250만 호 건설(연간 50만 호)을 목표로 하고 있어 2007년에는 주택보급률 110퍼센트를 예상하고 있다(Koh Chul 2004). 1997년 외환위기 여파로 침체되었던 주택 시장은 활력을 되찾았다. 하락세에 있던 주택가격은 외환위기 이전 수준을 곧바로 회복하면서 다시 상승하였다. 대출 금리의 하락은 아파트 가격의 상승을 부추겼고, 특히 서울에서는 아파트 재건축 계획이 발표되면서 아파트 수요가 증가하였다. 경제위기에도 불구하고 아파트의 수요 증가와 가격 상승과 맞물려 주택의 대규모 건설이 여전히 계속되고 있는 것은 특수한 '한국적 상황'이라 할 수 있다.

1998년 김대중 정부의 출범과 함께 주택정책은 국민주택의 확대보다 자유화와 규제 완화 쪽으로 치중되었다. 정부는 고용 창출과 주택가격 안정화에 기여한다며, 주택 시장의 활성화를 경제 회복의 견인차로 간주하였다. 주택 부문의 규제완화는 무엇보다 가격 통제 폐지, 대출 권장, 매매 시 부과되는 관련 세금의 면제로 나타났다. 싱가포르의 고급 콘도미니엄에서 아이디어를 얻어 건설된 서울의 타워팰리스 등 호화 대형 아파트의 건설은 규제 완화가 가져온 가장 두드러진 결과물이다.

감시체제와 단지 관리의 문제

대단지 아파트가 프랑스에서는 심각한 문제를 안고 있는 것으로 인식되고 있는 반면, 한국의 경우는 그것이 주택문제 해결과 나아가서는 경제위기의 해결을 위한 돌파구로 파악된다는 점에서, 아파트에 관한 한 두 나라의 태도는 거의 상반되는 입장에 서 있다.

 프랑스 도시근린지역의 소요사태는 지금까지 없었던 전혀 새로운 문제가 아니다. 무엇보다도 그것은 도시 주변 소외 지역의 사회문제에 대한 정부의 대응과 도시 정책이 적절치 않았다는 데 기인한다. 1980년대 이후, 근린지역과 대단지 아파트를 도시 내 위험지역으로 만든 장본인은 바로 정부였다. 다시 말해 정부는 근린지역의 도시 폭동이 갖는 특별한 성격을 파악하려 하지 않고, 이 지역 주민들이 직면한 사회 부조리에 대한 해결책을 고려치 않은 채, 단지 폭력 사태로만 상황을 정의함으로써 이들 지역에 대한 경계 강화와 경찰 병력 증강을 정당화하는 데 급급했다(Dikeç 2004).

 프랑스의 도시폭동을 연구한 지리학자 디케치(Mustafa Dikeç)는 대단지 아파트와 폭력의 관계는 해당 지역의 정치·경제·사회적 상황과 밀접한 연관이 있음을 보여 주었다. 중요한 것은 물리적 상황이 나쁘다는 '사실의 측면'뿐 아니라 그러한 상황이 어떻게 이해되고 있는가 하는 '인식의 측면'을 주목해야 한다는 데 있다. 요컨대 대단지 아파트 지역에서의 폭력행위는 '사실과 실재가 사회적으로 표상되고 구성되는 특정의 방식'이 가져온 결과인 것이다. 이는 2005년 가을의 소요사태에서도 그대로 나타났다. 이 지역은 높은 실업률 등 사회경제적 환경이 열악하여 국가가 정책적으로 관리하는 지역이다. 결정적인 것은 경찰 개입이 일상화되어 있는 상황에서 발생한 이민 가정 출신 두 소년의 죽음이었다. 한 소년은 북아프리카 출신이고 다른 한 소년은 말리 출신으로 경찰이 추격하는 것으로 오해한 나머지 도주하다가 변전소에서 감전사했다.

프랑스와는 상반되는 사례이지만, 한국의 대단지 아파트 역시 통제의 문제에 대해 깊은 성찰을 필요로 한다. 역설적이지만 한국에서 아파트단지는 지속적인 감시체계 덕분에 매우 안정된 주거 공간으로 여겨지고 있기 때문이다. 한국의 아파트단지는 국가로 하여금 통제와 감시를 용이하게 하였다. 이러한 감시의 논리는 한국의 아파트단지에 여전히 지속되고 있는데, 이는 1980년대 말 민주화를 통해 엄청난 정치적 변화를 경험했음에도 불구하고, 아파트단지 내 일상적 생활환경의 구조와 조건은 달라지지 않았다는 사실로 나타난다.

서로 간의 차이에도 불구하고, 프랑스의 경우와 한국의 경우를 대조해 보는 것은 여전히 흥미롭다. 이 책 본문에서도 강조했지만 도시가 특정의 형태를 갖게 된 데에는 그 어떤 필연성도 존재하지 않는다. 대단지 아파트가 갖는 물리적 특성 때문에 프랑스의 대단지 아파트가 문제의 위험지역으로 변한 것도 아니다. 마찬가지로 한국의 경우도 아파트단지의 형태 때문에 문제인 것은 아니다. 프랑스의 아파트단지는 적어도 1980년대 이전까지 도시에서 가장 문제가 많은 지역이 아니었다. 그곳을 도시 폭력의 중심지로 만든 것은 합리적인 도시 정책의 대상이 아니라 점차적인 감시와 통제의 확대가 필요한 지역으로 규정하고 접근한 데 있다. 반면 한국의 경우는 아파트단지에서 감시와 통제의 체제가 민주화와 같은 정치적 격변과 경제위기 이후의 불안정한 시기에 오히려 사회 질서를 지탱해 준 완충 요인으로 기능했고 아마 지금도 그렇다고 할 수 있을지 모른다. 그러나 감시체제와 사회안정의 병행이 언제까지 지속될 수 있을까?

도시에서 대단지 아파트의 탄생과 이것이 도시 유형의 물질적 변화에 미친 영향은 프랑스와 한국을 대조할 수 있는 또 다른 요소이다. 사실 한국의 아파트단지가 프랑스에서만큼 심각한 도시문제의 근원은 아닐지라도, 건물의 노후 문제는 한국에도 존재한다. 대단지 아파트는 그 유지 비용이 장기적으로 많이 드는 주거 형태이다. 이는 프랑스의 도시근린지역 문제를 악화시키는 데 기여했던 한 요인이었다.

초기에 프랑스 대단지 아파트의 관리는 불충분했고, 정부는 점차 권위주의적으로 관리함으로써 주민들을 압박했다. 주택공사가 아파트단지의 유지, 개수, 재건축에 노력을 경주하는 싱가포르의 경우는 또 다른 예라 할 수 있다. 권위적인 정부가 주도하는 감시의 논리가 주거 공간의 물리적 유지를 위해 공공기관의 강력한 실행력을 작동시키는 시스템의 본보기가 되고 있기 때문이다.

한국에서는 공공기관이 직접 아파트단지의 유지, 개보수나 재건축에 개입하지는 않는다. 결국, 그 부담은 대부분 중간계급에 속하는 단지 주민들의 몫이다. 그러므로 여기에서 파생되는 문제는 경제위기 이후 이 계층에 심각한 영향을 미친 정치·경제·사회적 상황의 변화와 무관할 수 없다. 1990년대 중반에 연구 분석했던 아파트단지를 대상으로 2004년과 2005년에 시행한 재조사에서는 관리 소장의 답변 가운데 중요한 변화를 발견할 수 있었다. 1990년대 중반에 잠실에서만 거론되었던 건물 노후와 그 관리 문제가 2004~05년의 재조사 과정에서는 모든 아파트단지에서 전반적으로 드러났다. 건물의 관리와 노후 문제는 아파트단지의 관리비 문제로 이어졌고, 이는 조사 대상 전체에 걸쳐 예외 없이 공통적인 한 가지 변화를 가져왔다. 주민들이 관리비 인하를 요구하면서 관리소 직원, 특히, 경비원의 감원이 불가피해진 것이다. 최근에 지어진 아파트단지(신공덕동 삼성아파트)에서는 경비원의 기능이 건물 입구의 디지털 개폐 장치로 대체되기도 하였다.

    인터뷰에 응한 일부 직원들은 단지 내 주민들에게 닥친 경제 위기의 직접적인 결과에 대해 언급했는데, 그것은 1998년 파산과 실직 등으로 이사가 빈번했으며 관리비 미납 가구가 늘었고 아파트를 경매에 붙이기 위한 집달리들의 출현이 잦았다는 사실이다. 당시 관리비 체납자의 비율은 조사 대상 아파트단지 거의 대부분에 걸쳐 약 10퍼센트(평상시 3~5퍼센트였던 것의 두 배 이상)로 늘었다.

    본문에서 필자는 경비원의 기능을 부유층의 전유물인 하인의 기능으로 설명했던 렛(Lett 1998)의 연구 결과가 한국에서도 확인된다고 말했다. 그렇다면 경비원의 감원과, 인터폰, 디지털 출입 시스템, CCTV의 설치로 자동화된 관리 체계 및 감시 시스템은, 한국 중산층의 특권 상실과 아파트단지의 점진적인 쇠락을 의미하는 것은 아닐까?

신자유주의와 사회 공간의 차별화

물론 아파트단지 내의 여러 변화 양상만으로 주택 시장 규제 완화와 가격 자유화로 나타난 신자유주의적 전환이 한국의 도시공간에 미친 영향과 이로 인한 사회 공간적 차별화, 더 나아가서는 사회 공간의 분열을 충분히 설명할 수는 없을 것이다. 좀 더 넓은 맥락에서 생각해 보자.

    한국, 특히 서울에서 1960년대에 건설된 초창기 아파트들은 대부분 사라졌고, 그 이후 1970년대에 지어진 저층(5~7층) 아파트단지들에 대한 재건축 사업이 시작되었다. 이러한 경향은 특히 강남에서 두드러진다.

표 8_재건축에 따른 잠실 3단지의 변화

	재건축 전	재건축 후
가구 수	3,288호	4,696호
인구	약 12,000명	가구당 가족 수의 감소로 변화가 거의 없을 것으로 예상
건물	5층 71개 동	19~32층 46개 동
가구당 면적	15 / 17평	25 / 33 / 43 / 54평
건폐율	20%	12%
용적률	90%	270%

재건축 계획들은 이 지역에 가장 많이 집중되었고, 이미 높은 지가가 상승을 거듭하고 있기에 기대이윤 역시 더욱 높게 평가된다. 잠실의 네 개 주공단지는 모두 재건축 중에 있다. GS건설, 현대산업개발, 현대건설주식회사가 참여하는 일종의 컨소시엄으로 건설 중인 잠실 3단지의 예에서 볼 수 있듯이, 재건축이라는 이 대규모 사업은 도시 유형뿐 아니라 해당 지역의 사회·경제적 역학에 강한 영향을 미치고 있다.

새로운 초고층 아파트단지 건설에 따른 건폐율의 감소는 지역의 조밀화를 수반하며 용적률의 경우 거의 세 배나 증가했다. 그러나 이러한 조밀화가 도시 형태를 변화시킨다는 사실에 유의해야 할 것이다. 가구 수는 12퍼센트 정도 증가할 것이지만, 가구당 가족 수의 감소로 인해 단지 전체 인구수는 큰 변화가 없을 것이다. 그러나 아파트 평수의 증대는 재건축 사업이 가져오는 사회 변화를 잘 보여 준다. 잠실 3단지의 경우 구 단지에 거주하던 주민의 25퍼센트만이 소유주였고 75퍼센트는 세입자였던 만큼, 아파트 평수가 커지고 전세가가 급등하면 그중 극히 적은 세대만이 단지에 남을 수 있을 것이다. 그 결과는 이 지역을 더욱 상층 중산층화하는 것이다.

전세가의 상승이 재건축에 따른 것만은 아니다. 3~4년에 걸쳐 진행되는 재건축 사업은 그 과정을 통해 사실상 해당 지역의 주택 시장에 엄청난 압력이 된다. 주민의 일부는 다른 지역으로의 이주를 원치 않았기 때문에, 전세 수요는 그대로 있는 반면 전세 주택의 공급량은 재건축으로 감소했기 때문이다. 결국 해당 지역뿐 아니라 송파구 전체와 인접 구의 전세가는 전체적으로 상승했다. 광범위한 재개발계획과 대규모의 주택 수요가 연동되는 이러한 메커니즘은 좀 더 부유한 계층이 이주해 오고 빈곤한 계층이 이 지역을 떠나게 됨으로써 고전적인 사회 변화의 경로를 밟고 있는 것이다.

　더구나 주택 시장의 자유화로, 호화 아파트와 사무실, 오피스텔 등이 혼합된 주상 복합 형태의 건물이 상당히 늘어나게 되었다. 이 새로운 주거 형태는 일반 아파트단지가 갖추고 있는 시설에다, 헬스클럽, 수영장, 골프 연습장 등 고품격의 시설들을 갖추고 있다. 서울의 유명한 타워팰리스, 아크로빌이 그 대표적인 예이다. 관리 사무소에서 실시한 설문조사에 따르면 (타워팰리스에서는 '관리 사무소' 대신 '생활지원센터'라는 명칭을 사용하고 있다) 이곳의 주민들은, 사업가, 재벌기업의 간부, 정년을 전후한 교수 등으로 상류층에 속하는 사람들이었다. 타워팰리스의 관리비 수준은 조사 대상이 되었던 여타의 아파트보다 약 40퍼센트 정도 비쌌다. 한편 타워팰리스 관리소 직원들은 주민들이 요구하는 서비스와 관련된 애로사항을 토로했다. 기존의 아파트단지와 비교했을 때 주상 복합 단지 관리의 특성에 맞는 관련 법규가 부재한 문제나, 주민들이 수준 높은 서비스를 요구함에 따라 기존 아파트단지 근무 경험이 있는 직원들 모두 새로운 업무 부담과 '스트레스'를 받고 있다는 점을 강조했다.

　마지막으로 이 호화 아파트는 주민의 승인 없이는 출입이 거의 불가능한 공간이다. 관리소 직원들과의 인터뷰도 다른 아파트단지에 비해 훨씬 더 어려워서, 필자는 부동산 중개소를 통한 '편법'을 발휘해서야 그

초호화 주상복합아파트의 열풍을 몰고 온 타워팰리스.

내부를 방문할 수 있었다. 일반 아파트단지에서 만족할 수 없었던 서비스에 대한 특권을 서울의 상층 중산층은 이러한 주상 복합 아파트에서 찾게 된 것이다. 그리고 외부에 대해 매우 배타적인 이곳의 일상 공간은 출입이 통제되는 일종의 '게이티드 커뮤니티'(gated community: 외부인 출입제한 주거지역)의 형태를 발전시키고 있었다. 미국의 대도시에서 주로 발견할 수 있는 이러한 주거양식은 사회 전체적으로 거주형태를 획일화시킬 뿐 아니라 점점 더 파편화된 도시를 만들어 낼 것임이 분명하다.

한국과 프랑스의 대단지 아파트를 구별 짓는 여러 가지 차이점에도 불구하고 양자를 대비해 보는 것은 도시 형태와 사회적 관계 간의 문제에 대해 흥미로운 전망을 내놓게 한다. 우선 대단지 아파트의 출현과 변화 과정은 해당 지역의 사회적 맥락과 무관할 수는 없지만, 근본적으로는 정부 정책으로 표현되는 정치적 선택의 문제라는 점을 확인시킨다. 한국은 어떤 도시 형태와 사회구조를 발전시키기를 원하는가? 그리고 그 기초 위에서 어떤 주택정책과 주거 공간을 만들어가기를 바라는가? 민주화에도 불구하고 한국의 정책 결정자들은 이러한 문제를 심각하게 고민하지 않았던 것 같다.

    대단지 아파트는 도처에서 대규모 도시문제뿐 아니라 정치적 초점들을 결집시키며, 여러 형태의 감시체제를 발전시키고 있다. 대단지의 형태는 그 자체로 사회 공간적 차별화를 낳지는 않지만, 적어도 이러한 차별화를 고착화시키는 효과를 갖는다. 또한 대단지 아파트는 장기적으로 관리와 유지 문제를 더 복잡하게 만들고 필연적으로 그 비용을 더 증대시키는 결과를 낳는다. 이는 도시 형태의 견고함을 취약하게 만들어 프랑스에서처럼 쇠락의 길로 접어들거나, 한국에서처럼 일상화된 재개발의 결과를 낳는다. 주택이 유행 상품처럼 취급되는 것은 놀라운 일이다. 대부분의 사람들이 별로 깊이 생각하지 않는 문제이지만, 결론적으로 말해 대단지 아파트는 서울을 오래 지속될 수 없는 하루살이 도시로 만들고 있는 것이다.

참고문헌

강부성 외. 1993. 『도시 집합주택의 계획』. 발언.
강수림. 1991. "우리나라 주택 사업의 궤적. 공동주택 중심으로." 『한국의 아파트』. 한국주택
　　사업협회.
강영환. 1993. 『한국 주거문화의 역사』. 기문당.
강홍빈. 1985. "도시의 스카이라인." 김형국. 『사람의 도시』. 심설당.
건설교통부. 2004. 『주택업무편람』.
건설부·대한주택공사. 각년도. 『아파트 주거환경 통계』.
국민은행. 2005. 『전국 주택 가격동향 조사』
권영구 외. 1998. 『수도권 연구』. 한울.
김 인 외. 1984. 『도시지리학: 이론과 실제-메트로폴리탄 서울』. 법문사.
김영현. 1997. "서울 올림픽경관의 해석(Interpreting the Olympic Landscape in Seoul)."
　　『대한지리학회지』 32-3호.
김정호 외. 1998. 『주택정책의 회고와 전망』. 국토연구원.
김형국. 1993. 『불량촌과 재개발』. 나남.
남희영. 2000. "중산층 주택 수요 특성." 『주택 포럼』 1호.
대한주택공사. 1979. 『대한주택공사 20년사』. 대한주택공사.
_____. 1992. 『대한주택공사 30년사』. 대한주택공사.
_____. 각년도. 『주택핸드북』.
도경선. 1994. "서울시의 사회계층별 거주지분화에 관한 연구." 서울대학교 석사논문.
문옥표. 1992. 『도시 중산층의 생활문화』. 한국정신문화연구원.
서울시정개발연구원. 2000. 『지도로 본 서울』. 서울시정개발연구원.
서울시청. 각년도. 『서울통계연보』.
_____. 1994. 『서울 도시계획 1394~1994』. 서울시청.
서울특별시 마포구. 1992. 『마포: 어제와 오늘, 내일』.
서정렬. 2000. "서울시 아파트의 물리적 특성 분석." 『주택 포럼』 1호.
손정목. 1983. "단지사회의 의의·요건과 단지사회 형성의 연혁적 고찰." 『도시문제』 12월호.
송현영. 1994. "불량주택 재개발과 주택 환경의 변화: 서울시 중심으로." 이화여자대학교 석
　　사논문.
신정철·김상조. 1998. 『신도시 개발정책 개선방안 연구』. 국토연구원.

양윤재. 1991. 『저소득층의 주거지형태 연구』. 열화당.
오덕성 외. 2000. 『도시설계』. 기문당.
유재득. 1995. "노후 아파트단지의 재건축 개발 유형에 관한 연구: 주거 단지의 적응적 재사용을 중심으로." 서울대학교 석사논문.
윤명희. 1986. "서울 아파트단지의 형성 과정에 관한 지리적 연구."『녹우회보』 27호.
윤주현. 1998. 『주택시장 구조변화와 신주택정책 방안』. 국토연구원.
_____. 2000. 『외환금융위기 이후 주택정책의 시장파급효과 분석 연구』. 국토연구원.
_____. 2002. 『한국의 주택』. 통계청.
윤주현 외. 1999. "서민 주거안정과 주거기준 달성 방안연구." 대한주택공사 / 건설교통부.
이건영. 1987. 『살고 싶은 집 걷고 싶은 거리』. 청계원.
이기석·노희방. 1994. 『지도로 본 서울』. 성지문화사.
임덕순. 1985. "서울의 수도 기원과 발전 과정."『지리학 논총』 가을 특집호.
임창복. 1988. "한국 도시 단독주택의 유형적 지속성과 편용성에 관한 연구." 서울대학교 박사논문.
_____. 1994. "도시 주택의 변천."『한국의 현대 건축』. 한국건축가협회.
장성수. 1994. "1960-1970년대 한국 아파트의 변천에 관한 연구." 서울대학교 박사논문.
_____. 2000. "주택시장 변화와 주택산업의 발전 방안."『주택 포럼』 2호.
장영희 외. 1994. 『서울시 주택정책 기본 방향』. 서울시정개발연구원.
제29차세계지리학대회조직위원회. 2000. *Korea the Land and the People*. 교학사.
최평두. 1991. 『한국의 공간과 환경』. 한길사.
통계청. 각년도. 『인구 및 주택센서스(RPL)』.
한국공간환경연구회. 1993. 『서울연구』. 한울.
한국도시지리학회. 1999. 『한국의 도시』. 법문사.
한국정신문화연구원. 1988. 『한국민속문화대백과사전』. 한국정신문화연구원.
한국주택협회. 1995. 『한국주택협회 15년사』. 한국주택협회.
현대건축사편집부. 1995. 『서울의 건축』. 현대건축사.
홍두승·이동원. 1993. 『집합 주거와 사회 환경』. 서울대학교출판부.
홍형옥. 1992. 『한국 주거사』. 민음사.
홍인옥. 1988. "목동 공영 개발이 주거지 형성에 미치는 의미와 그 평가: 서울 목동 지구 신시가지 개발의 사례연구." 서울대학교 석사논문.

ACHR. 1989. *Battle for Housing Rights in Korea. Report of the South Korea Project of the Asian Coalition for Housing Rights*. Bankok: Asian Coalition for Housing Rights.
_____. 1990. *Urban Poor Housing Rights in South Korea & Hong Kong*. Bangkok: Asian Coalition for Housing Rights.
Altabe Gérard et al.. 1985. *Urbanisation et enjeux quotidiens. Terrains ethnologiques*

dans la France actuelle. Paris: Anthropos.

Amsden, Alice. 1989. *Asia's Next Giant. South Korea and Late Industrialization.* New York: Oxford University Press.

Aveline, Natacha. 1995. *La bulle fonciére au Japon.* Paris: ADEF.

———. 1997. "Le remembrement urbain nippon: un modèle pour l'Asie? Les cas de Taipei et Séoul." *Daruma* No. 1.

Balaize, Claude. 1993. *La péninsule coréenne.* Paris: Nathan.

Balandier, Georges. 1985. *Le détour. Pouvoir et modernité.* Paris: Fayard.

Bel, Jean. 1980. *L'espace dans la société urbaine japonaise.* Paris: Publications Orientalistes de France.

Benevolo, Leonardo. 1988. "L'inévitable éclectisme: 1960-1980." *Histoire de l'architecture moderne.* Paris: Dunod.

Berque, Augustin dir. 1987. *La qualité de la ville. Urbanité française. urbanité nippone.* Tôkyô: Publication de la Maison Franco-Japonaise.

Berque, Augustin. 1970. *Le Japon. gestion de l'espace et changement social.* Paris: Flammarion.

———. 1982. Vivre l'espace au Japon. Paris: PUF.

———. 1993. *Du geste à la cité. Formes urbaines et lien social au Japon.* Paris: Gallimard.

———. 1994. *La Maîtrise de la ville. Urbanité française. urbanité nippone.* Paris: Editions de l'EHESS.

———. 1995. *Les raisons du paysage de la Chine antique aux environnements de synthèse.* Paris: Hazan.

Bishop, Isabela B. 1898. *Korea and her Neighbors* Vol. 2. Londres.

Bonnemaison, Joël. 1986. *La dernière île.* Paris: Arléa / ORSTOM.

Bonvalet, Catherine et Pierre Merlin. 1989. "L'évolution des structures familiales: quelles conséquences sur l'habitat?" *Espaces et sociétés* No. 51: Logement urbain.

Boubli, Bernard. 1994. *Le logement.* Paris: PUF.

Bourdier, Marc. 1987. "Production du logement et usage de l'habitat: les premiers logements sociaux au Japon." *La qualité de la ville. Urbanité française. urbanité nippone.* Publications de la Maison franco-japonaise.

———. 1989. "l'Etat. le logement et l'individu dans le Japon contemporain." H. Yoichi et C. Sautter dir. *L'Etat et l'individu au Japon.* Paris: Editions de l'EHESS.

Bourdieu, Pierre. 1979. *La distinction. Critique sociale du jugement.* Paris: Les Editions de Minuit.

_____. 1980. "La maison ou le monde renversé." *Le sens pratique.* Paris: Les Editions de Minuit.

Braudel, Fernand. 1979. *Civilisation matérielle, économie et capitalisme XVe-XVIIIe siècles.* tome I: Les structures du quotidien. Paris: A. Colin.

Brun, Jacques et Marcel Roncayolo. 1988. "Formes et paysages." G. Duby dir. *Histoire de la France urbaine.* tome V: La ville aujourd'hui. Paris: Seuil.

Brun, Jacques. 1985. "Nouvelles approches." G. Duby dir. *Histoire de la France urbaine.* tome V: *La ville aujourd'hui.* Paris: Seuil.

Butler, Rémy et Patrice Noisette. 1977. *De la cité ouvrière au grand ensemble. La politique capitaliste du logement social 1815-1975.* Paris: Maspéro.

Capron, Guénola, 2004, "Les ensembles résidentiels sécurisés dans les Amériques: une lecture critique de la littérature." *L'Espace géographique* No. 2.

Castex, Jean, Philippe Panerai et Jean-Charles Depaule. 1997. *Formes urbaines de l'îlot à la barre.* Marseille: Parenthéses. coll⁰ Eupalinos.

Chaline, Claude. 1997. *Les politiques de la ville.* Paris: PUF. coll⁰ Que sais-je.

Chamboredon, Jean-Claude et Madeleine Lemaire. 1970. "Proximité spatiale et distance sociale. Les grands ensembles et leur peuplement." *Revue française de sociologie* No. 11.

Chaponniere, Jean-Raphaël. 1982. *La République de Corée. un nouveau pays industriel.* Paris: La Documentation française.

_____. 1985. *La Puce et le Riz. Croissance dans le Sud-Est asiatique.* Paris: A. Colin.

Cho, Yong-Ho et Young-Sup Kim. 1989. "Land Tax Policy to Control Urban Land Speculation in the Republic of Korea." F. J. Costa et al. *Urbanization in Asia. Spatial Dimension and Policy Issues.* Honolulu: University of Hawaï Press.

Choay, Françoise. 1965. *L'urbanisme. utopies et réalités. Une anthologie.* Paris: Seuil.

_____. 1992. *L'allégorie du patrimoine.* Paris: Seuil.

Choi, Jai-Seuk. 1977. "Family System." *Korea Journal* Vol. 17. No. 5. May.

Chombart de Lauwe, Paul-Henri dir. 1967. "Sciences humaines et conceptions de l'habitation." *Famille et habitation.* Paris: CNRS.

Chu, Chong-Won [Chu Chòng-Wòn]. 1985. "Development of Public Housing in Korea." Regional Seminar on Strengthening Public Housing Policies and Strategies(Jakarta 3-6 septembre).

Chun, Jinhee et al. 1999. *Hanok. Traditional Korean Homes.* Séoul: Hollym.

Chung, Euichul and Lee, Changmoo. "Localized Rental Price Effect of Housing Stock Variations: Implications from Residential Redevelopment in Seoul."

Chung, Hee-Soo(Joseph). 1990. "Housing Policy in Korea: Search for New

Orientation." Lim G.-C. et Chang W. *Dynamic Transformation: Korea, NICs & Beyond*. Seoul: Myung-Bo.

_____. 1995. "Economic Development and Housing Policy." Gun Y.-L. et Kim H.-S. dir. *Cities and Nations. Planning Issues and Policies of Korea*.

Chung, Hee-Soo and Dong-Sung Lee. 1996. *Globalization and Housing Industry*. Seoul: Nanam.

Claval, Paul. 1981. *La logique des villes*. Paris: Litec.

_____. 1995. *La géographie culturelle*. Paris: Nathan Université.

Clement, Pierre. 1987. "Architecture du paysage en Extrême-Orient." *Mappemonde* No. 4.

Clement, Pierre, Sophie Clement et Young-Hak Shin. 1982. *L'architecture du paysage en Asie orientale*. Paris: Librairie de l'Ecole Nationale Supérieure des Beaux-Arts.

Clerk, Paul. 1967. *Grands ensembles. banlieues nouvelles*. Paris: CRU. Travaux et documents de l'INED, No. 49.

Cohen, Jean-Louis et Hubert Damisch. dir. 1994. *Américanisme et modernité. L'idéal américain dans l'architecture*. Paris: Flammarion/EHESS.

Cosgrove, Denis. 1984. *Social formation and Symbolic Landscape*. Londres: Croom Helm.

Cosgrove, Denis and Peter Jackson. 1989. "New Directions in Cultural Geography." *Area* Vol. 19.

Cumings, Bruce. 1997. *Korea's Place in the Sun. A Modern History*. New York: W.W. Norton & Company.

Dege, Eckart. 1996. "P'yòngyang-the Seoul of North Korea." *Symposium sur Séoul. Paris*: CNRS/Paris VII/EHESS.

_____. 2000. "Seoul-Von der Metropole zur Metropolregion." *Geographische Rundschau*.

Delissen, Alain. 1992. "Des villes invisibles : l'urbanité dans l'histoire coréenne." *L'Espace Géo- graphique tome* 21. No. 1.

_____. 1993. "Le patrimoine urbain séoulite. impermanence et simulacres." *Asies* No. 2.

_____. 1994. *Séoul. Kim Sugûn et le Groupe Espace (Konggan): 1960-1990. Identiténationale et paysages urbains*. Thèse Histoire. EHESS.

_____. 1996. "De mégapole en mégalopole. urbanisation et armature urbaine en Corée du Sud." *Historiens et géographes* No. 355.

_____. 1997. "Kyòngsòng chut'aek munje: Crise de la maison coréenne ou crise du logement colonial dans le Séoul des années 20 et 30?" *Revue de Corée* Vol.

29. No. 2.
Denis Jacques. 1982. "Urbanisation et développement en République de Corée." *Annales de géographie* No. 507.
Dikeç Mustafa, 2004. "Voices into Noises: Ideological Determination of Inarticulate Justice Movements." *Space and Policy* Vol. 8. No. 2.
Doebele, William A. 1989. *Land Readjustment.* Lexington (USA): Lexington Books.
Duncan, James. 1990. *The City as Text : the Politics of Landscape Interpretation in the Kandyan Kingdom.* Cambridge: Cambridge University Press.
_____. 1992. "Re-presenting the Landscape : Problems of Reading the Intertextual." Mondala L. et al. dir. *Paysage et crise de la lisibilité.* Lausanne: Université de Lausanne. Institut de Géographie.
_____. 1994. "Landscape." R. J. Johnston, D. Gregory and D. M. Smith eds. *Dictionary of Human Geography* (3rd edition). Oxford: Blackwell.
ESCAP. 1980. *Migration. Urbanization and Development in the Republic of Korea.* Country report No. 1. Economic and Social Commission for Asia and the Pacific(ESCAP), Population Division, Bangkok.
Fabre, Marie-Hélène. 1993. *Les logements collectifs à Séoul depuis 1960. Réalisations de l'Office National Coréen du Logement.* Maîtrise d'architecture. Ecole d'Architecture. Paris: Villemin.
_____. 1995. *La politique foncière à Séoul de 1962 à nos jours. DESS d'urbanisme, aménagement,* développement. Université Paris VIII-Institut Français d'urbanisme.
_____. 1997. "La politique foncière à Séoul de 1962 à nos jours." *Revue de Corée* Vol. 29. No. 2.
Flamand, Jean-Paul. 1989. *Loger le peuple. Essai sur l'histoire du logement social.* Paris: La Découverte.
Foucault, Michel. 1975. *Surveiller et punir: Naissance de la prison.* Paris: Gallimard.
Fouchier, Vincent et Pierre Merlin ed. 1994. *Les fortes densités urbaines : une solution pour nos villes?* Hong-Kong, Consulat Général de France. Institut Français d'Urbanisme/ International Urban Development Association.
Geertz, Clifford C. 1983. *Bali. Interprétation d'une culture.* Paris: Gallimard.
_____. 1973. *The Interpretation of Culture.* Londres. Hutchinson.
Gelézeau, Valérie. 1997. "Des 'villages de la Lune' rénovés à Séoul. Reconstruction urbaine et ménage social." *L'Espace géographique* tome 26. No. 1.
_____. 2003. *Séoul, ville géante. cités radieuses.* Paris: CNRS Editions.
George, Pierre. 1990[1970]. *Dictionnaire de la géographie.* Paris: PUF.
Godement, Francoise. 1993. *La renaissance de l'Asie.* Paris: Editions Odile Jacob.

Goody, Jack. 1984. *Cuisines, cuisine et classes.* Paris: Centre Georges Pompidou.
Grijol, Karine. 1998. *Le processus de développement des campagnes sud-coréennes: acteurs et facteurs du changement.* Thèse. Géographie. Université Paris IV-Sorbonne.
Grimaud, Vincent. 1986. *L'habitat indien moderne: espaces et pratiques.* Paris: CNRS. Editions Recherches sur les Civilisations. Mémoire no. 65.
Guerrand, Roger-Henri. 1967. *Les origines du logement social en France.* Paris: Editions Ouvriéres. Réédition Quinette.
_____. 1979. *Le logement populaire en France: sources documentaires et bibliographiques 1800-1960.* Paris: Centre d'Etudes et de Recherches Architecturales.
Guglielmo, Raymond. 1996. *Les grandes métropoles du monde et leur crise.* Paris: A. Colin/Masson.
Guillemoz, Alexandre. 1975. "Système de transcription de McCune-Reischauer." *Revue de Corée* No. 24. Vol. VII.
_____. 1983. *Les algues, les anciens, les dieux.* Paris: Léopard d'Or.
_____. 1992. "En chamanisme coréen *Kut* pour le mort? pour les vivants?" *Bulletin de l'Ecole Française d'Extrieme-Orient* Vol. 79. No. 2.
Ha, Seong-Kyu. 1990. "Housing, Urban Redevelopment and Social Inequality in Korea." Lim G.-C. & Chang W. ed. *Dynamic Transformation: Korea, NICs and Beyond.* Séoul: Myung-Bo.
Hahm, Inhee. 2003. "Searching for the Self Through Love: Modern Korean Views on Marriage." *Koreana.*
Hannah, L., K-H Kim and E-S Mills. 1993. "Land Use Controls and Housing Prices in Korea." *Urban Studies* Vol. 30. No. 1.
Hattori, Tamio. 1997. "*Chaebŏl*-Style Enterprise development in Korea." *The Developing Economies* Vol. 25. No. 4.
Haumont, Nicole. 1968. "Habitat et modèles culturels." *Revue Française de Sociologie.* IX.
Ho, Mun-Gang. 1980. "Géomancie ou 'système du vent et de l'eau' en Corée." *Revue de Corée* Vol. 12. No. 3.
Hong, Suk-Ki. 1994. *Les cimetières en Ile-de-France et dans la règion de Séoul-Kyunkgi. Etude comparée.* Thèse de doctorat. Université Paris IV-Sorbonne. Géographie.
Jackson, Peter. 1989. *Maps of Meaning.* London: Unwin Hyman.
Jacobs, Norman. 1985. *The Korean Road to Modernization and Development.* Chicago: University of Illinois Press.
Janelli, Roger L. 1982. *Ancestor Worship and Korean Society.* Stanford: Stanford

University Press.
Janelli, Roger L. et Dawn-Hee Yim. 1993. *Making Capitalism. The Social and Cultural Construction of a South Korean Conglomerate*. Stanford: Stanford University Press.
Jang, Yeong-Hee. 1994. "Improving the Efficiency of Workers Housing Policy in Korea: An Analysis of Employees Housing Program." Pékin. 6e Conférence internationale de recherche sur l'habitat.
Janne, Henri. 1985. "'D'autres' et la modernité." M. Maffesoli et Cl. Rivière dir. *Une anthropologie des turbulences*. Hommage à G. Balandier. Paris: Berg International.
Jung, In-Ha. 1997. "L'aménagement de Yòùido: modèle de l'urbanisme moderniste de Séoul?" *Revue de Corée* Vol. 29. No. 2.
Kim, Bun-Woong et David S. Bell. 1982. "Managing the Unmanageable : the Case of Seoul." *Korea Journal* Vol. 22. No. 7.
Kim, Chung-ho and Kyung-hwan Kim. 1999. "Expectation and Housing Price Dynamics Following Deregulation in Korea". *International Real Estate Review* Vol. 2, No. 1.
Kim, Hyung-Kook. 1981. "Activités urbaines et structures spatiales de Séoul en l'an 2000." *Revue de Corée* Vol. 13. No. 1.
Kim, Hyung-Woo. 1994. "La maison à cour et son adaptation urbaine au XXe siècle : un exemple séoulite." F. Macouin ed. *Etudes d'architecture et d'urbanisme coréen*. Paris: Collège de France.
Kim, Jaeyoung et al. 1998. *Policy Directions for the Construction Industry*. Seoul: KRIHS.
Kim, Jeong-Ho. 1993. "Massive Housing Construction Plan in Korea: its Implementation and Lesson to Learn." Séoul: Rapport du KRIHS non publié.
Kim, Joo-Chul et Sang-Chuel Choe. 1997. *Seoul, The Making of a Metropolis*. Chichester: John Wiley & Sons.
Kim, Joo-Chul. 1988. "Urban Renewal in Korea: a Tale of Sanggye-dong." Lim G.-C. ed. *Korean Development into the 21st Century: Economic. Political. and Spatial Transformation*. Seoul: Consortium on Development Studies.
Kim, Kwang-Ok. 1994. "la vie religieuse de la classe moyenne urbaine." *Revue de Corée* Vol. 26. No. 1.
Kim, Kwang-Sik. 1995. "Growth Management Measures and Industrial Location Patterns in the Capital Region." Lee G.-Y et Kim H.-S. ed. *Cities and Nations. Planning Issues and Policies of Korea*. Seoul: Nanam.
Kim, Kwang-Young. 1993. "Housing Policy in the 1990s." W. Puschra & Kim K.-Y.

ed. *Housing Policy in the 1990s : European experiences and Alternative for Korea.* Séoul: KDI/Friedrich-Ebert-Stiflung Cooperation for Korea.

Kim, Kyòng-Dong. 1986. "The Charm of Cities." *Korea Journal* Vol. 26. No. 10.

Kim, Su-Hyòn et Hyòn-Ho Kim. 1993. "Eviction Problems in Korea and their Alternatives." rapport. Séoul: Urban Poor Research Institute, Université Sògang.

Kim, Sung-Kyun. 1988. "Winding River Village: Poetics of A Korean Landscape." University of Pennsylvania.

Kim, Wòn. 1981. "Histoire de l'urbanisme à Séoul et perspective." *Revue de Corée* Vol. 13. No. 1.

Kim, Yeong-Hyun. 1991. "Standing du logement et ségrégation résidentielle à Séoul." *Chirihak (Géographie)* Vol. 26. No. 3.

Koh Chul, 2004. "Overview of Housing Policies and Programs in Korea." *Housing Institute Report.* October 2004.

Kojima, H. 1987. "Variables associées à la cohabitation des parents et de leurs enfants mariés au Japon." *Congrés et colloque : la famille dans les pays développés. permanences et changements.* F. Prioux ed. INED.

Koo, Hagen. 1987. "The Interplay of State, Social Class, and World System in East Asian Development : the Cases of South Korea and Taïwan." *The Political Economy of the New Asian Industrialism.* Ithaca: Cornell University Press.

Lacoste, Yves. 1992. "Un problème complexe et débattu: les grands ensembles." M. Roncayolo et T. Paquot dir. *Villes et civilisation urbaine.* XIIIe-XXe siècle.

Lamy, B. 1971. *Les nouveaux ensembles d'habitation et leur environnement. Eléments de bibliographie analytique.* Paris: Centre de Sociologie Urbaine.

Lanzarotti, Mario. 1992. *La Corée du Sud: une sortie du sous-développement?* Paris: IEDES-PUF.

Le Corbusier. 1957. *La charte d'Athènes.* Paris: Editions de Minuit.

_____. 1994 [1ére ed. 1925]. *Urbanisme.* Paris: Flammarion.

Lee, Eun. 1997. *L'histoire de deux villes: Séoul et sa banlieue industrielle Puch'òn, 1960-1995.* Thèse d'histoire. Université Lumière-Lyon II.

Lee, Hyo-Jae dir. 1971. *Life in Urban Korea.* Korea Branch. Seoul: Royal Asiatic Society.

Lee, Joon-Sun. 1992. *Le village clanique en Corée du Sud: et son rôle dans la vie rurale.* Paris: Collège de France. Centre d'études coréennes.

Lee, Ki-Suk. 1977. *A Social Geography of Greater Seoul.* Séoul: Po Chin Chai.

Lee, Kwang-Kyu. 1989. "The practice of Traditional Family Rituals in Contemporary Urban Korea." *Journal of Ritual Studies* Vol. 3. No. 3.

Lee, Tae-Il. 1993. "Planning the Use of Land in Korea." B. Koppel & Kim D.-Y. ed. *Land Policy Problems in East Asia: Towards New Choices*. Seoul: KRIHS.

Lefebvre, Henri. 1968. *Le droit à la ville*. Paris: Anthropos.

Leger, Jean-Michel. 1990. *Derniers domiciles connus. Enquête sur les nouveaux logements. 1970-1990*. Paris: Créaphis.

Lett, Denise Potrzeba. 1998. *In Pursuit of Status. Tha Making of South Korea's 'New' Urban Middle Class*. Cambridge (USA): Harvard University Press.

Li Jin-Mieung. 1997. "Evolution de la population de Séoul." *Revue de Corée* Vol. 29. No. 2.

Lim, Gill-Chin dir. 1988. *Korean Development into the 21st Century : Economic, Political, and Spatial Transformation*. Séoul: Myung-Bo.

Lim, Gill-Chin et Wook Chang dir. 1990. *Dynamic Transformation : Korea. NICs and Beyond*. Séoul: Myung-Bo.

Lim, Jae-Hae. 1992. "Continuité et transformation de la tradition suivant les changements de la société coréenne." *Revue de Corée* Vol. 24. No. 1.

Macouin, Francis dir. 1994. *Etudes d'architecture et d'urbanisme coréens*. Paris: Cahiers d'Etudes coréennes.

Maffesoli, Michel et Claude Rivière dir. 1985. *Une anthropologie des turbulences*. Hommage à G. Balandier. Paris: Berg International.

Meining, D.W. dir. 1979. *The Interpretation of Ordinary Landscapes. Geographical Essays*. New York: Oxford University Press.

Merlin, Pierre. 1998. *Les banlieues des villes françaises*. Paris: La Documentation Française

Merlin, Pierre et Françoise Choay. 1988. *Dictionnaire de l'urbanisme et de l'aménagement*. Paris: PUF.

Mills, Edwin S. et Byung-Nak Song. 1979. *Urbanization and Urban Problems: Studies in the Modernization of the Republic of Korea : 1945~1975*. Cambridge(USA): Harvard University Press.

Moon, Ok-Pyo. 1990. "Urban Middle Class Wives in Contemporary Korea : Their Roles. Responsibilities and Dilemma." *Korea Journal* Vol. 30. No. 11.

Moriconi-Ebrard, François. 1993. *L'Urbanisation du Monde depuis 1950*. Paris: Economica. Coll[e] Anthropos.

Nahm, Andrew. 1988. *Korea: Tradition and Transformation*. Séoul: Hollym.

Nam, Sung-Hee. 1990. "Recent Urban Decentralization in South Korea : Implications for Regional Disparity." Lim G.-C. ed. *Dynamic Transformation : Korea, NICs and Beyond*. Séoul: Myung-Bo.

Noble, Harold J. 1975. *Embassy at War*. Seattle & London: University of Washington

Press.
OCDE. 1994. *Etudes économiques de l'OCDE. Corée.* Paris: OCDE.
Park, Heon-Joo. 1991. *Housing Land in Governement Intervention.* Thèse. Stockholm: Akademitryck AB.
Park Shin-young. 2004. "Housing Performance and Housing Policy in Korea." Natasha Aveline and LI Linghin eds. *Property Market and Land Policy in Northeast Countries: the Case of Five Cities.* Maison Franco-japonaise / Tokyo Centre fore Real Estate and Urban Economics / University of Hong-kong.
Park, Young-Han. 1983. "A Review of the Research on Urban Geography in Korea." *Chirihak Nonjŏng (Revue de Géographie)* No. 10.
Paul-Lévy, Françoise et Marion Segaud. 1983. *Anthropologie de l'espace.* Paris: Centre de Création Industrielle / Centre Georges Pompidou. coll$^{\underline{o}}$ Alors.
Pelletier, Philippe. 1994. "Japon." R.Brunet dir. *Géographie universelle: Chine, Japon, Corée.*
Pezeu-Massabuau, Jacques. 1981. *La maison japonaise.* Paris: PUF.
_____. 1983. *La maison, espace social.* Paris: PUF.
Pinçon, Michel. 1976. *Les HLM. Structure sociale de la population logée.* Paris: CSU.
Pitte, Jean-Robert. 1983. *Histoire du paysage français(tome I): Le sacré: de la Préhistoire au 15e siècle.* Paris: Tallandier.
_____. 1991. *Gastronomie française. Histore et géographie d'une passion.* paris: Fayard.
United Nations. 1986. *Population Growth and Policies in Mega-Cities.* Population Policy Paper No. 4. Department of International Economic and Social Affairs, New York: United Nations.
Preteceille, Edmond. 1973. *La production des grands ensembles.* paris: Ecole Pratique des Hautes Etudes and Mouton & Co.
Puschkra, Werner and Kwang-Young Kim ed. 1993. *Housing Policy in the 1990s: European Experiences and Alternative for Korea.* Seoul: Korea Development Institute / Friedrich-Ebert-Stiftung Cooperation Office Korea.
Rapoport, Amos. 1972. *Pour une Anthropologie de la Maison.* paris: Dunod.
Raymond, Henri et al. 1966. *L'habitat pavillonnaire.* paris: CRU.
Raymond, Marie-Geneviève. 1966. *La politique pavillonnaire.* paris: CRU.
Renaud, Bertrand. 1989. "Compounding financial repression with rigid urban regulation: lessons of the Korean Housing Market." *Review of Urban and Regional Development Studies* Vol. 1. No. 1.
Repetto, Robert et al. 1981. *Economic Development, Population Policy, and Demographic Transition in the Republic of Korea.* Cambridge (USA): Harvard

University Press.

Rimbert, Sylvie. 1973. *Les paysages urbains*. paris: Armand Colin. Coll ⁰ U Prisme.

Robert, Jean. 1995. *Logement social et urbanisme à Paris et à Londres. Essai de géographie historique comparée*. 1ère partie. Eléments rédigés d'une thèse d'Etat en préparation. Paris IV.

Robin, Christelle. 1994. "Modes d'organisation de l'espace dans l'architecture et l'urbanisme coréens contemporains." F. Macouin ed. *Etudes d'architecture et d'urbanisme coréen*. paris: Collège de France.

Robin, Christelle, Bernard Jeannel et Yong-Hak Shin. 1985. *Les espaces hybrides À Séoul*. Rapport. Laboratoire Anthropologie-Architecture. Ecole d'Architecture de Paris-La Villette.

Robineau, Claude. 1984. *Tradition et modernité aux Iles de la Société*. paris: Editions de l'ORSTOM. coll ⁰ Mémoires No. 100. livre I: Du coprah à l'atome.

Roncayolo, Marcel et Thierry Paquot dir. 1992. *Villes et civilisation urbaine, XVIIIe-XXe siècle*. paris: Larousse.

Sansot, Pierre. 1973. *Poétique de la ville*. paris: Klincksiek.

SDI. *Urban Management in Seoul: Policy Issues and Responses*. Seoul: SDI.

SDI Annual Report 2003, 2004. "Housing and Construction." Seoul: SDI.

Sennett, Richard. 1990. *The Conscience of the Eye: The Design and Social Life of Cities*. New York: AA Knopf.

Seoul Development Institute. 2000. *Seoul, Twentieth Century: A Photographical History of the Last 100 Years*.

Seoul Metropolitan Government. 1989. *Seoul, a Metropolis in the Making: Excavating a Layered Reality*. Séoul: Catalogue de la XVIIe Exposition de Milan.

Shin, Kwang-Yeong. 1998. "Industrialization strategies and Economic Development in East Asian Nations." Kim E.-M. dir. *The Four Asian Tigers: Economic Development and the Global Political Economy*. New York: Academic Press.

Shin, Young-Hak. 1975. "La maison coréenne." *Revue de Corée* Vol 12. No. 4.

_____. 1988. "Living Space in the Traditionnal Korean House." *Korea Journal* Vol. 27. No. 8.

Shorter, Edward. 1971. *Naissance de la famille moderne, XVIIIe-XXe siècle*. paris: Seuil.

Subrahmanyam, D. 1998. *Housing Finance Strategies for Low-Income Household in Korea*. Seoul: KRIHS.

Thomas, James Philip. 1993. *Contested from Within and Without: Squatters, the State, the Minjung Movement and the Limits of Resistance in a Seoul Shanty Town Targeted for Urban Renewal*. Thèse. New York: Université de

Rochester. Département d'Anthropologie.
Topalov, Christian. 1987. *Le Logement en France: Histoire d'une marchandise impossible.* paris: Presse de la Fondation Nationale des Sciences Politiques.
Vieillard-Baron, Hervé. 1992. "Deux Z.A.C de banlieue en situation extrême: du grand ensemble stigmatisé de Chanteloup au 'village' de Chevry." *Annales de Géographie* no. 154.
_____. 1996. *Les banlieues.* paris: Flammarion.
Yi, Tae-Jin. 1995. "The Nature of Seoul's Modern Urban Development During the 18th and 19th Centuries." *Korea Journal* Vol. 35. No. 3.
Yoon, Chang-Sup. 1979. "Etude comparative des architectures domestiques japonaise et coréenne." *Revue de Corée* Vol. 11. No. 4.
Yoon, Ju-hyun. 1998. "Housing Finance Issues under Financial Crisis and Policy Responses in Korea." 16th EAROPH Congress.
_____. 2002. "Structural Changes in the Rental Housing Market: Causes and Policy responses." *KRIHS Special reports* No. 2. Seoul: Korea Research Institute for Human Settlements.
Espaces et societes. 1989. No. 51: "Logement urbain." Paris: L'Harmattan.
_____. 1989. No. 52-53: "Logiques de l'habitat." Paris: L'Harmattan.
Korea Journal. vol. 39. No. 3. automne 1999: "Modernism, Postmodernism, and the Identity of Korean Cities." (numéro spécial).
Korea Journal. Spring 2004. Issue: "Economic and Social Inequality in Korea."
Koreana. 1991. vol. 5. No. 1 (numéro spécial sur Séoul).
_____. 1999. vol. 13. No. 3. automne: "Korean Architecture. Traditional and Modern" (numéro spécial).
Les Cahiers du C.R.E.P.I.F. 1986. No. 17. décembre: "Quel avenir pour les grands ensembles?"

찾아보기

기어츠, 클리포드(Clifford C. Geertz) 8
기즈(Guise) 95
김수근 110, 164
김주철 42, 170
김중업 156, 157, 159
김현옥 30, 31, 34, 101

ㄱ

강수림 36, 161
개명아파트 29
건설부 20, 32, 43, 48, 91, 93, 97, 105, 107~109, 138, 162
건축법 29
게이티드 커뮤니티(gated community) 250
경제활동인구 213, 214
계층 모델 116
고댕(Godin) 95
고도성장시대 116
공간적 근접성 124
공공주택 91, 94, 96, 97
공무원아파트 36, 132
공유면적 135, 146
광동대지진 163
관습 변환의 실험실 198, 205, 225
구중간계급 116, 119, 120, 123
국민주택 29, 31, 92, 94~98, 102, 144, 243
국민주택기금 91, 92, 97
국민주택정책 95, 96
국제개발법(AID) 차관 31, 36
국제개발협력처 28, 31
국토건설종합계획법 29
국토연구원 10, 20, 89
규제완화 42, 109, 243, 247
그랑땅상블(grand ensemble) 63, 75, 82, 83
그로피우스, 발터(Walter Gropius) 158
근린주구이론 160, 161, 165

ㄴ

난방 방식 29, 189, 206
낭트(Nantes) 164
노령화 211
노마디즘 159, 214
농촌공동체 237
니시야마 우조 163

ㄷ

다용도실 192, 193, 194~196, 206
다카시마 다이라 83
단기임대주택 98
대가족제도 181
대한주택공사 10, 20, 32, 36, 37~39, 43, 48, 50, 68, 92, 97, 98, 160, 161, 166, 238
대한주택영단 27~29, 32
델리상, 알랭(Alain Delissen) 58, 110, 131, 144, 156, 162
도시 역동성 77, 147
도시 원형 26, 57, 154, 223
도시 중산층 39, 47, 76, 115~118, 120~123, 125, 126, 128~131, 133, 137, 147, 148, 219, 220, 234
도시개발계획법령(LOV) 242
도시경관 18, 20, 25, 40, 58, 65, 109, 174
도시계획 25, 29, 30, 44, 49, 57, 83, 89, 106, 107, 109, 147, 153, 156, 158, 159,

161, 162, 164~167, 170, 173, 174, 179, 237, 241
도시계획법 29, 30, 42, 107~109
도시공동주택계획 158
도시근린지역(banlieues) 246, 15, 240, 241, 244
도시사회개발(DSU) 242
도시산업사회 147, 183
도시재개발 30, 31, 42, 50, 53, 74, 108, 122, 135, 138, 179
도시재개발법 108, 109, 160
도시활성화규약(PRV) 242
디지털 출입 시스템 247
디케치, 무스타파(Mustafa Dikeç) 244

ㄹ

라 쿠르뇌브(La Courneuve) 76, 83
라멘(rahmen) 156, 159
라부르데트, 자크 앙리 (Jacques-Henri Labourdette) 158
라이트, 프랭크 로이드(Frank Lloyd Wright) 164
레제, 장 미셸(Jean-Michel Leger) 82
렛, 데니스 포체바(Denise Potrzeba Lett) 115, 116, 118, 126, 128, 129, 131, 219, 228, 247
로비노, 클로드(Claude Robineau) 155
르 코르뷔지에(Le Corbusier) 153, 156~159, 164~167
르메르, 마들랜(Madeleine Lemaire) 124

ㅁ

마르세유(Marseille) 164
마르크시즘 163
마포아파트 29, 30, 32, 33, 35, 48, 53, 57, 104, 108, 130, 159, 160, 166
브라운, 맥리비(McLeavy Brown) 161
모두스 비벤디 145
목초빌딩 163
무허가 주택 50
문화주택 162
뮐루즈(Mulhouse) 95

ㅂ

바르(Barre)법 96
바우하우스(Bauhaus) 158
박정희 30, 32, 63, 97, 101, 104, 130, 132, 166, 191
반 에스테렌(Van Eesteren) 158
반상회 181, 221, 222, 226, 232
발랑디에, 조르주(Georges Balandier) 154
방사동심원형 도시 160
베르크, 오귀스탱(Augustin Berque) 58, 83
베트남전쟁 104
벨리지2(Vélizy II)단지 76, 242
본느메종, 조엘(Joël Bonnemaison) 8
부동산 투기 42, 43, 49, 141, 142, 171
부르디에, 마르크(Marc Bourdier) 184
부르디외, 피에르(Pierre Bourdieu) 116
부흥주택관리요령 28
분산 정책 37, 131
분양 제도 92, 93, 144, 237
브로델, 페르낭(Fernand Braudel) 154
브리에(Briey) 164
비공식 금융시장 144, 145
빌라 사보아(Villa Savoye) 157

ㅅ

사르셀(Sarcelles) 18, 76, 133
사회보장제도 216

산업포장 106
산업화를 위한 기계 166
살기 위한 기계 167
상층 중간계급 69, 116
생활지원센터 249
샹보레동, 장 클로드
    (Jean-Claude Chamboredon) 124
서구성 155, 177, 185, 189, 191, 206, 239
서울시도시개발공사 48
서울시정개발연구원 10, 20
세운상가 31
소방로 170
쇼에이, 프랑소아(Françoise Choay) 164
스고, 마리온(Marion Segaud) 154
스테베, 장 마르크(Jean-Marc Stébé) 95
스틸(Stijl) 그룹 158
시민주택 31, 34
시장 자유화 57
신중간계급 116, 120, 121
씨테(cité) 15, 75, 83, 167

ㅇ

아테네헌장 158, 159
아파트 개발 전선 37
안전 강박증 229
알타베, 제랄드(Gérard Althabe) 125
암스덴, 알리스(Alice Amsden) 103, 106
압축적 표상 102
업적주의 105
에스프리 누보(Esprit nouveau) 158
연대의식 및 도시중흥 관련법(SRU) 242
열등 도시인(sous-citadin) 144
영구임대주택 83, 96, 98
오스만, 조르주 유젠느(Georges Eugène
    Haussmann) 26, 27, 167
네글러, 오스왈드(Oswald Nagler) 162

온돌 28, 164, 188, 189, 196, 201, 203
올림픽선수촌 44, 45, 65
와우아파트 30, 34, 36
용도 지역 108, 109
용적률 35, 42, 91, 108, 109, 169, 173, 248
우규승 45
우선개발지역 242
우선시가화지구(ZUP) 76, 82, 96
유동의 문화(culture de flux) 59
유토피아적 사회사상 95
이건영 26
이블린(Yvelines) 지역 76
이효재 130, 146, 223
임대 제도 143
임대주택단지 48
임창복 9, 28, 157, 163

ㅈ

자넬리, 로제(Roger Janelli) 233
자족도시 160
장기임대주택(HLM) 96, 98, 241
장기임대주택공사(OPHLM) 97
장성수 30, 34, 158, 238
재개발단지 21, 56, 58, 72, 121, 123, 128,
    134, 145, 182
재구성(reformulation) 154, 192, 194, 196,
    197
저장 공간 71, 192, 193, 197
전원도시 160, 165
절충주의 156
정주영 104
조선주택영단 162
종암아파트 28, 32, 33, 53, 130, 159, 163
주거 공간의 획일화 148
주택가격지수 238
주택건설촉진법 35, 89, 91, 92, 101, 108,

109, 160, 161, 173
주택 보급률 88, 91, 94, 238, 243
주택 소유 정책 143, 144
주택 여과 과정 99
주택은행 91, 92, 93
주택청약부금 93
주택청약예금 93, 139, 140
주한 이탈리아 대사관 157
주한 프랑스 대사관 157
중간계급 39, 69, 82, 100, 102, 115, 116, 123, 124, 128, 129, 130, 133, 143, 144, 145, 147, 149, 219, 237, 241
중간계급 제조 공장 143
지그프리드법 95
지들룽(Siedlung) 159, 172
지리적 경관 8
지역사회개발(DSQ) 242
지프-쉬르-이베트(Gif-sur-Yvette) 76, 242

ㅊ

채권 상한액 93
채권 제도 93, 140
초소형 단지 45, 47, 65, 71
최상철 42, 170
축적의 문화(culture de stock) 59

ㅋ

카운실 하우징(council housing) 98
캔버라(Canberra,) 160
커밍스, 브루스(Bruce Cumings) 100, 103, 104, 233
커튼 월(curtain wall) 157
컨소시엄 248
쿠랑계획(le plan Courant) 96

키치 73, 119

ㅌ

타워팰리스 243, 249
택지개발촉진법 43, 161
테크노니미(teknonymique) 224
토지개발공사 20, 43, 48, 50, 92
토지구획정리사업 30, 50, 71, 92, 162
토지구획정리사업법 30
토지수용법 108
통합주의 정책 242
퇴직연금제 216
투기 억제책 93, 140

ㅍ

파를리2(Parly II)단지 76, 242
파브르(Marie-Hélène Fabre) 160
페리, 클라렌스(Clarence A. Perry) 160, 161, 165
펠레티에, 필리페(Philippe Pelletier) 171
포스트모더니즘 156
표상 체계 22
표준화 주택 27
푸코, 미셸(Michel Foucault) 233
풍수지리 172
프랑스 도시정책 240, 242
프랑스 주택정책 94, 96
플라망, 장 폴(Jean-Paul Flamand) 82, 94, 95, 102
필로티(pilotis) 157

ㅎ

하루살이 도시 237, 251
하이라이즈(high rise) 160

한강맨션 36, 159, 163, 172
한국의 주택정책 99, 115, 144, 243
한국주택협회 104, 105
한양의 미로 26
합동재개발사업 50, 51
해외 원조 31, 69
핵가족 181, 184, 211, 212, 230
현대건축국제회의(CIAM) 153, 156, 157,
    158, 165
현대건축운동 153, 156, 157, 158, 163
현대성 16, 22, 28, 130, 153, 154, 155, 167,
    174, 177, 178, 185, 187, 189, 190, 191,
    206, 211, 239